KB269779

구상문학총서
제4권 희곡·TV 드라마·시나리오

황 진 이

구상문학총서
제4권 희곡 · TV 드라마 · 시나리오

황진이

글쓴이 구상
펴낸이 이재철
만든이 정애주

편집 옥명호 이현주 한미영 한수경 김혜수
제작 · 미술 홍순홍 권진숙 서재은
영업 오민택 백창석
관리 이남진 박승기
총무 정희자 김은오
쿰회원관리 국효숙 김경아

펴낸날 2005. 4. 12. 초판 1쇄 인쇄
       2005. 4. 21. 초판 1쇄 발행
펴낸곳 주식회사 홍성사

1977. 8. 1. 등록 / 제 1-499호
121-885 서울시 마포구 합정동 377-9
TEL. 02)333-5161 FAX. 02)333-5165
http://www.hsbooks.com E-mail : hsbooks@hsbooks.com

ⓒ 구상, 2005

ISBN 89-365-0684-6
값 18,000원 ※잘못된 책은 바꿔드립니다.

裵宏

제4권 희곡 · TV 드라마 · 시나리오

황진이

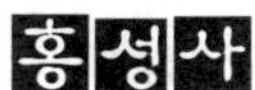

일러두기

1 원문에서 한자로만 표기된 글자는 한글과 병기하였고, 의미 소통에 문제가 없는 부분은 한글로 바꾸었다.
2 한글 맞춤법과 외래어 표기법에 맞지 않는 부분들은, 저자의 의도를 최대한 살리는 데 원칙을 두되 일부 수정을 거쳤다.

차례

책머리에 몇 마디

　기억을 더듬으면 내가 희곡 창작에 손을 대게 된 것은 저 자유당 정권 말기 반독재 투쟁에 나섰다가 옥고를 치르면서 옥중에서 주로 전후(戰後) 프랑스에 풍미하고 있는 무신적(無神的) 실존주의 작가들의 작품이나 이론을 집중적으로 읽다가 나는 홀연이랄까, 감득한 것이 "인간 실존에 내재된 것은 불안이 아니라 수치심이다"라는 깨달음이었다. 특히 나는 알베르 카뮈의 희곡 〈오해〉를 읽고 그 등장인물의 실존 속에 결해 있는 것이 바로 수치심이라는 확신을 갖게 되었다.

　그래서 세상에 나가기만 하면 나의 이 거창한(?) 사상을 이론적으로 형성하려고 별렀다. 그런데 그렇듯 내 머리에 명료히 구성되어 있던 인식과 논리가 출옥하자 차차 둔화되고 겨우 그 상념의 편편들을 형상화하여 여기에 함께 수록하는 희곡 〈수치〉 한 편을 완성하였다. 이렇듯 나는 시로서는 형상화할 수 없는 자신의 사물에 대한 본질적 인식이나 그 논리, 즉 사상을 구상적(具象的)으로 표현하기 위하여 희곡이나 시나리오를 써 보기로 한 것이다. 그래서 나는 1960년대 중반 일본서 결핵으로 폐수술을 두 번이나 하고 약 2년이나 정

양생활을 할 때는 《세계희곡전집》을 고전부터 현대에 이르기까지 독파하였을 뿐만 아니라 그 리하빌리테이션(생활복귀 훈련) 기간에는 일본 시나리오작가협회가 경영하는 연구소에 입학하여 정규수업을 받기도 하였다.

그러나 나의 시도 그렇지만 그 작품의 주제가 존재론적 인식에 너무 치우쳐 철학적이랄까? 그래서 〈황진이〉와 〈수치〉를 제외하고는 무대나 영상으로 별로 빛을 못 보고 있는 것이 숨기지 못할 사실이요, 또한 이것이 나의 희곡이나 시나리오의 창작열을 더욱 북돋게 하지 않는 연유라고도 하겠다.

하지만 이번에도 이렇듯 그 작품들을 한 권으로 묶으면서 되읽고 느끼는 바지만 이 속에 담긴 존재나 당위(當爲), 즉 '왜 사느냐?', '어떻게 살아야 하느냐?'의 근원적인 물음에 대한 나의 삶을 통한 해답〔思想〕이 전부 들어 있다고 하겠고, 또한 나 나름의 '오늘서부터 영원을 사는 길'이 제시되어 있다고 하겠다.

(1994년에 출간된 《황진이》의 저자 서문을 재수록한 것임 - 편집자)

제 1 부

○

희곡

* 수치 羞恥

* 황진이 黃眞伊

* 땅 밑을 흐르는 강

수치 羞恥

전 3막 3장

때

1953년경 이른봄

곳

패잔 공비가 아직도 출몰하는
지리산록에 자리잡은 전투경찰
전초분견대(前哨分遣隊)의
막사와 잔비들의 토굴

나오는 사람들

진명(21세) 귀순한 여공비

애기 박(23세) 전투경찰 대원, 나이 어린 박 순경의 애칭

큰 박(30세) 전투경찰 대원, 나이 든 박 순경의 애칭

억쇠(21세) 두메 시골 총각

전투경찰대 분견대장, 부대장,
이 경사, 최 순경
빨치산 대장(軍官), 대원(戰士) 갑, 을, 병, 정
잡범 1, 2, 3
종군기자 A, B
기타

수치는 인간의 최초의 것이요, 본연(實存)의 것이요, 규범(戒律)의
시원(始原)이요, 구원의 바탕이기도 하다.

제1막 제1장

마을의 서당이나 공청을 임시 변통하고 있는 듯 횡면으로 된 실내
엔 잘 어울리지 않는 군용 탁자들과 그 위에 서류철, 전화통 등이
놓여 있고 흙벽에는 작전지도와 철모를 건 아래로 장총이 가지런
히 세워져 있다.
실내 적당한 자리엔 드럼통 난로 위에 물주전자가 올려 놓여져 있
다.
막이 열리면 이 경사, 최 순경, 큰 박 등이 땅바닥에 내던져진 보리
짝같이 등을 구부려 고개를 파묻고 있는 여공비 진명에게 제각기
달래고 위협하며 신문을 하고 있다.

이 경사 여! 여자 동무, 빨리 얘기 좀 안 하나? 그래 산에서 내려온
　　　　목적이 무엇이라? 빨치산 놈들의 지령이 있지, 그 왜 띠고
　　　　온 사명이 있지 않나?

최 순경 (일어나서 진명 옆으로 가며) 데 년이 아주 꿀 먹은 벙어리라니
　　　　까, 여기가 어딘 줄 알고 숭기를 피니, (머리통을 끄들어 흔들
　　　　며) 이년아, 없다, 없어! 실낱 같은 목숨이래도 잠시나마 그
　　　　채루 붙이고 있자문 어서 바른대로 대라! 애기 박은 이년이
　　　　자진해 내려온 것 같다지만 빨갱이들의 조화 속이야 데 년
　　　　의 사타구니 밑 같아서 알 수가 있으야디. 이놈의 엠나이 어

서 바로 대지 못하간. (무반응에 약이 올라 머리를 끌어 고개를
　　　뒤집으려 한다.)

이 경사　최 순경, 마, 마 너무 족치진 마소. 그 여자 초벌 넋은 나가
　　　있고마. 향나뭇골 억쇠 눔과 같이 내려온 거사 확실한 모양
　　　이니 이제 우리 애기 박 순경이 억쇠를 데리고 올끼니 대질
　　　시켜 보면사 안되능기요. 저 까부러지는 것 보지.

큰　박　(넝큼 일어나 자기 책상 위 컵을 들고 난로로 가서 물 한잔을 따라
　　　가지고 진명 앞으로 다가가 권하며) 아가씨, 아가씨, 이 따스한
　　　물 한잔 마셔 보라구. 쯧쯧, 원, 최 순경두 사람을 달래 놓고
　　　보아야지. 더욱이나 여자란 말요.

진　명　(깍지 낀 무릎 그 채로 머리를 묻고 반응이 없다.)

큰　박　(진명의 어깨를 한 손으로 부드럽게 잡아 흔들며 상냥한 목소리로)
　　　아가씨 자아, 물 한 모금 마시라구, 아주 나이쓰라구만서두.
　　　지리산 말승냥이처럼 늘씬한데! 어서 무서워할 것 없어. 우
　　　리 국립 경찰은 자수해 온 사람을 해치지 않는단 말이야, 절
　　　대루. 어이 이 물 마시고 정신채려서 우리 정답게 자초지종
　　　을 얘기해 보자고. (역시 부드럽게 이마에 손을 대 고개를 쳐든
　　　다.)

진　명　(고개만을 쳐들어 물을 받아 마신 다음 다시 숙인다.)

최 순경　데거 보라구, 멀쩡하다니까, 그래.

큰　박　글쎄, 이 여자 신문은 내게 좀 매껴 둬 봐요. 이 주임님 (경사
　　　보고) 그게 어떻습니까?

　　　이때 분견대장 구 경위가 실내로 들어선다.

이 경사　차렷. 경례. 근무중 이상 없습니다.

대   장 (경례를 받고 자기 탁자로 가 앉으며 진명을 바라보고 턱짓으로)
이상 있네그려. 저자는 뭐지? 누가 어디서 잡어 왔지?

이 경사 넷, 보고하겠습니다. 오늘 아침 애기 박 순경을 그 왜 닷새
전에 행방불명이 된 향나뭇골 억쇠네 집 있지 않습니까? 거
기 무슨 적정(敵情)이 나타나지나 않을까 하고 순찰을 보냈
더니 쇠바지 언덕 숲도 채 미치기 전에 밭두렁길을 저 여공
비가 미친 듯이 달려 내려오며 사람 살려 달라고 털썩 와 앵
기드랍니다. 그래서 연행해 왔는데 애기 박 순경 말에 의하
면 어젯밤 산에서 억쇠와 함께 내려와 그 집에서 잔 모양입
니다. 그런데 여기 와서는 겁에 질렸는지 처음에 분간 못할
소리를 몇 마디 하고는 죽어라 하고 입을 열지 않습니다. 그
리고 애기 박 순경은 억쇠를 마저 붙들러 보냈습니다.

대   장 음, 수고들 했소. 그럼 저 빨치산은 여자야? 등허리가 장정
처럼 큰데! 어디 이리 데려와 보라고.

큰   박 (차렷 자세 때문에 아까 들었던 물잔을 그제야 치우고 걸상을 들어
다 놓으며 한편 진명을 흔들어 일깨워 부축해다가 앉힌다.) 대장
님! 온 몸뚱이에 흙때는 썼지만 계집이 아주 늘씬해요, 해햇.
찢어져 드러난 허리춤하고 이 넓적한 엉덩판 좀 봅쇼. 빨치
산 녀석들이 맷돌판께나 잘 돌려 먹었겠는뎁쇼, 쩝쩝.

대   장 큰 박, 실없는 소리! (큰 박 흠칫 죽는 시늉) 어디 처녀 이름 뭐
지? 두려워 말고 얼굴을 좀 들라고. (대장 양순해 뵈나 단호한
목소리로 조서 용지와 만년필을 꺼내며 묻고 큰 박은 진명 옆에서
대답을 촉구한다.)

진   명 (그제야 어떤 자학과 체념으로 고개를 들어 대장을 흘깃 쳐다보고
는 고개를 한번 도리질하며 한 손으로 찢어진 허리춤께를 감싸고
가느다랗지만 또렷한 목소리로) 이, 진, 명!

대　　장　무슨 자, 무슨 자지? 나이와 고향은?

진　　명　나갈 진, 밝을 명, 스물하나예요. 고향은 강원북도 원산.

대　　장　(종이에 적으며) 진명학교, 진명이군. 강원북도 원산? 응, 그
　　　　렇지, 함경남도의 괴뢰도명이 강원북도지, 교육은?

진　　명　원산사범 전문학교 2학년 재학중이다 의용군으로 나왔어요.

큰　　박　뭐? 전문학교 다녔어! 어쩐지 노린내가 안 나고 냄새가 달르
　　　　드라니, 음.

대　　장　(큰 박을 흘기며) 그래서 다음엔? 겁먹지 말고 지내 온 얘기를
　　　　해 보라고.

진　　명　(대장의 침착한 태도에 힘을 얻은 듯) 52년 3월 원산서 한 달간
　　　　훈련을 받고 임관되어 동부지구 유격대 제2지대 교양부 선
　　　　전서기로 배속되었어요. 처음부터 소백산맥을 더듬으며 내
　　　　려왔어요. (한참 기억을 소생시키려고 애쓰며) 산에서 산으로만
　　　　헤매며 기고 굴을 파고…… 연달은 비행기의 폭격과 산
　　　　불…… 모진 비바람과 눈 속에서 떨며 굶주리다가…… 두 번
　　　　국군의 습격을 받아 부대는 산산이 흩어지고 나중에는 군관
　　　　들과 네 명의 전사동무와 보급투쟁을 다니다가 멧돼지와 억
　　　　쇠를 만나…… (차마 다음 말을 옮기지 못하는 듯) 모두 다 싸우
　　　　다 죽고, 억쇠에게 끌려와…… 억쇠 집에서 도망을 쳐
　　　　서…….

최 순경　데년이 글쎄 그걸 진술이라고 하나, 노랫가락 삼아서 부르
　　　　나. 데런 엉큼한 년, 맛을 좀 보아야 바로 불지. 아니 니레
　　　　선전서기로까지 댕겼다는 년이 눈이 오고, 바람이 불고 산
　　　　에서 산으로 헤매며 굴 파고 뭣이 어쩌고 어쨋!

큰　　박　최 순경은 모르는 소리, 헤헤, 그게 인테리의 시(詩)적인 고
　　　　백이거던!

대 장   아하 모두들 좀 가만 있으라고! 아직 얘기의 갈피를 못 잡는 게지. 그러면 그 유격대 편성표와 상황은 직접 써 내놓도록 하고 우선 마지막 산에서 내려오기까지의 경로를 정확하고 자세하게 진술해 보라구! 산에서 왜 내려왔지! 무슨 임무를 띠고? 누가 보내던가? 그렇지 않으면 자진해서 내려왔나?

진 명   저, 저, 억쇠하고 내려왔어요. 한 닷새 전에 대원들이 보급투쟁을 하러 인가를 찾아 내려오다가 멧돼지를 잡은 억쇠를 만났어요. 멧돼지를 퇴먹고 군관동무가 총질을 하고 싸우다, 멧돼지처럼 싸우다, 모두 다 죽고, 억쇠 혼자만 남아서, 그 억쇠를 따라 내려와, 그 집에서 자는데, 억쇠가 또 멧돼지처럼 달겨들어…… 모두 모두 다 짐승들…… 이제는 산과 짐승들이 몸서리가 나고, 무서워서, 마을이 그리워서, 사람이 그리워서, 산으로 뛰지 않고 마을로 뛰쳐오다, 사람을 만나서, 서원(署員)인지도 모르고 반가워서, 사람이 반가워서…….

대 장   음, 험.

진 명   사람이 보고 싶어 뛰쳐왔어요. 마을이 그리워서 내리달렸어요. (독백조로 흐느끼며) 산과 짐승의 생활보다는 죽는 게 나어. 사람과 마을을 한번만이라도 보고 죽는 게 나어! 서장님! 소원입니다. 제발 죽기 전에 평화스러운 마을과 그 거리, 늘어선 가게와 납작한 지붕 위의 굴뚝과 깜박이는 등불 아래 다사로이 사는 할아버지 할머니들, 아버지, 어머니들, 오빠 언니들, 꼬까옷을 입은 동생들, 일가와 이웃들이 옹기종기 모여 사는 것을 한번만이라도 구경시켜 주세요, 네. 마당에는 소와 개와 닭들이, 밭에는 푸성귀, 들과 논에는 곡식들이 자라 있는 것을 한번만 보고 죽고 싶어요. ……빽빽이 선 나무숲과 땅굴, 비바람 눈보라 짐승 소리는 이제 못 견디겠어

요. (신음 섞인 독백을 할 때 애기 박 순경, 억쇠를 포승하고 들어와
큰 소리로)

애기 박　박 순경, 돌아왔습니다.

그 소리와 동시에 진명 옆으로 기절해 쓰러진다. 애기 박 순경 재빨
리 받아 안는다. 일동 다 같이 일어나서 맥을 보고, 물을 먹이고 서
두른다.

대　장　우선 숙직실에 갖다 뉘어 놓고 회생을 시키게. (애기 박 안고
나가는데 힘에 겨웁다. 이 경사 같이 부축한다.)

큰　박　총각! 오늘 아침부터 호사하네. 해해, 처녀가 앵기고 쓰러 안
고 주무르고 암여우한테 홀린 기분일 거야! 해해, 대장님 저
여공비 총살하기 전에 우리도 맛 좀 봐도 괜찮습죠! 이 두메로
출동한 지도 벌써 여덟 달, 요샌 온몸이 다 근질근질합니다.
해해.

대　장　(독백인 듯이) 총살? 저 여자의 말대로 그랬을 거야. 마을과
사람이 그리웠을 거야.

큰　박　(말을 눈치껏 얼른 받으며) 대장님! 그렇구말굽쇼. 귀순으로 해
서 살려 가지고 숙직실 심부름이나 시킵지요. 그러면 암내가
이 막사 안에 풍겨 행결 나을 게 아닙니까. 그 계집애 말이
절대로 옳습니다. 저도 푸른 나무 숲이나 누런 밭고랑 게딱
지 같은 초가지붕들, 아주 염증이 납니다. 고층 건물이 늘어
선 아스팔트 거리! 밤이면 가지각색 네온사인이 켜져 번쩍이
며 휘황찬란한 그 거리, 다방과 술집에서 울려 나오는 재즈
와 장구 소리, 여자의 목소리, 그 몸매와 살내음이 그립습니
다. 이건 백날 가야 비지 먹은 멍멍개 소리, 쉬어빠진 닭 소

리, 청승맞은 부엉이 소리, 흙 냄새, 칸델라 냄새! 이 산 속의
적막이 아이고! 미칠 것 같습니다. 이러다가 재수 없이 어느
공비 자식의 땅콩 총알이래도 하나 맞으면 무주공산의 외론
넋 될 생각을 하면 지긋지긋합니다.

위의 대사를 할 때 큰 박은 무대 중앙에 나와 상응한 제스처를 써
가며 연기한다.

최 순경 데거 큰 박, 장타령 또 나왔다 나왔어! 그러지 말고 오늘이래
도 거리에 나가 쏴지르다가 지게 부대에나 콱 끌려가 보라
지. 대장님! 아까 그년 허튼수작 믿지 마시라요. 빨갱이년들
이 어떤 독종들이라구. 그년 연극패같이 숭기께나 떨든걸!
무슨 비밀 지령을 띠고 기어 나왔는지 누가 알가디? 그년 정
신 들면 목구멍 속부터 가랭이 끝까지 샅샅이 토파봐야 하
구, 그래도 뭣이 안 나올 때는 그저 없애야지. 빨갱이는 그저
씨를 없애야 후환이 없지, 괜시리 놔두었다간 어떤 불덩이가
떨어질지 모른다니깐요, 대장님! 억쇠 데 놈은 저에게 매끼
시라요! (회답도 안 듣고 장에 간 촌닭처럼 겁에 질려 한구석 땅바
닥에 쭈그리고 앉아 있는 억쇠를 큰 소리로 자기 책상 앞으로 부르
며) 이 쌍놈의 새끼한테서 죄다 불도록 해야디. (벽에서 장총
하나를 들어다 책상 위에 탁 놓으며 위협적으로 신문 채비를 서두
른다.)
대　장 (진명의 신문과 그 기절과 각 대원의 상반된 의견 등에 어떤 충격
을 받은 듯 좀 피곤한 자세로 의자에 뒤로 몸을 제치며) 최 순경!
너무 다그치진 말고 구슬리라고!
최 순경 넷. (대답은 그렇게 하면서 첫번 억쇠에게 떨어지는 소리는) 야, 이

쌍눔의 새끼야! 빨치산엔 뭣 찾어 먹을라고 들어갔댔니, 응, 바루 불어라, 알지, 너 이거 알지, 너. (장총대를 두드려 보인다.)

억　쇠　나릿님! 내가 바른대로 말하지라오. 뭐라서 거짓말하겠다고? 그날 내가 눈도 자길래 상나뭇골에 멧돼지 돛 보러 갔지라우. 가니께 송아지만 한 멧돼지 한 마리 걸렸는디 나를 보더니 이건 지랄병하듯이 날치지 않는가. (겁보다는 여기서부터는 백치같이 순진한 실감이 나서) 메고 간 지게를 썩 내려놓고 도끼로 정수리판을 노리느라고 한참이나 맴돌고 있는디 어디서 ‘땅’ 하고 총소리 한 방이 나드니 검고 시퍼런 장정들이 너댓이 숲 속에서 내달으며 손 들엇! 하고 날 삥 둘러싸는 바람에 그만 응덩방아를 찧고 주저앉았지라우. 그러닝께 그자들이 따따따딱, 또아리 같은 총으로 멧돼지에게 불질을 하지 않는가배. 멧돼지란 놈이 솥뚜껑 자빠지듯 꽝 하고 자빠지드라우. 나도 신이 안 난 가배. 벌떡 일어났지라우. 그자들도 퍽이사 좋던갑지, 지게에 올려서 나보고 지라드니 어서 가자! 이만하면 며칠 고기맛도 보고 양식도 되것다면서 상나뭇골 개울치 옆으로 더듬어 깊숙이 몰고 올라가다 또 가루지르드니 오봉(五峰) 되 뒷바위 언덕을 자꼬 기어올르니 굴이 나왔지라우.

최 순경　(억쇠의 술술 나오는 진술에 약간 누그러져서) 그래, 그래, 쏼쏼 잘 분다. 그러면 억쇠 살려 주지. 그래서 그 굴에는 멋이 있드나, 그 새끼들 거기 가서 멋하드나?

억　쇠　(약간 제풀에 신이 나서) 그 굴에 들어가서 말이지라우.

이때 암전

제1막 제2장

암전으로 무대가 회전되면 서서히 어느 산정 공비들의 토굴이 단면을 드러낸다.

굴에는 잠시 전에 잡아먹은 멧돼지 대가리와 가죽과 다리짝 등이 적당히 매달려 있고 벽에는 인공기가 걸렸으며 그 아래로 따발총·장총 등이 대여섯 자루 세워져 있다. 굴 한쪽 구석엔 담요, 누비옷 같은 꾸러미가 한 뭉텅이, 또 어느 쪽에는 파손된 무전기통, 식기 등속이 굴려져 있다.

조명이 차차 밝아지면 전사 갑·을·병·정이 벽에 기대기도 하고 드러눕기도 하고 앉아 있기도 하다.

억쇠는 손이 묶여져 굴문 쪽으로 쭈그려 앉아 있다. 멧돼지 잔치가 끝난 후 굴 안은 식곤과 암울 속에서 잡담이 교환되고 있다.

전사 병   야아, 이런 때 담배 한 대만 피웠으면!

전사 을   데 새끼는! 이런 땐 쇠주 한잔을 들이켜야디!

전사 갑   그건 다아 호사스런 소리들! 난 고봉으로 쌀밥 한 그릇만 먹었으문 죽어두 한이 없겠네.

전사 정   그래! 이런 겨울 밤엔 노전방에 불을 뜨끈뜨끈 때고 호롱불 아래 둘러앉아서들 냉면 추렴하문 제격이었지.

전사 을   냉면! 냉면 맛이 어드랬드라! 나는 이전 맛이란 맛은 다 닞어 버레 놔서!

전사 병   그리고 새고 이젠 교양 시간이 됐을 텐데 군관실에서들은 뭘 하고 빨리 안 올까? 어서 연설 한마디 듣고 나서는 자야 할 텐데!

전사 을　데 새끼는! 군관실 이름이 좋다. 그자들 끼고 자는 안방인데! 니레 정 궁금하문 가 봐라!

전사 갑　총은 누가 맞고. 정 총위(鄭總尉) 동무도 숙청 맞은 거 생각 안 나나. 이젠 혼자 독점하구선 어디 살 구녕도 생각 안 하나 봐? 우리만 불쌍하지, 그렇지 않나?

전사 병　옳소, 옳소. 사실 대장동무가 여성 군관동무를 혼자서 차지한다는 것은 옳지 못한 일이야! (이제까지 참고 있었다는 듯이) 이런 산 속에서 여성동무가 하나일 때는 공산적으로 고루 돌려가며 맛보아야지. 혼자만 데리고 자는 것은 자본주의 반동이 아니겠느냐 이 말씀이야! (일동 "옳소" 소리) 동무들! 우리 이 문제를 옳게 해결해야 되지 않겠는가?

전사 을　야, 니레 저 새끼가 배싯대기에 돼지기름이 끼니까 환장했니! 교대로 노놔서 먹던 정 총위도 총알이 떨어지니까 골루 갔는데! 문제를 옳게 해결하자문 총알이 있어야지. 정 동무 저, 새낀 따발총이 있었으문서도 얻어두 못 먹구! 그걸 보급투쟁에 다 써 버리구. 이 반넴이 새끼야, 내한테 총알만 있다문사, 그저, 그저, 없다.

전사 정　야! 야들아! (똑바로 일어나 앉으며) 그런 지저분한 소린 좀 그만두구, 그래 우린 언제까지나 이러구 있을 작정들이냐? 너들도 알다시피 부대가 결딴난 이후 오늘날까지 한 달 이상이나 이 산골짜기에서 저 산골짜기로 헤매며 버티어 온 것은 내 따발총 하나였다. 이것으로 보급투쟁도 하여 연명해 왔다. 그런데 이제 탄환마저도 없고 저기 세워 논 장총들은 쇠말짱에 불과하단 말이다. 그러면 이제는 내일이래도 국군 수색대에 발견되는 날이면 고스란히 잘못되는 것은 둘째로

하고라도 이 채로 여기서 굴속에 들어백혔다 한들 굶어 죽
는 수밖에 도리가 없게 되었다. 더욱이나 저 대장동무는 제
야욕을 위하여는 동관도 살해하고 또 여성 군관도 무기로써
위협하여 겁탈을 하고 있으니 이를 믿고 어찌 우리가 어물
어물하고 있을 수 있겠느냐는 말이다.

전사 일동 옳소! 옳소!

전사 을 그렇지만 우리가 어디 도망갈 데가 있어야지?

전사 정 그러니까 우리는 오늘 밤 교양 시간에 대장동무를 놓고서
문제를 세워 보잔 말이다. 그리고도 대책이 안 선다면 우리
는 우리의 살길을 우리가 찾아야지. (단호하게) 자아, 이것을
좀 보라구! (배 허릿춤에서 삐라 한 장을 꺼내 흔들어 보이고서는
그 내용을 큰 소리로 읽는다.) 인민군 전사 여러분! 이 모진 추
위와 굶주림 속에서 산굴과 땅굴을 파고 쫓기며 헤매며 얼
마나 고생들 하십니까? 이럴 때면 여러분들은 고향에 두고
온 부모 처자가 얼마나 그리우십니까?

여기쯤 읽을 때 대장 '군관'이 진명과 함께 나타난다. 일동 주춤하
고 놀라서 서로 뒤로 물러나 앉고 대장, 중앙에 좌정하면서

군 관 동무들 무시기 그렇게 재미있게 토론을 하오. 에, 이제부터
여러 동무들에게 교양을 주겠소. 오늘도 여러 동무들은 남조
선 인민의 해방을 위하여 지속적이고 영웅적인 투쟁의 하루
를 보낸 것을 본관은 우리 영도자이신 김일성 장군의 이름으
로서 감사하며 기쁘으게 생각하오. 특히 오늘은 보급투쟁에
있어서도 성과를 거둬 멧돼지를 잡아와서 영양을 높이게 되
었다는 것은 오로지 우리의 조국 산하가 우리의 인민군대를

버리지 않았다는 것을 증명하는 것이 되며 또한 우리의 영용하신 김일성 장군께서 머지않아 우군을 보내 주어 그들과 함께 저 산 아래 구더기처럼 들끓는 미제국주의의 노예인 남반부 군대를 무찔러서 우리의 종국적인 승리를 가져오기 위한 징조라고 믿어 의심치 않소. 여러 동무들의 충성심과 복종심과 투지는 본관이 십분 인정하는 바이나 이럴 땔수록 정신무장을 단단히 하지 아니해서는 앵이 되오. 동무들의 오늘의 이 곤란은 곧 보고하여 후한 상급을 받을 것은 의심할 바 없으오. 앞으로 더욱 군율을 확립하고 빨치산 생활에 당적인 자아비판을 하여 승리의 그날까지 투쟁을 계속할 것을 여러분과 함께 맹서하는 바이오.

전사 일동 옳소! 옳소! (아멘처럼 으레 하고, 박수)

군　관 그러면 오늘 밤 여러 동무들 중에 명일의 투쟁이나 작전을 위하야 토론을 할 동무는 없으오?

전사 갑 예 있습니다. 대장동무! 저기 우리가 잡어 온 총각의 처치 문제를 어찌하시렵니까? 저자를 돌려보내자니 재미 없구, 죽이자니…….

전사 을 넷. (손을 들며) 데 새끼는 남반부 반동적 인민이고 포로니까 여러 말 할 것 없이 시방이라도 내다 처치합시다. 원 별걸 가지고 토론은!

전사 병 (손을 들면서) 용한 수가 있습니다. 돌려보낼 수도 없고 또 여기 살려 두면 양식만 축내니까 이 마당에서 인민재판을 열어 처치합시다.

전사 을 그게 그거 아닌가?

전사 병 우리 공산당과 인민군대는 어디까지나 공명정대해야 하니까! 인민재판을 열어야 해? 대장동무 그렇지요?

군　관　하여튼 이리로 데려와 보오. (전사 갑이 손이 묶인 억쇠를 끌어
　　　　온다.) 총각은 여기가 어덴지 알 만하지요.

억　쇠　모르지라우.

군　관　우리가 누군지 아는가?

억　쇠　모르지라우.

군　관　남반부 군대 국군을 아는가?

억　쇠　모르지라우.

전사 병　야, 데 새끼 모르지라우가 너 오마니가! 그저 모르지라우만
　　　　불러대니. 빨랑빨랑 처치하고 잡세다아!

진　명　동무들! 동무들은 무고한 양민들을 보호하라는 김일성 수령
　　　　의 포고문도 모릅니까? 왜 아무런 반동적인 과거나 행위를
　　　　한 일이 없는 산골의 순진한 청년을 살해하려 드는 것입니
　　　　까? 그는 우리 인민군대의 진정한 형제라고 부르는 농민의
　　　　아들이 아니에요? 우리가 그를 돌려보내는 것이 적에게 이로
　　　　움을 줄 우려가 있다면 그 총각으로 하여금 우리의 의용적인
　　　　전우의 일원을 만들어 이 지리산 지리에 밝은 그를 우리의 작
　　　　전이나 보급투쟁에 활용한다면 큰 공훈이 있을 줄 믿어요.

전사 일동　옳소, 옳소. (박수)

군　관　그러면 여성 군관동무의 토론을 채택하기로 하오. 그리고
　　　　(억쇠를 향하여) 너는 오늘부터 우리 명예 있는 인민군대의 일
　　　　꾼으로서 허가하니 충성을 다할 것을 맹서해요.

억　쇠　뭐라지라우?

전사 병　억쇠랬지? 억쇠! 너는 이제부터 우리와 같이 살겠느냐는 말
　　　　이다.

억　쇠　나 죽이지 않지라우. (한참 있다 무엇을 자기 딴엔 깨닫고 결심한
　　　　듯) 아저씨들 하구 살지라우.

군 관 자아, 그러면 저 손도 끌러 주고, (전사 갑이 손을 끌러 준다.) 에, 이제는 토론이 없겠지비! (진명을 돌아보며) 우리는 군관실로 가오! (이때에 전사 정 손을 들며)

전사 정 대장동무! 한 가지 중요한 토론이 있습니다. 대장동무도 아시다시피 오늘로서 우리가 소지했던 모든 장총들은 마지막 탄환까지 다 사용하고 말았습니다. 우리 대내의 무기라고는 대장동무의 피스톨밖에는 남지 않았습니다. 대장동무도 탄환이 얼마나 남았는지? 이 호신용 피스톨을 가지고는 적과의 전투는커녕 보급투쟁도 가망이 없습니다. 이 채로는 우리는 며칠 이내에 이 굴속에서 굶어 죽는 도리밖에 없습니다.

전사 일동 옳소! 옳소! (다급하게 느끼던 것이 표면화됨으로써 긴장과 흥분에 휩싸인다.)

전사 정 이제까지 모든 동무들이 비판을 받을까 봐 입 밖에는 안 냈으나 적의 수색대들은 이 앞 오봉뫼까지를 이 잡듯 뒤집고 있는 판세입니다. 이제 패잔병이 된 우리에게 남은 길이라고는 퇴로가 차단된 북쪽을 향하여 몇 발이래도 더 가다 죽든지 그렇지 않으면 자결을 하든지, 적에게…… 에, (포로가 되든지 하려다가 말을 바꿔서) 육탄 공격을 하든지 어느 하나를 택해야 하겠습니다.

전사 일동 옳소! 옳소!

군 관 동무들! 진정들 하오! 본관도 미제국주의 노예인 이승만 군대의 야만적 횡포로 애국전사 여러 동무들이 치르고 있는 고난과 역경에 대해서 잘 알고 있소. 그러니까 우리가 승리하는 날 동무들의 전공은 후하게 상급을 받을 것이며 우리 역사에 빛날 것이오. 그런데 동무들! 여러 동무들도 귀로 똑똑

히 들은 바와 같이 (격노한 어조로) 동무들의 시방 토론은 용
서 못 할 반동성을 띤 언사라 앵이 할 수 없소. 우리 인민군
대를 자칭 패잔병이라고 부른다든가, 후퇴를 한다든가, 적
에게 항복을 한다든가, 꼭 거시기 자본주의의 노예군대와 같
은 근성을 폭로하고 있소. 그 동안도 정 동무는 부르주아의
인테리 같은 근성을 가지고 있는 것을 내가 알고 있었으나
용서해 왔소! 동무들! 이런 정 동무의 인민군대의 적과 같은
언사를 하는 동무를 그냥 놓아두겠소?

전사 일동 (침묵)

군   관 동무들 어째 아무런 비판이 없으오. 그러면 내가 군법으로
다스리겠소. 어서 정 동무 나랑 군관실로 가오. (하며, 일어나
서 허리에 찬 피스톨을 끌러서 손에 쥔다.) 정 동무, 어서 밖으로
나가!

전사 정, 어떤 결의와 각오를 가지고 아까의 삐라 쪽지를 옆에 있는
전사 병에게 떨어뜨려 준다. 그리고

전사 정 대장동무! 승리니 충성이니 상급이니 하는 따위의 빈말로서
는 현실이 타개되지 않습니다. 이 마지막판까지 그런 강박
관념의 밧줄로 여기 우리들을 비끄러매려기보다는 이제라
도 우리 모두 해산하여 각자에게 각자의 살길과 죽을 길을
자유로이 선택케 하는 것이 옳은 길이 아니겠습니까?

군   관 저 종간나 새끼가! 이제는 못 하는 소리가 없네. 어서 나하구
밖에 나가!

전사 정 여기서 쏘시오! 밖에 나갈 것 없이 여기서 쏘아요!

군   관 음, 이 새끼가! (하며, 전사 정에게로 와 팔을 비튼다.)

진　명　대장동무! (일어나서 대장의 팔을 붙잡고 말리며) 정 동무 말을
　　　　그렇게 흥분하고 오해하실 건 없어요. 정 동무는 우리의 현
　　　　실을 있는 그대로 말했을 뿐이에요. 이제 막다른 데까지 다
　　　　다른 이 시간에서까지 사실을 은폐하고 문제를 회피하는 것
　　　　은 옳지 않다고 보아요. 이 엄연한 사실은 정 동무나 그의 언
　　　　동의 말살로서는 해결 안 되는 것이니까요.

군　관　무시기! (진명의 공명에 더욱 격노하여) 여성 군관동무까지도
　　　　같은 인테리 근성을 발휘하려고 들겠소! 이것들이 이 모앵대
　　　　로 놓아두었다가는 사람 잡지 않겠나. 이 새끼 나가자!

전사 정의 뒤튼 팔을 더욱 댕겨 쥐고 총을 뒷머리에 겨누고 밀치며
나간다. 전사 정은 허탈한 채 끌려 나가고 일동은 숙연한 채 제 자
세대로 한동안 굳어 있다.

진　명　(독백조로) 총, 총, 총으로서만 모든 것을 끝까지 지배하고 해
　　　　결하는 이 세계에 나는 왜 들어왔을까! 아니 그 역시 총대에
　　　　몰려서 들어왔지! 이제 머지않아 이 마지막 잎새들 같은 우
　　　　리의 목숨도 총으로서 막을 닫겠지. 총, 총, 철나자 일본놈의
　　　　총, 로스케 총, 남반부 국군의 총, 전우들의 총, 지긋지긋한
　　　　총!

이때 밖에서 피스톨의 요란한 총성이 두어 방 들린다.

진　명　(독백의 연속으로, 적당한 제스처로 무대를 거닐며) 아이고 어머
　　　　니 저 총소리! 정 동무! 이제 동무는 총 없는 세계에 갔는가!
　　　　거기는 총을 쥐지 않은 인정의 손길만이 모여 사는가? 총의

위협이 없는 다정한 이야기들만이 오고 가는 즐거운 회합이 있는가. 사랑으로 질서 짓고 사랑으로 생활하는 그런 세상에를 갔는가. 물거품처럼 일고 사라지는 잔 근심들이야 오히려 생활을 수놓는 것이리! (저승과 이승이 분별 안 된 채의 독백이 계속된다.) 아, 그립다. 어서 가고 싶다. 어서 나도 총에 맞고 싶다. 쏘아 줘요, 어서 나도 죽여 줘요.

군 관 (이때 군관 살기등등해서 들어와 진명의 태도를 보고는 좀 누그러지다 다시 본래의 면목으로 돌아와서) 이거 여성 군관동무! 전사들 앞에서 탈선이 너무 심하군! 우리는 죽으나 사나 영용한 인민군대라는 것을 잊어서는 앵이 되오. 인류의 해방을 위한 공산당의 군대라는 것을 망각해서는 앵이 되오. 오늘 밤 이 이상 토론을 용서치 않소. 전사 동무들은 더욱 정신무장을 단단히 하지 앵이하면 군법이 엄연히 존재하고 추상 같다는 것을 명심하오. 여성 군관동무, 어서 우리는 군관실로 가오. (진명 묵묵히 따라 나가자 전사 갑·을·병은 적당히 한숨을 돌리고 나서)

전사 을 야아, 이 새끼들아! 이러다간 국군의 총알보다 대장동무 피스톨이 더 앞질러 오잖칸.

전사 갑 누가 아니래. 숙청 맞은 정 동무 말마따나 우리도 일찍 문제를 세워야 해!

전사 병 (아까 전사 정에게서 받은 삐라를 내놓으며) 글쎄 말이야! 아까 이건 정 동무가 가만히 주고 간 건데 말야! 내 읽어 볼게. (읽는다.) 인민군대 전사 여러분! 그대들을 오늘의 기아와 공포와 죽음의 수렁 속에 몰아넣은 것은 누구입니까? 그것은 오직 김일성을 비롯한 그 괴뢰도당들의 소행입니다. 조국 대한민국과 우리 국군은 그대들을 이 죽음의 길로 이끌고, 우

리 나라를 국제 공산당에게 팔아먹으려는 그 김일성 악당들
만을 미워하고 섬멸하려는 것이지 그대들을 미워하거나 해
치려는 것은 아닙니다. 우리는 오히려 여러분이 과거를 뉘
우치고 한시바삐 우리 조국 대한민국의 따뜻한 품안으로 들
어오기를 민족애와 동포애로서 기다리고 있습니다. 여러분
이 귀순한다면 우리는 그대들을 환영할 뿐만 아니라 앞날의
행복스러운 생활을 보장할 것입니다. 주저 말고 어서 오십
시오. 그대들의 귀순을 방해하는 악질 군관들은 처치하고
무기를 버리고 어서 오십시오. 그대들이 새로운 생활을 택
하느냐 그대로 이 지리산 뫼뿌리에서 개죽음을 하느냐 하는
마지막 순간입니다. (전사 갑 · 을도 빼앗아 보면서)

전사 을 그 새끼들 새빨간 거짓말인지 누가 알간! 누깔을 빼고 오금
을 짜른다던데. 괜히 곱게나 죽디!

전사 갑 (삐라 뒤쪽을 보며) 이 뒤에 사진이 났는데! 먼저 투항한 우군
사진이야! 이건 벌써 에미네도 얻었나 봐. 에미나가 미인인
데!

전사 일동 어디 어디. (하고, 미인 사진이란 바람에 호기심을 가지고 들여
다보는 참인데, 진명 후다닥 달려들어온다. 높이 든 한 손에 피스
톨이 쥐어져 있다.)

진　명 (숨찬 소리로) 동무들, 여러 동무들! 총은 이제 내게 있어요.
아니 이제 우리에게 총은 없어요. (하면서, 천정을 향하여 탄환
이 있는 대로 총을 쏴 버린다.) 어서 동무들은 이제 자유롭게 행
동하세요. 아니, 총 없이도 살 수 있는 세상! 총을 안 쏘고도
살 수 있는 세상을 찾아가세요. (역시 현실과 죽음이 미분별인
상태로) 거기서 어서 쌀밥도 많이 잡수세요. 따뜻한 방에서
가족들과 옛말을 하면서 사세요. 옷도 의젓이 입고요, 넥타

이도 매고요, 자유와 평등과 평화를 진정으로 누려 보세요.
어서 모두 행동하세요.

전사 일동 (무엇인지 모를 환희에 차서) 옳소, 옳소. (하며, 박수도 치고
떠들썩하는데 군관, 미친 듯이 달려들어오며)

군 관 이 간나아! 이 종간나야! 내 총을! 여기 못 내놓겠니, 응. 내
가 그만큼 사랑해 줬는데도, 응. (하고, 와서 진명에게서 피스
톨을 빼앗아 전사들을 겨눈다. 이때 전사 병은 화다닥 놀라 도망
쳐 나가고)

진 명 호호호, (히스테리컬하게 웃으며) 사랑요. 무기를 동무의 목숨
같이 사랑했죠. 그 무기로 내 순결한 마음과 육신을 빼앗았
고요. 이제 무기 없는 동무는 무어죠. 어떻게 하지요?

이때 벌써 전사 갑·을과 군관은 부둥켜안으며 싸우기 시작한다.
비명이 일어난다. 그 격투가 암전된 채 계속되면서 무대는 제1장
으로 회전된다.

제1막 제3장

최 순경 그럼 이 새끼, 넌 어떻게 살아 왔?

억 쇠 그 쉬염이 대장이 굴로 들어와 전사들을 덮쳐서 까부러뜨리
고 나드니 바람같이 나에게 달려들며 그 총대가리로 내 대갈
통을 후려갈기더니 깍지로 내 모가지를 졸라매드랑께. (그때
를 다시 몸서리치면서 더듬더듬) 그때 나도 아찔하며 세상이 멀

어지려는데 엄매 생각이 딱 떠오르는 바람에 기를 한번 썼지
라우. (또 잠시 생각을 더듬다가 아무래도 생각이 나지 않는 듯)
그리고는 깜깜이지라우.

큰　박　야아! 억쇠 잘 한다. 네가 바로 빨치산 대장을 잡았구나. 어
　　　서 말해 봐라.

억　쇠　어찌어찌다 멧돼지 돛에 내가 걸려 날치는 꿈을 꾸다 눈을
　　　떠 보니 가는 햇빛에 비치는 것은 피무데기지라우. 전사 새
　　　끼들과 쉬염이 대장은 굴 안에 뻗었지라우. 무섬증이 나서
　　　벌떡 일어나 굴을 뛰쳐나와 산을 미끄러져 내려오는데 숨이
　　　차서 펄썩 주저앉았으니께 차차 정신이 들며 그 가시내가 혼
　　　자 산에 있다가 범에게 물려갈 것만 같이 생각이 들었지라
　　　우. (자기의 또 다른 마음은 부끄러워 숨기려는 듯) 진정 불쌍한
　　　생각만 들었지라우.

최 순경　이 새끼, 그래, 그래, 불쌍한 생각 좋다. 그래 도루 가 끌고
　　　왔니?

억　쇠　그렇지라우. 도루 올라가니께 가시내가 굴 밖 바위 위에 걸
　　　터앉아 넋 빠지게 하늘만 쳐다보고 흔들어도 모른당께. 가시
　　　내, 그때부터 귀신도깨비지 사람이 아니랑께. 내가 팔을 잡
　　　고 끄니께 터덜터덜 따라서 우리 집까지 따라오지 않았나배.
　　　엄매가 나 살아 왔다고 좋아서 도토리묵 국수 말어 주니 맛
　　　있게 다 먹고 불 뜨뜻이 때고 아랫묵에 눕혀 재우지 안했나
　　　배. (적이 원망이 서린 듯)

큰　박　이 짜식이, 아주 데리고 살 판이었구나. 그런데 왜 그 계집애
　　　가 도망을 쳤니. 네가 가만히 모시기만 했는데, (비웃듯) 그년
　　　이 산서방 생각이 또 났던 게로구나.

억　쇠　나릿님. (말하기 매우 거북한 듯) 저, 저, 죽을 죄를 졌지라우.

아침에 엄매가 부엌에 나간 새 괜히 화끈화끈 달아서 (대장도
빙긋이 웃고 큰 박 기성을 내서 웃고) 슬믓이 덤벼드니 이 살캥
이 가시내가 독을 쓰며 (여기서는 또 적개심에 싸여) 화다닥 나
를 쥐여 지르드니 문을 박차고 어디루 도망을 쳤지라우. 뒤
쫓아 산 쪽을 향해 쫓았더니 어디로 숨었는지 머리칼도 뵈지
않고 산이 고만 겁이 나서 집으로 돌아와 있는 참인데, 저 아
까 그 나릿님이!

최 순경 이 새끼가 뭐라고 횡설수설하는지, (아직 억쇠 진술을 액면 그
대로 믿을 수만은 없다는 듯) 이 새끼, 너 빨갱이들한테서 며칠
지간에 교양 단단히 받았구나. 그년하고도 짜고! 내가 안 봐
두 다 잘 안다 알아. 그것 말고 진짜 빨갱이 새끼들이 뭘 시
켜 내려보내던지 고걸 대야지!

억 쇠 나릿님! 벼락 맞지라오. 진정 고대루지라우. 내 목을 내놓지
라우.

큰 박 해해, 억쇠 이 짜식, 화끈화끈 달아, 왜 달아, 어디 그 달려들
던 대목 소상하게 다시 한번 말해 봐라! 짜식!

억 쇠 (어쩔 줄 모르고 난감해한다.)

대 장 자아, 인제 그만들 해 두오. 보충 신문은 이따 여공비하고 대
질시키면 알 게고 또 어차피 검증을 하기 위하여 현장에 출
동을 해야 할 테니. 그러면 큰 박은 가서 여공비가 깨어났나
보고 최 순경은 망대(望臺)의 이 경사와 교대하고.

대원 최·박 넷. 의명 복무하겠습니닷. (하고, 나간다.)

대 장 (전화통을 잡아서 신호하고) 대본부입니까? 참모장 김 경감이
십니까! 네, 여기는 오리나뭇골 분견대 구(具) 경위올시다.
그런데요, 오늘 아침 여공비가 한 명 전일에 보고한 행방불
명되었던 억쇠라는 총각을 따라, 산에서 내려왔습니다. 넷,

귀순, (자기 말에 확신을 가지려는 듯) 귀순입니다. 넷! 적정은
요, 낙오병이 다섯이었는데 저희끼리 싸워서 다 죽고 하나가
행방불명이 된 모양입니다만 그 아지트를 검증해 보아야 알
겠습니다. 네, 억쇠 총각이 그 지점을 알고 있으니까요. 내일
순경 두세 명만 증원을 해 주십시오. 넷, 부대장님이 여기 순
시를 오실 게라구요. 넷, 종군기자가요, 신문기자 둘이 부대
장님하고요, 대접할 것도 없는데, 네, 여공비 귀순이 오셨던
기념 자료 제공은 되겠지요. 그러면 참모장님 두세 명 증원
꼭 부탁합니다. 부대장님이랑 손님 오시면 저까지 출동을 못
하게 되니까요. 넷! 딴 이상은 없습니다. 그러면 참모장님 수
고하십시오. 이만 끊습니다.

전화를 끊으며 관객석을 멀건히 바라볼 때 막이 서서히 내린다.

제2막

막이 오르면 경찰대 임시 유치장의 밤, 정면 감방엔 진명, 오른쪽
감방엔 억쇠, 왼편 감방엔 잡범 두셋이 쭈그리고들 들어앉았고 전
면 왼편 입구 쪽으로 걸상을 놓고 애기 박이 앉았다 일어섰다, 또는
무대를 왔다갔다하며 파수를 한다.

진 명 (겨우 정신이 들기 시작하자 공복감과 오한이 이는 듯 떨며) 저,
　　　　저, 물 좀 주세요.

애기 박 (사뭇 반가운 듯이) 물요, 이제 정신이 좀 드오?

한옆으로 돌아 나가더니 주전자에 따스한 물과 주먹밥 두 덩이를 가지고 들어온다.

잡범 1 (얼른 창살로 얼굴을 갖다 대며) 나릿님, 우리도 좀 주서유.

억 쇠 (본을 따며) 나도 좀 주지라우.

애기 박 당신들은 아까 저녁 다 먹지 않았나. (진명에게로 가서 창살로 밥덩이와 양재기를 들여보내고 물을 따라 주며) 밥도 좀 자셔 보시오. 이 뜨거운 물을 먼저 좀 들고.

진 명 네, 고맙습니다. (다소곳이 받아 마시고, 먹기 시작한다.)

잡범 2 나릿님! 우리도 좀 주세유, 배고파 죽겠시유. 밥 한 덩이 간에 기별두 안 갔시유.

애기 박 (할 수 없다는 듯) 당신들은 나만 보면 졸라대. (하고, 책상 밑을 뒤지더니 자기 몫의 건빵인 듯 봉지를 뜯어 잡범들과 억쇠에게 나눠 준다.)

잡범 3 고마워유. 이래서 애기 박 선생 나릿님은 부체님이지유. 우리 모두 무식해도 다 알어유. 큰 박 순경은 숫개고 평안도 최 순경은 범이지유. 밤낮 컹컹대고 으르렁대고, 그러면 죽어서 좋은 데 못 가지유!

애기 박 입을 닫소. 이 사람들이 누굴 놀리나. 다시 그런 입질하다간 내한테 한번 경칠 줄 아오.

잡범 1 말하자면 그렇단 말이지유. 애기 박 선생 나릿님!

애기 박 (그 호칭이 우스워 누그러지며) 애기면 애기고 선생이면 선생이고 나리면 나리지 애기 박 선생 나릿님이 어디 있나, 원. 어서 딴 순경 나타나면 시비받지 말고 먹어치시오.

잡범 일동 네, 고맙지 뭐유.

애기 박 (진명 앞으로 가며) 허기나 면할 것 같소?

진 명 네, 쌀알을 참 오래간만에 보고 씹었어요. (양재기를 내밀어 물 한 잔을 더 청하여 먹고 나서 생기가 이는 듯 또 한편 감격에 눈물 겨운 듯 머리를 한번 뒤로 흔들며) 이젠 그만 죽어도 한이 없을 것 같아요. 이 처량(凄凉)한 심정 이대로, 고스란히 말이에요.

애기 박 저 이름이 뭣이라드라. 응 진명, 진명 씨 왜 뭐 때문에 그렇듯 낙망(落望)을 하시오. 절망은 어떤 죄악보다도 더 죄스러운 것이라지 않아요. 이제부턴 아무도 당신을 당신의 뜻 밖에서 죽음에 몰아넣지는 결코 않을 것이오. (무엇을 한참 생각하는 듯) 여기는 유치장 속이래도 공산세계가 아니라 민주세계요, 자유 대한의 땅이오. 비록 죽음의 마수가 당신을 덮치드라도 쓰러지는 그 순각(瞬刻)까지는 자기를 자기가 지킬 수 있는 천지(天地)요, 생각하는 갈대의 밭이요.

진 명 삶이 제아무리 지중(至重)하다 한들 저는 이 이상의 치욕(恥辱) 속에서는 견딜 수 없어요. 저는 벌써 죽어 있었어요. 굴 위 바위에서, 아니 그 전날 인민군 동무들한테서, 아니 저 51년 2월 10일부터 죽어 있는 거예요. 나 좀 봐, 부질없는 푸념! (독백이 되며) 실상 이런 푸념도 처음이지.

애기 박 진명 씨! 당신은 명백히 살아 있소. 당신은 죽었다고 말하지만 그것은 착각이오. 보통 살아 있다는 확신을 가진 수많은 사람들보다 당신은 그 몇 배나 드높은 사다리 위에 살고 있음을 나는 보았소. 오늘 아침 당신이 오리나뭇골 밭두덩 길을 달려와 나에게 처음 안기며 나보고 부르짖던 말 "당신은 사람이에요? 사람이냔 말예요" 하던 그 칼날에 찔린 것보다

36

도 아픔에 찬 말과 모습, 또 아까 당신이 기절하면서 "인간의 숲, 인간의 숲이 그리워, 짐승의 숲은 싫어, 진저리나는 짐승의 숲은 난 싫어, 진저리 나는 짐승의 숲은 난 싫어" 하던 모습을, 모든 현존(現存)의 때가 말갛게 가신 그 모습을 나는 보았소! 이제부터 당신은 살아 있는 것이오! 순간마다 영원으로 살아 있는 것이오. 진명 씨 당신은 누구보다도 살아 있는 것이오.

진 명 (자기의 실성태〔失性態〕의 너무나 정확한 목격자와 그의 진실한 태도에 더욱 부끄럼을 가지나 또 친밀감을 느끼며) 선생님, 아침에는 용서하세요. 또 너무나 감사합니다. 선생님 같은 분을 뵈어서…… 그런 말씀 들어서…… 그런 말씀을 들으니 더욱더 여기 저는 살아남기를 바랄 수조차 없는 거예요. 저의 영혼과 육신은 이미 짐승들에게 더럽혀지고 뜯어 먹히고 짓밟힌 그 형해(形骸)만이 남았을 뿐이에요. 제가 거울이 없어서 저의 모습을 전부는 못 보지마는 이 사지도 이름 모를 짐승이지 어디 사람인가요. (몸을 꿈틀거려 보며 더욱 부끄러워져서) 이 꼴로 어찌 사람들 틈에 살아가기를 바라겠어요. 차라리 어서 한시 바삐 죽여 주세요.

애기 박 (죽여 달라는 말에 경악을 품으며 약간 당황해서) 진명 씨, 당신은 아무 데도 더럽혀지지 않았소. 오히려 당신은 정결해졌소. 오직 당신의 신명(身命)이 피곤해 있을 뿐이오. 아까 우리 대장님도 진명 씨는 귀순이라고 말씀하셨소. 내일 참모 본부서 부대장님이 오신다니까 그 승인만 맡으면 진명 씨는 이 유치장에서도 풀려서 완전히 자유의 몸이 될 것이오. 우리 대장님은 참 인격자이시오. 그러니 절대 당신의 장래를 감정적으로 처리하지는 않을 것이오.

진　명　선생님! 저는 지금 죽는 것을 두려워하고 있는 것이 아니에
요. (안타까운 듯이) 신명의 왼 밑바닥에서부터 확확 달아오르
는 이 부끄러움을 주체할 수 없어요. 제가 어렸을 때 교회당
에서 들은 에덴 동산에서 선악의 열매를 따먹은 아담 · 이브
의 부끄러움이 이랬을까! 아담 · 이브가 범명(犯命) 직후 나
무 숲 그늘에 머리칼이 뵐세라 꽁꽁 숨은 것도, 야훼의 부르
심에 사추리를 풀잎으로 가리고 벌벌 떨며 나선 것도 결코
죽음의 공포나 삶의 절망이나 산고(産苦)의 불안이 아니었을
거예요. 창조주의 진노(震怒)와 그 책벌(責罰)은 아직도 몰랐
을 거니까요. 오직 그들도 나처럼 이 전신을 휘둘러대는 부
끄러움 때문에 숨고 가렸을 거예요. 그러나 저에게는 아담 ·
이브처럼 숨을 숲도 가릴 풀잎 하나도 없답니다. (유치장 안
을 둘레둘레 구석구석 휘둘러보며) 저는 죽음 이외에 숨을 곳이
없는 거예요.
애기 박　(진명이 옆구리가 터진 걸레 같은 군복을 감싸쥐고 있는 것을 보
고) 가만 있자, 그러면 좋은 수가 있소. (하고, 무대 밖으로 나
가 군용 스웨터 하나를 갖고 들어와 진명에게 주며) 이것을 껴입
어 보오.
잡범 2　(창살로 내달으며) 나릿님! 우리도 무엇 좀, 걸칠 것 좀 줘유.
추워 떨려서 못 살겠시유!
억　쇠　저 살쾡이 가시나 산에서 할 짓 다 하고 무엇이 부끄럽당께
애기 박 선생 나릿님, (잡범 흉내낸 호칭) 옴살이지라우.
진　명　(군용 스웨터를 받은 채로 무릎에 놓고) 선생님, 저 억쇠 말대로
저의 지난 치욕(恥辱) 생활은 옷으로 가려지진 못해요. 제가
억쇠에게 끌려 산을 내려왔을 때는 그저 사람이 그리웠어요.
짐승의 눈동자가 아닌 사람의 선의(善意)가 어린 눈동자, 영

혼이 깃든 얼굴, 총을 쥐지 않은 인정의 손을 한번만 보고 만
지고 싶었어요. 그것을 저의 산울림처럼 공허하고 처량한 목
숨과 바꾸고 싶었어요. 그것이 선생님에게서 이루어졌어요.
그러나 그 소망이 이루어진 순간부터 소용돌이처럼 이 몸을
휘감는 것이 있어요. 저의 어제까지의 산생활, 오늘 아침 선
생님에게 안겼을 때의 저의 흐트러진 꼴, 아까 기절하고 선
생님의 간호를 받았을 때의 미친년 같았을 흉악한 제 꼴, 시
방 선생님께 지껄이고 있는 이 염치없는 제 자신이 너무나
밝고 맑은 거울 앞에 놓여 있는 것처럼 보여서 못 견디겠는
거예요.

애기 박 진명 씨! 당신의 심정은 나도 잘 이해할 것 같소. 당신의 말
대로 우리는 모두 다 인간에게 덮여진 원죄(原罪) 때문에 몸
부림치고 있는 거요. 한쪽은 모든 의식을 마비시키면서까지
라도 옷을 벗고 실락(失樂) 이전의 상태를 이 세상에서 이룩
해 보자는 쪽이며, 한편은 원죄로 인한 인간의 모든 여건을
명백히 인정하여 알몸의 부끄러움을 될 수 있는 대로 계율
로 감싸서 내세(來世)에다 부활을 설정해 보자는 것, 이렇게
두 가지를 우리는 다 가지고 있다고 생각하오. 그런 의미에
서 부끄러워야 할 사람은 유독 진명 씨 한 분만이 아닌 것이
오. 오히려 이 인간의 숲 속에는 산 속에서 피치 못할 짐승
노릇을 하는 자보다 오히려 더 교활하고 의식적이고 자조적
인 소위 인면수심(人面獸心)이 인간적이니 또는 '휴머니티'
니 하는 허울 좋은 관사(冠詞) 아래 야합하고 조장되고 횡행
하고 있는 것이오. 또 그 죄의 그늘 속에 불안이란 본능적
촉각을 뾰족이 내밀고서 사위(四圍)를 의심하고 경계하고 있
기도 하오.

진　명　(애기 박의 진지한 언변에 자기를 잊은 듯이) 그러면 저는 어느
　　　　편일까요? 또 선생님과 저와는 왜 원수가 되어 있는 건가
　　　　요? 아무 증오도 없이 총질을 어찌 해 온 건가요?

애기 박　당신이나 나는 어쩌면 아무 편도 아닐지 모르지! (독백이 되
　　　　며) 인간의 역사가 이런 큰 시대의 장벽을 지어 놓았겠지! 마
　　　　치 한 방울의 이슬이 샘이 되고 시내가 되고 강이 되어 흐르
　　　　다가 폭풍우를 만나 서로 갈라져 흐르듯이 또 그 갈라진 물
　　　　들이 머지않아 바다에 들 것을 잊어버리고 천만 겹의 현존
　　　　의 엉킴 속에서 우리는 갈려 가지고 그 갈려 있다는 현실의
　　　　분별이 강조되어 가지고, 서로 자기 쪽이 인간 역사의 주류
　　　　(主流)라고 다투고 있는 거겠지! 우리는 그 양편 흐름 속에
　　　　어떤 물 한 방울! 그 격류 속에서 한 방울, 한 방울이 튀어나
　　　　와 직행의 코스를 잡자 해도 열사(熱砂)의 땅에 새 길은 뚫을
　　　　수 없어 한시바삐 바다로 바다로만 흘러가는 거겠지. 그 바
　　　　다는 모든 인간의 사연과 체읍(涕泣)과 갈원(渴願)을 안으로
　　　　한 강들이 도달할 피안(彼岸)이지.

진　명　바다, 넷, 바아다. (진명도 독백이 되며) 나의 꿈이 갈매기처럼
　　　　나래를 펴던 명사십리 그 푸르른 바다, 거기가 시대와 역사
　　　　의 대안(對岸)이라고요. 눈에 선히 보이는 그 바다, 아, 선생
　　　　님! (생기가 돌며) 거기에는 이런 불가마 속 같은 질식이 없었
　　　　어요. 이글거리는 태양 아래서도 통쾌하고 아늑한 해방감만
　　　　이 있었죠. 산더미처럼 밀려오는 파도 앞에서도 비장한 용기
　　　　만이 있었죠.

애기 박　나도 역시 진명 씨의 그 감격의 바다를 언제나 눈에 잊지 못
　　　　하고 살고 있소. 진명 씨, 그 파도 앞에서 느끼던 그 비장한
　　　　용기를 다시 살려 내시오. 이 눈앞에 가로막혀 있는 첩첩의

장벽과 이 숨막히는 공기 속에서도 우리의 대안인 바다의 해방감을 안고 뚫고 나가 봅시다. 이것은 내가 삶에 향한 맹목의지(盲目意志)에 사로잡히자는 것이 아니라 이 우유성(偶有性)의 수렁 같은 세상에 태어난 것도 인간이며, 살아온 것도 인간이며, 앞으로 살아갈 자도 인간이기 때문에 나의 개체 속 깊이 체득한 인식과 정서는 우주나 인류의 탈출이 아니라, 오히려 우주나 인류나 역사 속에서 꽃밭과 같이 각양각색의 현존하는 증거가 되기 위함인 것이오.

진　명　(눈물을 머금고) 선생님 감사합니다. 감사해요. 저는 지금까지도 치욕과 수치를 혼동하고 있었던 것 같아요. 죽음보다도 못한 치욕 속에서는 이제까지 목숨을 부지해 왔건만 이제는 오히려 내 목숨을 붙들고 늘어질 자신이 없어졌어요. 생존 본능에는 지렁이같이 끊어도 끊어도 꿈틀거리는 집착이 있지만 생활은 자아를 조성하는 창조의 의욕과 힘이 없고서는 자살이냐 피살이냐를 면치 못할 거예요. 아니, 이미 스스로 죽어 있거나 죽어가는 그림자일 겁니다. 선생님! 저의 눈에 지금 떠오르는 바다는 푸르른 바다가 아니라 어둠이 짙게 깔리고 검은 파도가 밀려오고 있어요. 그 파도, 검정 파도 멀리서 이북 고향의 어머니의 얼굴이 떠오르며 손짓하고 있어요. (환상적이 되며)

애기 박　아아 어머니! 진명 씨 당신은 잘 말하셨소. 그 사랑의 얼굴이 떠오르는 한 우리가 무(無)로서는 살 수 없고 죽을 수도 없는 것이오. 사랑은 본질에 있어 신(神)에서부터 인간에 이르기까지 유(有)요, 오직 있는 것이오. 보이는 것이요, 남는 것이란 말이오. 이것은 곧 당신이 말한 생활자의 창조의 의지와 힘의 본원(本源)이며 기름이오. 어머니, 이북 고향 땅,

그리운 사람들, 이와 같이 자기 머리에 지나간 사랑의 모습을 소생시키며 앞으로 꿈의 사랑을 그리면 되는 것이오. 이거 오히려 내가 지칠 대로 지친 당신의 정신을 더욱 괴롭히는 것 같소. 이제 시간도 되었으니 (시계를 보며) 모든 기우(杞憂)를 버리고 한잠 푹 주무시오. 내일은 또한 당신이 아쉬워서도 버릴 수 없는 당신의 고난으로 이겨서 빚어낸 새 생활이 기다릴 터이니. (잡범과 억쇠의 방 앞으로 가며)

애기 박 취침! 어서 이제 모두들 자오.

잡범 3 (억쇠, 잡범들 누우며) 오늘 교대 어느 순경님이 오세유. 큰 박이나 평안도 최 순경 오면 또 한참 시달려야 될 판이에유.

애기 박 잔소리 말고 누워요! (진명 앞으로 오며) 그 스웨터 입고 푹 쉬시오.

진　명 (머뭇머뭇하고 만지기만 하며) 선생님, 박 선생님 감사합니다. 다른 건 몰라도 선생님을 뵈옵고 말씀을 듣는 것만으로도 저는 산에서 잘 내려왔어요. 이것만은 명백해요.

이때 큰 박, 총을 멘 채 한잔 얼어서 건들거리며 들어온다.

큰　박 하하, 애기 박 수고, 수고, 교대가 늦었네. 자식들 모두 이상 없나. 특히 오늘 하산한 말승냥이 아가씨는?

애기 박 형님 박이 또 어디서 한잔 걸치셨군요. (빨리 인계하고 술주정을 피하려는 듯) 잡범 3, 억쇠, 이진명, 이상 5명. 그러면 수고하십시오.

눈으로 진명에게 목례하고 나간다. 진명, 눈 대답하며 고개 숙인다.

큰　박　(진명 앞으로 가며 아주 얌전한 목소리) 아가씨이! 아가씨만은
　　　　나를 기다리고 안 주무셨었구료. 여필종부라니, 음 그래야
　　　　지! (주정이 되며) 나는 아가씨에게 첫눈에 반했단 말야. 내가
　　　　살려 주지! 아까도 자식들이 고운 아가씨를 모두 죽이자는
　　　　게 아닌가. 내가 결사 반대했지. 아가씨 말이 절대 옳지. (진
　　　　명의 억양을 흉내내며) 산과 짐승의 생활보다는 죽는 게 나어,
　　　　사람과 마을을 한번만 보고 죽는 게 나어, 마을과 거리와 가
　　　　게와 등불과 (그 다음부터는 자기의 소리) 아스팔트 양옥이 늘
　　　　어선 거리, 오색 전등이 찬란한 네온사인의 밤거리, 황홀한
　　　　샨데리야 밑에서 청춘의 선율을 밟는 그 율동 (춤의 흉내를 내
　　　　며) 분 냄새, 향수 냄새, 살 냄새가 나는 그리워, 아이고 청승
　　　　맞은 저 부엉이 소리, 이 흙 냄새, 칸델라 냄새, (코를 쥐며 엣
　　　　취) 미쳐, 미쳐, 나는 미쳐, 나는 아가씨 말에 절대로 감동했
　　　　지, 인테리 아가씨에게 홀딱 반했지, 아가씨 그런 의미에서
　　　　어디 한번 나하고 악수, (손을 들이밀며) 나같이 진보적인 사
　　　　상을 가진 순경은 대한민국 안에는 없으니까 어서 악수, 우
　　　　리 앞으로 인간적으로 친해 보잔 말이야.

진　명　(조금 물러앉는다. 스웨터가 무릎에서 떨어진다. 잡범 한둘이 일어
　　　　나서 구경한다.)

큰　박　악수 안 해, 요오시 안 해. 아니, 그 무릎에 떨어진 것 뭐야,
　　　　폭탄 싼 뭉텅이야!

진　명　아닙니다. 저 박 순경님이 입으라고!

큰　박　(한 수 졌다는 느낌으로) 무엇, 애기 박이! 스웨터를 다 주어.
　　　　(애기 박 나간 쪽을 흘겨보다가 잡범들이 찔끔 들어가 자는 체 눕
　　　　는 것을 보고 그쪽으로 달려가서) 이 자식들! 누가 자라고 그랬
　　　　어! 모두 일어낫, 이 옘병할 자식들!

잡범 1 (억쇠까지 일어나 정좌하며) 애기 박 순경이 취침하라고 그랬시유.

큰　박 뭣 애기 박이, 이 경을 칠 자식들! 애기 박이 대장이냐? 그래 애기 박이 모두들 일찍 재워 놓고 무슨 지랄하던?

잡범 2 헤헤, 큰 박 순경 나릿님이 어른이시지유, 대장님이시지유. 애기 박 순경이야 애기처럼 저 여자하고 소곤대다 갔지유.

큰　박 뭐라고! 어서 바른대로 말해 봐.

잡범 1 뭐시라지유. "당신은 죽지 않소. 당신은 살아 있소. (애기 박의 말투로) 보통 살아 있다고 믿고 있는 수많은 사람들보다 당신은 더 높은 사다리 위에 살아 있소" 이러카지라우, 아마.

잡범 2 아니야, 그런 게 아니고 "한 방울의 이슬이 샘으로 솟듯이 우리가 나서 차차 강이 되어 서로 갈라졌다가 바다에서 도로 만나듯이 우리는 이제부터 바다같이 해방되어 사랑해야 하는 것이오" 하고 살살 달랬지 뭐유! 애기가 아주 엉큼해유!

잡범 3 그것보다도 이렇게 말하지 않어유. "여기 대장님은 나의 말을 잘 듣소. 당신을 귀순으로 하고 내일은 이 유치장에서…… 놓아줄 테니 아무 걱정도 마오. 어서 이 털 스웨터 뜻이 입고 한잠 푹 쉬고 내일 만납시다" 이러지 않어유, 글쎄 원. 참 애기가 까불어대지 않어유, 큰 박 순경 나릿님!

큰　박 (열이 나고 속이 확 뒤집힌 듯) 그래 저 말승냥이 계집애는 뭐라고 종알거리든?

억　쇠 (자기도 한몫 안 들다가는 경을 칠까 봐 나서며) 저 살쾡이 가시내 "저는 부끄러워유! 애고 부끄러워유! 이 허리춤이 나와서 부끄러워유" 하고 오만 야시 지랄을 다아 떨드랑께. 그러니까 애기 박 순경이 오금도 못 쓰게 녹아서 털냉이를 벗어다 주었지라우. 산에서는 할 짓 다 하고 새삼 무엇이 부끄럽당께.

잡범 1 맞았에유. 저 불여시 같은 계집년이 한다는 소리가 "저는 아

침에 선생님에게 안겼고, 또 기절해서 병구완을 받았고, 이
렇게 말씀 듣고 했으니 죽어도 한이 없에요.” 요렇게 요사를
지기었지유? 옆에서 듣는 우리도 간장이 사리살 녹아오지
않어유? 큰 박 순경 나릿님도 어서 한잔 얼근하신데 공짜 갈
보삼아 데리구 놀아 보세유!

큰　박　이 우라질 자식들아, 나를 누구로 알고 놀리나! 어서 자빠져
들 자지 못해. 이제 일어나는 녀석은 기합이다 기합!

잡범 일동　네에, 재미 보세유.

큰　박　그래도! (하고, 총을 멘 채 한두 바퀴 왔다갔다하며 진명에 대한
자기의 새 수법을 궁리하는 듯 잡범들이 숨소리도 없이 잠잠해지
자 진명 앞으로 가서 사뭇 은근한 목소리를 내며) 아가씨!

진　명　(사뭇 부드러워진 큰 박의 태도에 의무적으로) 네, 부르셨어요?

큰　박　저, 애기 박이 철이 없어서 아가씨를 고달프게 했지, 용서하
우, 쯧쯧 가엾어라. 사내는 그래도 나처럼 나이 좀 먹어야 인
정도 사리도 알지, 젊은 게 칙칙대니 얼마나 괴로웠나? 아무
리 막 산에서 내려왔드래도.

진　명　아닙니다. 어까 그분이 저를 놀리시지는 않으셨어요. 진실
하게 저를 위로해 주셨어요. 저의 가슴속에 꿰뚫는 듯한 총
명과 정성을 가지고서요.

큰　박　아가씨야 물론 무서워서 그렇게 말하겠지. 그러나 그 애기
박은 아무것도 아닌걸. 우리 대장님이 전쟁이 터지자 학생애
를 데리고 다니다 얼마 전에 현지 임관을 시켰는걸! 자식이
현실은 하나도 모르고 꿈만 가지고 정신병자 같은 소리만 텅
텅 늘어놓아 골치지. 그래서 애기 박이란 말이야. 아가씨도
그 허황한 얘기에 속지 말어. 여기도 산과는 다르지만, 모두
겉으론 점잖을 빼고 번드레하지만 여자에게 환장한 것은 매

한가지지. 꼭대기에 피도 안 마른 녀석부터 말이야, 헤헤헤.
응, 아가씨 그 스웨터 입어요, 어서 입으라고.

진　명　(주저주저하며) 괜찮습니다.

큰　박　아 글쎄 입으라면 어서 입어! 내가 허가할 테니까. 사람의 호
의를 무시하면 못쓰지. 인간은 자기 입장을 우선 잘 알아야
한단 말이야. 아가씨로 말하자면 자기가 시방 어느 유치장
속에 있다는 것을 명백히 깨닫고 자기가 왜 청춘의 몸으로
이런 고단한 신세가 되었는가를 곰곰이 생각해 보아야지! 또
거기서 빠져 나오려면 자기의 힘이 무엇이며, 어떠한 노력을
해야 하며 또 누구의 힘을 빌려야 할 것을 알아야지. 그러니
내 말만 믿고 어서 입으라고. (반위협조다.)

진　명　(싱갱이가 하기 싫어 입기로 결심하고) 그러면 입을 테니 저리
잠깐만 좀 비켜 주세요.

큰　박　헤헤, 암 그래. 여자는 부끄러워하는 데 매력이 있지. (잠깐
돌아서는 체한다.)

진　명　(한구석으로 가 등을 돌려 웃통을 벗고 입을 때 큰 박 도로 돌아서
핥듯이 쳐다본다.)

큰　박　헤헤 됐어. 아주 등 살결이 봄날 안개 모양 보얀걸. 아가씨
그거란 말이야. 내가 아까 자기의 힘, 즉 생존의 무기가 무엇
인지 알아야 한다고 그러지 않았어. 그만하면 합격이야. 그
멧돼지들이 파먹고 나서도 고 보얀 살결이 남았단 말이야.
그것이 바로 아가씨의 앞으로 하나 남은 생존의 무기지!

진　명　(역겨워서 한마디 뱉듯이) 무기요? 그렇습니다. 알 없는 총과
같이 쓰지 못할 무기지요.

큰　박　(자기 말에 동조하는 줄로 착각하고 점점 신이 나서) 여자에게
무어 알이 필요한가, 뭐? 실탄(實彈)이란 승패를 도박같이

건 남자의 세계에만 필요한 거지. 뭐 여자는 남자의 목에 매
달려서 남자의 용기나 잔인만 북돋우면 돼. 그래서 남자의
재수(才數) 여하에 따라 여자의 운명은 결정된단 말이야, 헤
헤.

진　명 (대원 큰 박의 말같지 않은 말에 약간의 반발을 느끼며 튀어나온다
는 말) 여보세요, 남성동무! 그런 봉건적 여성관을 버리세요.
여성도 똑같이 인격의 탄환이 필요하고 또 갖추고도 있어요.
인격의 얼을 남성처럼 무분별하게 작열시키고 있지 않을 따
름이에요. 인류의 번식이라는 모성의 사명이 그들에게 모든
본능적 충격과 고통을 인내 감수케 하는 거예요. (열을 띠며)
세계의 모든 여성, 특히 어머니들치고 전쟁을 미워하지 않는
어머니는 없을 것이고 어느 이론적 평화론자보다는 본성으
로부터 평화를 수호하려 드는 것은 여성이에요. 이것은 여성
이 약하다기보다는 인간으로서 보다 단일된 인류 사명을 느
끼고 있기 때문이에요.

큰　박 남성동무? 잘한다, 봉건적이라구? 이러다간 김일성 스탈린
만세 나오겠네. 너 이년, 정신차려. (노기 띤 목소리)

이때 잡범들과 억쇠, 무슨 일이 나는 줄 알고 일어나 숨어서 기웃거
린다.

진　명 네, 말이 습관이 돼서, 잘못됐습니다. (자기의 빗나간 얘기에
열이 없어져서)

큰　박 (또다시 누그러지며) 그러길래 내가 아까 무어라고 그랬어! 사
람이라는 건 먼저 자기의 처지를 똑똑히 알아야 된다구. 이
사실 하나만 가지드래도 아가씨가 귀순이 아니라는 것을 내

가 단정하고 총살감이지만 나는 원래 사상이 진보적이요, 또
한량없이 좋은 사람이니까, 한 귀로 듣고 한 귀로 흘리지. 그
러니까 아가씨는 나만 턱 믿고 내 말만 잘 들으란 말이야. 손
해는 없을 터이니까, 헤헤.

진　명　(진정 사과하며) 아까 그 실언(失言)은 용서하세요.

큰　박　헤헤, 한번 실수는 병가지상사(兵家之常事)지. 아가씨 걱정
마오. 그런데 아가씨 말이 났으니 말이지, 내가 아까 낮에 대
장님에게 말했더니 본부에 귀순이라고 보고를 했거든. 그래
서 아가씨는 내일부터 우리 한집안 식구가 된단 말이야. 그
런데 이제부터가 문제거든, 누구를 잡느냐가 중요하거든,
모두 독을 쓸 텐데 누구니 누구니 해도 딴 자식들은 못 믿거
든. 그러니 헤헤, 나하고 약혼하는 셈치고 우리 굳게 굳게,
일편단심 맹서해 두잔 말이지. 그런 의미에서 한번만, 약간
뽀뽀 어때, 헤헤. (창살로 바싹 다가서며)

진　명　(단호하게 거절하고 물러앉으며) 술주정은 마십시오. 못합니다.

큰　박　아니, 술주정이 아니라, 헤헤 진정이오. 절대적으로 진정이
라니까.

잡범 2　고만 쇳대로 열고 들어가세유.

자기 딴은 흥미 있어 응원하는 어조

큰　박　뭐 이 짜식들이, 누가 일어나랬어. 이 우라질 자식들 맛 좀
보아라. 너들 오늘 밤 자기는 다 틀렸다. 모두 꿇어앉아!

잡범 일동　아니, 우리야 큰 박 순경 나릿님 외입 성공하시라고 그랬
지유.

잡범 1　나릿님, 그 가시내는 총알만 재고 들어가면 담박 되지라우.

(자기의 목격과 체험을 일러주듯) 그대로 말로 해서는 살쾡이 가시내 죽어도 안 듣는당께.

큰　박　이 자식들, 그래도 주둥아릴 못 닥쳐. (책상으로 가서 총대를 들고 오며) 너희들부터 모두 처치하고 보겠다. (이때 최 순경 교대하러 들어온다.)

최 순경　야레 큰 박, 자네 또 술 처먹고 고아대나! 시간 됐으니 어서 가 자빠져 자라고.

큰　박　(좀 멋쩍어서) 이 자식들이 자면서 불온한 음모들을 꾸미길래 기합을 넣는 중이지, 헤헤. 최 순경, 내가 이 자식들 버릇 좀 고치려고 철야근무할 테니 가서 자게.

최 순경　야, 니레 고양이 쥐 생각하는구나. 너를 매껐다가 무슨 사고를 내라구. 오늘은 저 암늑대 같은 빨갱이년도 있는데 큰 박 어서 가 자디.

큰　박　(할 수 없는 듯) 잡범 3, 억쇠, 진명 합계 5명! 수고하게. (인계하고 나간다.)

최 순경　자, 이 쌍 거랑 말코 같은 새끼들 모두 어서 자빠져 자라. (진명 옆으로 가며) 너 빨갱이년도 어서 자라. 네년은 오늘 생일 만난 것 같겠다. 밤낮 흙구뎅이와 풀숲에서 뒹굴든 게 오늘 밤은 세멘 위에다 거적때까지 깔구서 자니, 어서 누워라. 내일 현장 조사에 출동해야잖칸, 눕지 못해.

진　명　(대답도 않고 그대로 누워 쓰러진다.)

잡범 2　그저 우리 최 순경 나릿님이 제일이지유. 모든 것은 규칙적으로, 절대적으로 하시지유. (하며 눕는다.)

최 순경　야, 그래도, 또 맛 좀 볼란?

잡범 일동　(잠잠)

최 순경　(독백으로) 없애야지. 그저 빨갱이들은 씨를 없애야디. 그놈

의 빨갱이들 때문에 고향도 다 뺏들리고, 부모형데 뎌자 권
속을 다 떨어뜨리고, 이 남쪽 지리산 속까지 흘러와서 속을
태우다니. 이제는 대동강 물도 풀리기 시작하였겠디, 버들
가지의 눈도 트기 시작하였겠디, 내레 고향 돌아갈 길 누가
막는가. 누가 막는가.

독백 중간에 막 천천히 내린다.

제3막

막이 오르면 제1막과 같은 막사에 본부대장과 종군기자 두 명이
지도를 바라보며 분견대장에게서 브리핑을 받고 있다.
진명·억쇠도 끌려나와 앉았고, 출입문 쪽으로는 두세 명의 낯선
대원들의 얼굴도 보인다.

대　　장　(지휘봉으로 지도의 어느 지점을 가리키며) 억쇠의 설명을 종합
　　　　하면 이 지점으로 추측됩니다. 그래서 지금부터 곧 잔비 추격
　　　　활동을 할까 합니다마는 부대장님은 어떻게 하시겠습니까?
부대장　거리도 멀지 않고 하니, 이 기자 양반들도 빨치산들의 아지
　　　　트도 구경하시게 같이 갈까 하는데, (기자 쪽을 보며) 어떠실
　　　　까?
기자 A　아 그거 좋은 찬스입니다. 아주 현지 화보를 생생히 살릴 수
　　　　있을 겁니다.

기자 B 나이스, 베리 나이스, 이번엔 스쿠프(특종)투성인데, 가고말
고! 그런데 저 귀순한 아가씨와 인터뷰를 먼저 좀.

부대장 네, 그러십쇼. 여, 이양, 오늘부터는 자유의 몸이니 아무 걱
정 말고, 이 신문기자 선생님들과 마음놓고 얘기를 해 봐.

기자 A (다가서며 종이와 연필을 꺼내고 질문 시작, B기자는 사진 찍을 준
비) 이양, 약력이랑은 아까 다 들었고, 산생활을 회고해서 한
마디로 표현하면 어때, 지금 심경은?

진　명 (사진을 찍으려는데 얼굴을 푹 파묻고 부끄러워 어쩔 줄을 모른다.)

기자 B 아, 그리 부끄러워 말고, 이양! 고개 좀 들어요. 얼굴이 정돈
되었는데, 아주 미스 지리산이야. 아니 미스 마운트가 어감
이 좋군, 하핫. (모두 따라 웃는다.) 신문에 이양이 나면 전국
각처 총각들로부터 이 두메에 청혼신청이 쇄도하겠는걸! 하
핫, 얼굴을 좀 들어요. 여 이 기자, 형은 같은 종씨니 남매라
흉허물없지. 고개를 좀 일으켜 자세를 바로 해 줘, 응.

기자 A 그래, 그래, 나는 오늘 아주 미끈한 매씨 하나를 벌었는데.
(명랑한 대화를 주고받으며 진명의 고개를 두 손으로 얼싸 곧추세
우며 자세도 바로잡아 준다.)

진　명 (그들의 꾸밈없는 경쾌한 언동에 호감이 생겨서 약간 미소하며)
네, 제가, 제가 잘 앉겠어요. (꿰진 옷춤을 매만진다.)

기자 A 여보, 대장님, 이거 어디 아가씨 옷이 됐나. 좀 흙때도 벗겨
주고.

대　장 네, 네, 어디 이 두메에 옷이 당장 있어야죠. 군복도 본부서
타 와야죠. 옳지, 애기 박! 이따 이장(里長) 댁에 가서 분이
옷 하나 나누어 달라고 그래 봐.

애기 박 넷.

기자 B 됐어, 사진은 잘 됐어. 그러면 이양, 어디 소감 좀 말해 봐.

진　명　(역시 얼굴을 수그린 채 말문을 못 연다.)

기자 A　산에서도 그렇게 부끄러워했나?

진　명　(그제야 아픔에 찬 목소리로 얼굴을 꼿꼿이 쳐들며) 산에서야 부
　　　　끄러움이 있나요.

기자 B　(일동이 이 의외의 소리에 잠잠했다가 B기자 감격에 찬 어조로) 그
　　　　렇지, 공산당들에게, 더욱이나 빨치산 생활이야 수치심을 상
　　　　실한 동물적 사회니까 그래, 이제 부끄러움을 느낀다. 그렇
　　　　군! 수치심의 회복은 양심의 회복이요 인간으로서의 회복이
　　　　군! 부대장님, (그쪽을 향하여) 이양이야말로 참된 마음에서
　　　　우러나온 귀순입니다그려.

부대장　음, 해석도 좋으시유!

애기 박　기자 선생님! 이거 당돌하고 비약된 말씀 같습니다만 여공
　　　　비였던 진명 씨의 수치심과 양심, 나아가서는 인간으로서의
　　　　회복과 마찬가지로 서울이나 부산, 대구, 우리 사회 각층에
　　　　서 수치심을 알고 양심과 인간에 귀순해야 할 사람이 더 많
　　　　지 않을까요? 더욱이나 지도층에.

기자 B　인간 양심의 귀순자는 지리산 속만이 아니라 서울에서도 나
　　　　오라, 타이틀 멋지다.

대　장　저 박 순경은 학도병으로 우리 부대의 호프죠. 닉네임이 '애
　　　　기'지요.

기자 A　그러시던가요. (애기 박에게도 가 악수하며) 참 감명 깊은 말씀
　　　　입니다. 오늘의 이 감격적인 장면을 후방에 상세히 전달하겠
　　　　습니다.

애기 박　감사합니다.

큰　박　(자기도 애기 박의 존재에 눌리지 않겠다는 듯이 나서며) 기자 선
　　　　생님! 기왕이면 혈투하는 우리의 모습도 사진을 찍어 크게

내 주시면 고맙겠는데요.

일동 웃는다.

기자 B 이따가 현장에서, 특히 당신 얼굴은 대문짝만하게 찍어 드리죠. 하하핫.

대　장 (말을 거두며) 자, 그러면 출발해 보실까요.

부대장 및 일동 그래 보십시다. (하고, 준비하며 일어선다.)

대　장 큰 박과 애기 박은 대 경비로 남게. 길 안내는 억쇠만 데리고 가니 진명은 이제부터는 유치장에 넣지 말고 한식구로 대우하게!

큰 박 · 애기 박 넷, 의명 복무하겠습니다.

억　쇠 나는 언제 놔주지라우? (불만인 어조)

대　장 오늘 산에 갔다 와서는 집에 보내 주지. 자 모두들 출발.

일행은 각자 무장 등을 하고 나가고 무대에는 진명, 애기 박, 큰 박
남는다.

애기 박 (진명에게로 가서 악수를 청하며) 진명 씨! 반갑소. 앞으로 당신의 재출발에 광명과 행복 있기를 축원하오.

진　명 감사합니다. 박 선생님! 저는 생활의 전환이 '파노라마'와 같이 너무 급격하여 얼떨떨하기만 해서 도무지 분간을 차릴 수 없습니다.

큰　박 (진명에게 악수를 걸며) 미스 리도 이제는 자유 대한의 딸이 됐단 말이야! 대한민국이 참말로 고맙지 뭐유, 헤헤헤. 우리는 이제부터 인간적으로 친하는 거지! 그렇지 않우? 미스 리.

진 　명 네, 고맙습니다. (애기 박 쪽을 바라다보며) 그런데 선생님, 지
　　　금 저의 심신을 엄습해 오는 것은 살았다는 자유의 안도감보
　　　다 막연하나마 불안이, 어제와는 그 모양이 다르나마 산에
　　　있을 때와 똑같은 불안감이 휘몰아치는 것은 어쩐 일일까
　　　요? (매우 고통스럽다는 표정) 내동댕이쳐진 것이 아니라 습지
　　　(濕地)나 소(沼) 같은 데 저절로 두 발이 한정 없이 빠져들고
　　　있는 것 같은 불안이에요.

큰 　박 미스 리. 음, 그것은 환경의 급격한 변화에서 오는 단순한 마
　　　음의 충격이지. (자기도 유식하다는 듯 은근한 어조) 마치 민물
　　　〔淡水〕에 살던 고기가 바다 짠물〔鹽水〕에 흘러들었듯이. 그
　　　러나 오늘 하루만 우리와 넘기고 나면 저절로 적응의 생리가
　　　되는 법이니까, 걱정할 것 없단 말이야. 더욱이나 여자는 이
　　　땅에선 헤엄쳐 나가기가 쉽지, 그렇지 않소. 애기 박, 에헴.

애기 박 큰 박 순경 말씀에도 일리가 있습니다. 좌우간 진명 씨, 어
　　　떠한 인생의 난항(難航) 속에서도 정직히 느낀다는 것과 성
　　　실히 행한다는 것 사이에는 엄청난 거리가 있다고 나는 생
　　　각하오. 말하자면 느끼는 것은 부조리요 행한다는 것은 단
　　　일(單一)하다는 뜻이오. 동서고금의 지자(知者)나 각자(覺者)
　　　들의 생애가 이것을 증명해 준다고 나는 믿고 있소.

진 　명 선생님, 그러나 어저께 산에서 애타게도 마을이 그리워 굴러
　　　내려왔을 때와 지금의 나의 삶이 하나도 진전된 것이 없다는
　　　이 느낌, 누를 길 없는 이 불안은 누구와도 나눌 수 없는 것
　　　이 아니겠어요. 그러면 이제 제가 또다시 갈 수 있는 곳은 어
　　　디며, 서 있을 곳은 어디겠어요?

애기 박 그렇소! 실상 깨어 있는 인간에겐 서 있을 안주(安住)의 공간
　　　도 머무를 정체(停滯)의 시간도 이 지상엔 없소. 오직 등반

(登攀)과 전락(轉落)의 연쇄(連鎖)인 것이오. 그래서 우리의 영혼이 지상의 지배를 포기하고 천상(天上)의 건설과 절대자의 은총을 비는 것이오.

진　명　영혼? 절대자? 박 선생님, 제가 동의하고 행동할 수 있는 것은 저의 눈과 귀가, 나아가서는 저의 마음 안에서 보이고 들리는 것뿐이에요. 그 이상의 것도 이하의 것도 저와는 무관한 것이 아니겠어요.

큰　박　모두 돌았나? 이거 원 참, 가만히 듣고 있자니까 못 하는 소리가 없네. (역정이 나서 진명을 보고) 그래, 기끈 살려 주니까 산으로 또 가고 싶단 말이지. 어디 가 보렴, 누가 손핸가. 무섭다, 무섭다 하니까 밤새도록 호랑이 얘기하더라고 곱다, 곱다 하니까 이건 아주 들떴어.

애기 박　큰 박 순경님! 오해 마십시오. 저 진명 씨가 오랫동안 산에서 참다운 이야기에 굶주렸기 때문에 그 심정을 솔직히 털어놓은 거겠죠. (다소 면구스러운 듯) 그러면 나는 이장 댁에 가서 옷이나 한 벌 얻어 가지고 올 테니 큰 박 순경님, 좀, 진명 씨와 이야기도 하고 노십시오.

큰　박　흥, 애기 박이 왜 이리 미스 리에게 열을 내는 거야, 처녀 총각이 위태한데? 내가 감시를 잘 해야지, 해해. 어떻든 우리 아가씨 얼른 치장은 시켜 놓아야지. 이제 방금 부대장님이랑 돌아와 신문기자들이 사진을 찍을 테니까. 그래야 신문에 "귀순한 여공비는 이렇게 아리따운 아가씨로 변했다"라고 낼 게 아니야, 해해.

애기 박　그러면 다녀오겠습니다. (경례하고 나간다.)

큰　박　(아주 상사의 몸짓으로 걸상에 앉은 채로) 음, 수고하시오.

진　명　(약간 걸상에서 일어나며) 다녀오세요.

큰 박 (애기 박이 나간 쪽을 손짓하며) 미스 리, 저자한테 맘 있나,
        응? 이제야 우리 호젓이 둘만 남았는데 조용, 조용, 인간적
        으로 양심적으로 얘기해 보자구, 응?

진 명 원 별말씀을 다 하세요.

큰 박 글쎄, 그러면 그렇지, 그렇게 총명하고 산전수전 다 겪은 아
        가씨가 척 하면 다아 눈치를 채는 거지. 내가 간밤에도 말했
        지만, 애기 박 그치는 좀 살짝 갔으니까 (손짓으로 머리에 동그
        라미를 그으며) 그저 그쯤, 인테리 냄새를 피워 연막(煙幕)을
        쳐두란 말이야. 자신이 순정파(純情派) 애기인데다 또 우리
        대장님이 하도 사랑하니 덧들이면 손해야 손해지.

진 명 저는 그분과 이해(利害)를 계산하고 있던 것은 아닙니다.

큰 박 다 알아, 내가 누구라고. 선무당(巫堂)이 내한테 왔다간 콧방
        귀 맞고 돌아서지. 그저 미스 리는 내 시키는 대로만 해. 이
        제 척 척, 행운이 열려서 아까 그 기자가 뭐라드라, 오오, 미
        스 마운트까지 정말 출세를 시켜 줄 테니.

진 명 (미스 마운트란 말에 실소하며) 미스 마운트, 맞았어요. 해가 떠
        도 해가 져도 소망도 탓하지 않는 산, 어쩌면 저는 쉬 그렇게
        될 것만 같아요, 아주 작고 작은 산이.

큰 박 좋아! 좋아! 암 되고말고. 그런데 문제는 내가 왜 간곡히 타
        이르지 않았나. 요(要)는 미스 리가 가진, 아니 여성들만이
        가진 오직 하나의 생존의 무기, 아주 구체적으로 말하자면
        성(性), 왜 그 암내 있지 않아! 그것을 어떻게 유효적절히 사
        용하느냐 못하느냐에 미스 마운트의 영관(榮冠)이 달려 있거
        든. 이 가장 중대한 문제를 내가 코치해 줄 테란 말이지. 이
        거 아무나 다 못하는 일이거든.

진 명 네, 무슨 ‘코치’를요? 무슨 말씀인지 저는 못 알아듣겠는데

요. 암내는 개에게 가서 맡으세요. (발끈하며)

큰 박   그렇게 오해해서 들을 게 아니라, 진리란 항상 지저분하고
너절한데 깃들어 있는 거지. 또 고상하게 치장한 것이 아니
라 벌거벗은 게거든. 양약(良藥)은 입에 쓴 거구, 미스 리, 알
겠어? 시방 결심을 단단히 해야 할 때야, 그 꼴로 분수 없이
방자스럽게 하다가는 어떻게 거미줄이 엉키듯 엉켜 뻐드러
질지 모르니, 내 묘방(妙方)을 신중히 들으란 말이야.

진 명   (허탈해지며 대꾸한다.) 어떤 묘방 말이에요.

큰 박   자고로 "남자 뒤에 여자 있다"가 아니라 "여자 뒤에 남자 있
다"거든! 양귀비 뒤에는 당현종(唐玄宗), 클레오파트라 뒤에
는 안토니우스, 장희빈(張禧嬪) 뒤에는 동평군(東平君) 이런
법이거든. 그러니 나를 기둥으로 딱 삼고 딴 작자들에겐 적
당히 꼬리만 쳐 놓고 재미는 우리 둘이만 살짝살짝 보잔 말
이지, 자 어때?

진 명   (하도 어이없어서) 무슨 재미를요, 말 좀 삼가세요. 아무리 빨
치산에서 내려온 짐승 같은 여자에게라도, 간밤엔 술을 잡수
셨지만 지금은 그 무슨 말씀이 그래요. (고개를 숙이며 독백조
로 슬픔에 겨워) 그렇다니까! 여기도 내가 발붙일 곳이 아니라
니까!

큰 박   하하, 또 불온한 소리. 누가 지금 당장 어쩌자나? 누가 어쨌
나? 이런 기회에 서로 툭 털어놓고 얘기해 보잔 말이지. 어
렵쇼. 울어, 아가씨, 헤헤, 재미 보는 건 취소, 취소. 내가 연
애를 너무 급히 서둘렀지. 그야 딴 자들이 화광같이 눈을 벌
겋게 키기 전에 '단도리〔準備〕'를 하자니 그렇지. (우는 진명
이 옆으로 가서 그 어깨에 손을 얹고) 이게 다아 나의 미스 리에
게 향한 애정 때문이지!

진　명　(어깨에 얹은 손을 뿌리치며) 비키세요! 어서 제발 비켜만 주세
　　　　요! 모든 인간이란 이름의 족속들은 나에게서 어서 비켜나
　　　　주세요.

큰　박　(그럴수록 귀여워 못 견디겠다는 듯이 마주 서 고개를 얼싸안으며)
　　　　내가 송충(松蟲)인가 뭐, 이렇게 떼 버리게. 산에선 그것도
　　　　막 바쳤을라네. 우리 어디 키스 한번만, 응, 꼭 한번만 응. 나
　　　　의 아까 말을 취소하는 의미에서, 용서한다는 의미에서 진정
　　　　으로 사랑한다는 의미에서, 말이야, 으응. (고개를 쳐들어 강
　　　　제로 입맞추려고 한다.)

진　명　(벌떡 일어서며 뒤로 물러난다. 큰 박, 쫓는다. 책상 뒤로 진명 물
　　　　러선다. 쫓는다. 진명, 장총 세운 구석 옆에 선다. 큰 박, 허겁지겁
　　　　쫓는다. 진명, 얼결에 장총 잡고 문 쪽 책상 옆에 가 서며 노린다.)

큰　박　이년, 이 쌍년이, 빨갱이년이, 응 빨갱이년이, 누굴 죽일라
　　　　구. (하며, 정신 없이 앞으로 가려다 멈추고 또 하나의 장총을 쥐려
　　　　고 구석에 팔만 내민다.)

진　명　비켜 비켜, 비키지 못할 테에요! 비켜요, 비켜! 어서 비켜요.
　　　　(악을 쓰며 안전장치 끄른다.)

큰　박　아, 이년이, 빨갱이년이, 응 빨갱이년이!

구부리며 얼른 장총을 끌어다가 재고 일어설 때 땅, 땅, 땅, 총소리.
큰 박, 쓰러진다.

진　명　아이고 어머니!

소리치며 옆으로 튀다가 총대에 걸려 엎으러진다. 일어나며 문득
큰 박의 신음 소리 듣고 총대를 팽개치고 그 앞으로 무심코 몇 발자

국 달려가는데

큰　박　이년, 빨갱이년 잡아라. 나 죽는다, 어서 빨갱이년 잡아라.
아이고 빨갱이, 빨갱이년 죽여라. (하며, 총을 쥐고 다시 일어
서려 한다. 피는 한쪽 다리에서만 흐른다.)

진　명　(큰 박 일어서는 소리에 넋없이 그대로 돌아서 허청걸음으로 나간
다.)

큰　박　(몇 발자국 따라 나오다 무대 중앙쯤에서 쓰러지며) 아이고 나 죽
는다. 저 빨갱이년 잡아라!

애기 박　(황급히 뛰어들어와 옷보퉁이를 내던지고 큰 박을 부축해 안으며)
어찌 되었소. 응, 어디를 다쳤소. 네, 누가 쏘았소. 네, 어디,
어디!

큰　박　애기 박, 애기 박 나는 죽소. 아이고 나는 죽소, 아야야. 그
빨갱이년이, 말승냥이 같은 년이, 그년을 잡아 죽여야지, 아
야야.

애기 박　뭣, 빨갱이년이? 그 여자가? 어디, 어디, 다리밖에는 다친
데 없으세요? 아, 요행 다른 데는 안 맞으셨군요. 어서 숙직
실로 가십시다. 지혈(止血)을 해야죠. 응급조치를 해야죠. 글
쎄, 그 빨갱이년이 가야 어디 가겠어요, 독 안에 든 쥐지. 먼
저 사람부터 살고 봐야지요.

부축해 일으켜 세우며 자기 등을 갖다 대고 업고 일어나 나간다.

큰　박　(업혀 나가면서 연성) 아야야, 아야야, 아이고 분해, 고 빨갱이
년이, 말승냥이 같은 년이.

애기 박·큰 박　(나간 뒤 얼마쯤 있다가)

진　명　(허청거리며 들어와 두리번거리다가 흐트러진 한 모퉁이 의자에
　　　　모로 아무렇게나 주저앉아서 헛소리같이) 나를 어쩌란 말이야,
　　　　세상은 나를 어쩌란 말이냐. (책상에 푹 고꾸라졌다가 도로 머
　　　　리를 하늘로 향하고 합장을 하며) 하느님! 나를 어쩌란 말입니
　　　　까, 이 꼴이 무엇이란 말입니까! 하느님! (하고, 또 고꾸라진다.
　　　　또다시 일어나 합장을 하며) 하느님, 이 꼴이 무엇이란 말입니
　　　　까, 나를 어쩌란 말입니까. (또다시 고꾸라졌다가 일어나며) 어
　　　　머니! 아버지! 하느님! 나에게 몸둘 곳을 주소서. 도피처를
　　　　주소서. 숨쉴 곳을 주소서.

애기 박　(이때 들어오다가 진명의 합장한 모습을 보며 멈칫하나, 그래도 우
　　　　선 마루에 떨어진 장총을 잡으며) 손 들엇, 이 빨갱이년 같으니
　　　　라구! 여기가 어디라고, 어디다 대고 총질이야! 제 버릇 개
　　　　못 준다드니 옛말 그르지 않군. (한 손으로 포켓에서 수갑을 꺼
　　　　내며 진명 앞으로 간다.)

진　명　(다시 고개를 두 손으로 얼싸안고 푹 엎드렸다가 또다시 고개를 절
　　　　레절레 흔들어 일으켜 세우곤 애기 박을 멀건히 쳐다보며 두 손을
　　　　내민다.)

애기 박　(진명의 시선을 바로 받으며 수갑을 채우고 몇 걸음 뒤로 나서면
　　　　서) 당신이 그렇게도 잔악한 여자였나? 그러면 왜 산으로 뛰
　　　　지 않고 돌아왔나? 그만하면 빨치산 특공대로서 임무수행은
　　　　다아 했을 터인데.

진　명　(자조〔自嘲〕가 섞여) 임무수행요! 특공대라구요? 네, 특공대,
　　　　잘 맞추셨습니다. 짐승의 세계를 벗어나려는 특공대, 차라
　　　　리 인간의 세계를 벗어나려는 특공대올시다.

애기 박　뭐라고! 아직도 놀릴 입이 남았어! 인간의 세계를 벗어나겠
　　　　다고. 그리 염려할 건 없어! 얼마 머지않아 이 지상에서 안

녕시켜 줄 터이니까.

진　명　호호호. (펄썩 걸상에 주저앉고 히스테리컬하게 웃으며) 사람이
사람을 쏘았다고요? 짐승이 사람을 쏘았다고나 그러시죠.
그래야 이번엔 사람에게 총질한 짐승을 잡을 테니깐요. 겁나
지 않습니다.

애기 박　(노기를 띠며) 이건 누가 농하자는 줄 알아? 악독한 것 같으니
라구.

진　명　호호호. (아주 실성한 듯 웃으며) 선생님은 역시 애기시네! 아
아 재밌어! 아까 그 이름 모를 짐승은 어찌 되었나요? 죽었
나요? 정말 죽었나요? (갑자기 제정신이 돌아온 듯) 아 내가 사
람을 쏘다니? 사람을 죽이다니! 총질을 하다니! 그 지긋지긋
한 총, 나를 무시(無時)로 위협하던 총, 나를 송두리째 짓밟
고 나의 전부를 빼앗아 간 총, 그 총질을 하다니! (도로 발작
한 듯) 그러나 잘 했어! 나는 비킬 수도 비킬 곳도 없는걸, 이
제는 내가 비켜 놓아야지! 남도 나도 내가 비켜 놓아야지!

애기 박　(너무나도 절실한 진명의 독백에 또다시 누그러지며) 대관절 어
찌된 셈판이요, 큰 박 순경과 다투었소? 혹시나 당신을 모독
이라도 합디까? 사실을 애기해 봐 주오.

진　명　모독요? 호호호. 짐승에게 다 파먹히고 난 나에게 무슨 모독
이 있어요. 이 형해(形骸)만 남은 몸뚱이를 인간이라는 이름
의 구더기 떼들이 또 달라붙어 핥으려는 것을 거부했다 뿐이
죠. 이 거부의 용기도 어쩌면 선생님이 준 거예요. 선생님을
뵈었기 때문에, 당신의 말씀을 들었기 때문에, 부끄러움을
맛보았기 때문에 힘이 솟은 건지 모르죠. 결단의 힘이 말입
니다.

애기 박　(침통해지며) 큰 박 순경은 죽지는 않았소. 생명의 위험은 없

소. 진명 씨! 그러나……. (머뭇머뭇한다.)

진　명 (일어서 또다시 합장하며) 하느님! 아이고 고마우셔라! 선생님
됐어요. 이제는 됐어요. 제가 큰 박 순경 한 사람에게 향해서
는 살해의식이 없으니까요. 당신의 선의(善意)가 우연이듯이
큰 박 순경의 악의(惡意)도 우연이었으니까요. 모든 사물이
객체(客體)는 우연이고 주체(主體)는 필연이라고나 할까.

애기 박 (더욱 침통해지며) 아무리 큰 박 순경이 부상에 그쳤다 해도
그러나! 그러나!

진　명 (그제야 애기 박의 고민을 깨닫고) 아기 선생님! 무얼 걱정하세
요. 그러나, 그러나 "너는 총살형"이란 말씀이죠? 저도 아까
는 일을 저지르고 무의식중에 튀어나갔었어요. 얼마 안 달려
가서 하늘에선지, 땅에선지, 내 마음에선지 "너는 어디로 가
느냐" 하는 큰 우렛소리가 들리고, 번개같이 보이는 게 있었
어요. 그때 저는 깨달았어요. 나는 당신한테 가서 당신의 손
에 죽으리라고. 제가 당신한테 맛본 그 부끄러움을 안고 죽
으려고 또다시 달려왔던 거예요.

애기 박 진명 씨, 그렇게 말씀하지 마시오. 내가 오히려 부끄러워지
오. 나의 무력이, 나아가서는 부조리한 인간의 마당에 선
〔立〕 인간의 무력이 부끄러워지는 것이오. 인간의 사고나,
양심이라는 것도, 여기에 이르면 가치를 상실해 버리는 것
같소. 당신의 부르짖음대로 우리는 오직 하느님에게 맡겨야
만 할 것 같소. 마치 원죄를 진 아담과 이브가 하느님 앞에
서서 실락(失樂)의 선고를 기다리는 것같이.

진　명 선생님! 당신이 그렇듯 고민하시면 안 돼요. 용기를 내세요.
어서, 그리고 총을 잡아 주세요. (책상에서 무대 중앙으로 나오
며) 저의 마지막 한 가닥의 소망을 풀어 주셔요. 당신의 손으

로 죽음을, 당신의 손으로 말이에요.

애기 박 (또한 일어나 나서며) 진명 씨, 진정하시오. 내가 어떻게 당신을! 아니, 대장님이 돌아오셔서 결정을 내려야 하오. (일루의 희망을 품듯이) 대장님 오셔야 어서 빨리 오셔야! 어서 빨리 오셔야!

진 명 아니에요. 아니에요, 저는 살지 않아요. 이미 하느님이 결정을 지었어요. 미루지 마세요. 이것은 오직 순종(順從)이에요. (한두 걸음 더 나가다가 흐트러진 옷보퉁이가 보이자 낼름 앉아 수갑 찬 두 손으로 만지며 애기 박을 쳐다보고) 당신은 옷을 갖다 주셨군요. 이 옷이 입고 싶어요. 이 옷을 입고 죽고 싶어요. 이것을 수의(壽衣)로, 저에게 입혀 주세요, 네.

애기 박 (무엇을 결심한 듯이 가까이 오며) 그러시오. 그 옷을 바꿔 입으시오. (하며, 진명의 수갑을 끌러 시중을 든다.)

진 명 (얼른 옷을 집어서 한옆으로 가지고 가 돌아서서 갈아입는다. 옷은 노랑저고리에 다홍치마다. 옷매무새를 고르며 다시 애기 박 앞으로 온다.) 어때요, 제 모양이? 죽을 때까지도 못 입을 줄 알았던 우리 옷을, 이렇게 입으니 정말, 선생님은 죽어도, 죽어서도 못 잊겠어요.

애기 박 (부들부들 떨며 한 팔을 진명의 어깨에 얹으며 엄숙하게) 진명 씨! 이제부터 내 말을 똑똑히 들으시오. 그리고 내 말을 믿으시오. 그대로 좇으시오, 알아듣겠소!

진 명 (말끄러미 쳐다보다가 고개 숙이며) 네.

애기 박 어서 여기서 그대로 떠나시오. 곧 나에게서 떠나시오! (진명의 팔을 끌고 지도 옆으로 가서 손으로 가리키며) 여기가 우리 분견대, 이 지점이오. 여기서 나가 왼편 신작로로 가노라면 1킬로쯤에서 갈랫길이 나지요. 거기서 우측 길로 갈대숲에 싸인 마을이 보이오. 부대에서는 산만을 뒤질 터이니, 거기 가서 어느 집에서 하룻밤을 묵고…….

진 명 (듣는 둥 마는 둥 하다가 너무나 감정이 격해서 애기 박의 가슴을 파고들며) 아니야, 아니야, 난 싫어, 당신에게서 죽을 테야.

애기 박 (잠시 품었다가 놓고 떠밀어 바로세우며) 진명 씨, 진명 씨! 이럴 때가 아니오 시간이 급박하오. 나의 심정을 보살펴서라도 어서 용기를 내시오. (또다시 지도를 가리키며) 거기서 내일 새벽 뒷고개를 바로 질러 넘으면 60리, 하룻길에 함양읍에 닿을 수 있소. 함양읍만 나가면 우선 지방민들 틈에 섞일 수 있을 거요. 그러면, 어서 자, 작별이오. (악수를 청하려 든다.)

진 명 (애꿎은 지도를 바락 찢고 무대 중앙으로 몇 걸음 물러나 오똑 서서) 선생님! 저는 선생님 곁을 아무리 그러셔도 안 떠나요. 저는 이제 모든 것을 차지한 걸요. 선생님도 가지고, 나도 가지고, 사랑도 가지고, 죽음도 가지고, 영원불멸하는 내세(來世)도 가진 걸요. 저의 실존은 또다시 향방도 없고, 발디딤도 없는 무(無)로서 대치(代置)시킬 수는 없는 걸요. 선생님! 이 행복을 깨뜨리지 마세요. 감사합니다. (깍듯이 인사한다.)

애기 박 진명 씨! (하고, 부르며 두어 걸음 내달을 때)

진 명 선생님! (하고, 역시 부르며 내달을 때)

최 순경 (황급히 들어오며) 수고하오. 부대장님 일행 도착, 어서 준비! 차렷!

소리와 함께 막이 내린다.

■〈자유문학〉(1963. 2.)
■극단 ‘드라마센터’ 공연(1965)

황진이 黃眞伊

전 4막

나오는 사람들

황진이(및 그 혼령)

진이 모

요령잡이

상두꾼들

동네 사람들

벽계수

화담 선생

지족 선사

이사종

삼돌

※시대와 인물의 설명은 생략함.

프롤로그

캄캄한 무대에 순백(純白) 차림의 황진이의 혼령이 스스로 빛을 발
하며 나타나서 관중들을 향하여 대화하듯,

혼 령　나는 황진이올시다. (말의 어미는 연기자의 자연스러운 말씨대
　　　로) 지금으로부터 450년 전 이 땅에 살던 속칭 송도 기생 명
　　　월의 혼령이올시다. 그러나 여러분! 두려워하지들은 마십시
　　　오. 혼령은 혼령이지만 흔히 전설에 나오는 피묻은 원한에 사
　　　무친 그런 악령이 아니라 불교의 말을 빌리면 왕생극락 직전,
　　　기독교의 말을 빌리면 천당에 들기 직전, 즉 혼령이 이 세상
　　　인업(因業)의 허물을 다 벗어 버리고 종국적 생명으로 완성되
　　　기 직전의 선한 혼령이니까요. 그런데 무엇 때문에 이렇게 돌
　　　연 세상에 나타났냐구요? 그것은 구상(具常)이라는 오늘의
　　　시인이 하도 나의 시나 삶에 애정을 갖고 때마다 추켜들고 나
　　　서기 때문에 거기에 마지막 보답을 하려구요. 그러나 솔직히
　　　말씀드리면 혼령인 지금이니 그렇지 내가 살아생전이라면 구
　　　상이란 시인은 시쳇말로 별 볼일 없는 사내였을 것입니다. 그
　　　러나 이제 그런 현세적인 취향이나 호오(好惡)를 초월해서 또
　　　시간과 공간을 초월해서 나와 진정한 영적 교류를 하게 된 사
　　　람은 오직 구상 시인뿐입니다. 그의 나에게 대한 끊임없고도
　　　간절한 애정이 나의 시와 삶의 참모습을 부활시켜 놓음으로
　　　써 내 혼령이 지니고 있던 이승에 대한 미련이랄까 한이랄까

를 완전히 가셔지게 한 것이죠. 그러한 공덕에 힘입어 나는
이제 영원한 생명 속에 고이 깃들게 된 것입니다. 그래서 나
는 그 보답으로 그의 초혼(招魂)에 기꺼이 응하여 여러분에게
나의 생애를 직접 재현해 보이려는 것입니다. 그러면 이제 나
의 생애를 수놓은 중요한 사건들을 보여 드리기 전에 먼저 이
설(異說)이 구구한 나의 출생과 성장에 대해서 잠시 말씀드리
고자 합니다. 폐일언하자면 나는 저 이조 봉건주의 계급사회
속에서 기혼한 어느 선비와 순박한 서민 아가씨의 연애로 태
어난 소위 서출(庶出)이올시다. 여러분들도 '송도 병부교 다
리 위를 지나치던 선비가 다리 아래 샘에서 물을 긷던 아가씨
에게 한눈에 반해서 치열한 사랑을 하게 된다'는 낭만적이요,
전형적 설화를 기억하고 계실 줄 아옵니다만 그 연애의 시초
야 여하간, 또 그들의 애정의 밀도야 어쨌건, 그 시대 그 사회
속에서 그들이 도달할 수 있는 사랑의 결말은 남자에겐 이중
생활, 여자에겐 첩살이 이외에 다른 길이 없었던 것이올시다.
내가 지각이 생기면서 가장 먼저 알아차린 것은 아버지 황 진
사는 더없이 훌륭한 분이었지만 큰집 마님이란 눈에 보이지
않는 팽팽한 줄에 매여 있어서 나나 엄마를 뜻대로 사랑할 수
도 마음껏 함께 있을 수도 없다는 사실이었습니다. 그런 아버
지였지만 그 나름대로 우리 모녀에게는 극진하여서 살림도
넉넉하게 해 주었고 또 그에게는 고명딸인 나를 지극히 귀여
워해서 일찍부터 시서화를 가르치고 음률에도 눈뜨게 하였습
니다. 그런데 나에게는 천부의 예술적 자질이 있었던지 어려
서부터 이웃이나 동네에 소문이 날 정도로 시문에 조달(早達)
했으며 음률에도 특출하여 아버지는 친구인 시인묵객들을 불
러들여 때마다 나의 시재와 예능을 시험하고 자랑하시는 것

을 만년의 낙으로 삼고 계셨습니다. 그러나 이러한 아롱진 꿈의 세월은 잠깐이었고 내가 열두 살 되던 해 아버지 황 진사가 이 세상을 떠나시자 삶의 험준은 일시에 나에게 닥쳐왔습니다. 그때까지 외부 세상과의 오직 외가닥 줄이었던 아버지를 잃고 난 우리 모녀는 완전히 세상과 격리된 상태에서 3년상을 마치고 났을 때 당면한 문제는 나의 혼사였습니다. 어머니의 서두름으로 처음에는 그래도 매파가 심심찮게 들랑거렸습니다. 그러나 소위 반갓집에서들은 선을 볼 때엔 침이 마르도록 칭찬을 하고 돌아가서는 번번이 딱지를 놓는 것이었죠. 되물어 볼 것도 없이 천첩의 소생을 양반집 체모에 며느리로 맞아들일 수 없다는 것이올시다. 그럴 때마다 어머니는 "모든 것이 내 죄다"라고 탄식을 하시곤 했죠. 하기야 더러는 청혼이 없는 것은 아니었죠. 양반 중에서도 대감 댁에서라면서 후실이나 작은집으로 달라고요. 그러나 이 경우 나의 어머니는 펄펄 뛰시며 "내 딸에게 내 신세를 되풀이하게 할 수 없다"는 것이었고 또 더러는 나를 이리저리 훔쳐본 동네 총각들에게서 청혼이 들어올라치면 이 역시 어머니는 길길이 뛰시면서 "황 진사의 딸을 상것〔常人〕에게 줄 수는 없다"는 것이었습니다. 이러한 나의 출생과 그 성장기에서 맛본 모멸적 환경이 나로 하여금 일찍이 인간의 계급적 신분에 대한 모순과 남자 중심의 사회규범에 대한 부조리에 심각한 회의와 반감을 불러일으킨 것은 당연한 일이었다고나 할까요. 바로 이무렵 그 운명의 상여사건이 일어나는 것입니다.

제1막 운명의 상여

초봄 늦은 아침, 무대 반은 아담한 기와집과 그 마당에 우측으로 나
지막한 토담이 둘러 있고 그 대문 앞은 행길.
황진이는 마루에 앉아 가야금을 뜯고 있으며 진이 모는 마당 앞 장
독대를 손질하고 있다.
이때 뒤곁 활짝 핀 매화나무 가지에서 까마귀가 날아와 앉으며 우
짖는 것을 쳐다보고 침을 '퉤' 뱉으면서,

진이 모 까마귀야, 까마귀야! 이 화창한 봄날씨에다 무슨 억하심정
으로 먹칠을 한단 말이냐? 우리 마실에 염라대왕님의 명부
호출이라도 떨어졌느냐? 행여나 우리 집에 상스럽지 못한
조짐이라도 있느냐? 아서라, 까마귀야! 여기 죄받을 사람 하
나 없다. 차라리 내 가슴 한구석 어둔 그림자나 쪼아먹고 어
서어서 훨훨 날아가거라.

멀리서 요령 소리와 함께 상두 소리가 들려온다. 장독대에서 허리
를 펴며

진이 모 그 까마귀 제 구실을 했구먼 그래. 저 요령 소리 저 상두 소
리 들어 보지. 누구신지 좋은 날씨에 가시는군. 자기 수명이
나 다 채우고 가시는지, 원통 억울이나 없이 가시는지? 하기
야 이 눈물의 골짜기, 쓰라림의 바다 속에서 여한 없는 인생
이 어디 있을라고? 이제 저승에서나 명에 밧줄 훌훌 벗고 천

상 신선 되시라지!

대문 앞 행길에 동네 애들 몇이 후당탕거리며 나타나고 이어서 요
령 소리와 함께 호젓하고 자그마한 상여의 행렬이 들어서는데 구
성진 목소리로

요령잡이 이게 바로 뉘 집인고
　　　　이게 바로 뉘 집인고.
상두꾼 어화 넝차 어화
　　　　어허 영차 어허.
요령잡이 자나깨나 못 잊던
　　　　진랑 집이 그 아닌가.
상두꾼 어화 넝차 어화
　　　　어허 영차 어허.
요령잡이 죽어서도 내 못 잊는
　　　　진랑 집이 그 아닌가.
상두꾼 어화 넝차 어화
　　　　어허 영차 어허.

이때 진이 모 마루로 가 걸터앉고 진이는 가야금을 그치고 마당으
로 달려나와 대문 틈으로 밖을 내다본다.

요령잡이 나 못 가오 나 못 가오
　　　　임 그리워 나 못 가오.
　　　　짝사랑에 한이 맺혀
　　　　이대로는 나 못 가오.

상두꾼　어화 넝차 어화
　　　　어허 영차 어허.

　　　상두꾼들 상여를 멘 채 마당 한자리에서 일렁인다. 더욱 구성진 푸
　　념으로

요령잡이　나무하다 만월대서
　　　　　거니는 양 보았다오.
　　　　　나무 팔다 뜰 안에서
　　　　　탄금 소리 들었다오.
　　　　　후원 넘고 창문 뚫어
　　　　　자는 모습 보았다오.
　　　　　박연에서 목욕하는
　　　　　알몸마저 보았다오.
상두꾼　어화 넝차 어화
　　　　어허 영차 어허.
요령잡이　보고 나면 넋을 잃고
　　　　　새나 지나 애를 태나
　　　　　양반 상놈 그 벼랑엔
　　　　　오작교도 안 놓이네.
　　　　　그리움이 병이 되니
　　　　　무슨 약이 소용이랴
　　　　　마침내는 송장되어
　　　　　떠메들려 나가지만
　　　　　나 못 가오 나 못 가오
　　　　　이 한 품고 나 못 가오.

상두꾼　어화 넝차 어화

　　　　어허 영차 어허.

요령잡이　임의 모습 한번 보고

　　　　임의 말씀 한번 듣고

　　　　임의 술잔 한잔 받고

　　　　임의 전송 그 없이는

　　　　나 못 가오 나 못 가오

　　　　이 한 품고 나 못 가오.

상두꾼　어화 넝차 어화

　　　　어허 영차 어허.

구경꾼들이 몰려드는 가운데 노래를 끝낸 상두꾼들은 전체가 제자리에 굳어 버린 듯 멈춰 서 움직이지를 않자 황급히 대문 안으로 뛰어들어오며

황진이　어머니! 큰일났어요. 큰 변이 났어요. 우리 집 대문 밖 행길에 지나가던 상여가 멈춰 서 움직이질 않아요. 이 일을 어쩌면 좋아요?

진이 모　뭐라고 진아, 변이라고? 상여가 멈춰 섰다고. 북망산길 힘이 들어 쉬어서 갈 모양이지! 너무 호들갑을 떨지 말아라.

황진이　그 그렇게 태평사가 아니래두요. 어머니! 저를 짝사랑했다나 하는 총각이 상사병을 앓다 죽어서 그 영구가 나가다 멈췄단 말이에요. 그 송장이 그런대요. 저의 모습 한번 보고, 저의 음성 한번 듣고, 저의 술잔 한잔 받고, 저의 전송 받기 전에는 우리 집 문 앞서 못 떠난대요.

진이 모　원 세상에 해괴망측한 소리 다 듣겠구나. 어느 떠꺼머리 총

각이 우리 진이를 남몰래 좋아했건, 어느 책방 도령이 우리
진이를 은밀히 사모했건, 제 혼자 제풀에 한 노릇을 우리 진
이 네가 무슨 상관이란 말이냐? 내 딸 진이는 이 세상 태어
나 오늘꺼정 누구 원한 살 일 해 본 일이 없는 것은 천지신
명이 다 아시니 상여가 멈춘들 떠난들 우리 알 바가 아니다.

행길에서 이때 또다시 합창으로 집 안까지 들려오게

상두꾼들　나 못 가오 나 못 가오.
　　　　임의 모습 한번 보고
　　　　임의 말씀 한번 듣고
　　　　임의 술잔 한잔 받고
　　　　임의 전송 그 없이는
　　　　나 못 가오 나 못 가오.
황진이　저 소리 들으세요. 저 일이 우리가 모른 체한다고 될성부른
　　　　일인가요? 지금 우리 집 문전엔 동네방네서 사람들이 꾸역꾸
　　　　역 모여들고 있단 말이에요.
상두꾼들　나 못 가오 나 못 가오
　　　　이대로는 나 못 가오.

상두 소리를 거듭 듣고 어떤 결단을 내린 듯 당돌하다시피

황진이　어머니, 제가 나가 보지요. 제가 나가서 그 혼령의 청을 들어
　　　　주고 그 총각의 넋을 풀어서 보내지요.

황진이에게로 달려와 두 팔 들어 앞가슴으로 가로막고 나서며

진이 모 아니, 이 애가 충격을 받아 실성을 했나? 정말 저 송장 귀신
에게 홀렸는가? 양갓집 규중 처녀가 생판 듣도 보도 못한 총
각 시신의 청을 들어주겠다니 웬 말이며 넋을 풀어 준다니
그게 무슨 소리냐? 그런 법도에 어긋나는 행실을 저지르고
네 앞날은 어찌 된단 말이냐? 어서 방으로 썩 들어가 문 닫
고 마당엘랑 얼씬 마라. 이 에미가 다 알아서 하마.

말한 후, 대문 열고 뛰어나가 우뚝 선 상여를 향해 큰 소리로

진이 모 아무리 마지막 길이라지만 양가 규숫집 문전에서 이 무슨
해괴한 난동인가? 뉘 혼령인지 모르지만 어서 훨훨 갈 길을
가시게.

상두꾼들 나 못 가오 나 못 가오
이대로는 나 못 가오.
임의 모습 한번 보고
임의 말씀 한번 듣고
임의 술잔 한잔 받고
임의 전송 그 없이는
나 못 가오 나 못 가오.
이대로는 나 못 가오.

노랫소리 그치고 또다시 우뚝 서자 사방 둘러보고 그 긴장한 분위
기에 스스로 기가 질려 그만 대문을 요란스럽게 열고 닫고 들어오
며 이 또한 큰 소리로

진이 모 제아무리 섰고 제아무리 떠들어도 내 딸 진이는 못 나간다.

  내 딸 진이는 못 내준다.

황진이 어머니, 어머니! 좀더 정상(情狀)을 깊이 헤아리셔서 마음을
돌리세요. 비록 그 총각이 제멋대로 나를 그리고 저 혼자 애
를 태우다 제풀에 병이 들고 제 탓에 죽었지만 그가 나에게
품었던 순정만은 누구 것 못지 않게 고귀한 것이 아니겠어
요. 어엿한 피를 받았으면서도 소실의 딸이라고 반지빠른 양
반집 도령들이 저를 거들떠보지 않고 이미 처자 있는 것들이
나 노리개로 삼으려는 데다 대면 저를 그토록 그리워하여 가
슴을 불태우다 목숨마저 일찍 잃게 된 그 총각이 가엾고 고
맙기까지 해요. 어머니! 이 일은 저에게 맡겨 주세요.

진이 모 못 한다, 못 해! 네 말대로 가뜩이나 이 어미 때문에 흠을 잡
는 세상에 이런 흉한 소문까지 나 봐라! 이제 우리 모녀 살
길 없다. 진이 너 가끔 가다 부리는 악지 또 내놓지 마라.

황진이 어머니 좀더 냉정히 생각해 보세요. 이제 소문은 이미 나고
만 거란 말예요. 그리고 이대로 저 총각을 원귀로 만들랴치
면 오늘 밤부터 우리 식구가 밤을 어떻게 자며 앞으로의 그
불안 재앙을 어떻게 막을 작정이세요? 그러니 제가 나가서
저 망인의 넋을 고이 달래서 아주 저승으로 보내는 것이 우
리의 앞날에도 상책이란 말예요.

이 말에는 진이 모도 대답을 못 하자 앞장서 대문을 열고 나서는 황
진이를 보고

상두꾼들 나오셨네 나오셨네
우리 임이 나오셨네
자나깨나 내 못 잊던

죽어서도 내 못 잊는

우리 임이 나오셨네.

황진이 (상두꾼들에게) 제가 제사를 모실 테니 젯상과 자리를 준비하
세요.

상두꾼 중 두서넛이 돗자리를 펴고 제사상을 준비하자 물을 끼얹
은 듯한 고요가 흐르는 가운데 자리에 나와 꿇어, 먼저 댕기머리를
풀고 분향과 헌작을 한 뒤 큰절을 올리고서

황진이 혼령님! 소녀같이 하잘것없는 계집을 남몰래 마음에 두시다
그것이 병이 되어 마침내 목숨마저 잃으셨다니 그 순정이 뒤
늦게나마 저에게도 사무쳐 가엾고 아깝고 슬픈 마음을 걷잡
을 길이 없나이다. 더욱이나 그 사랑이 얼마나 치열하고 지
극하시기에 이제 목숨을 불사르고도 죽음 속에서까지 불타
오르는 것이겠습니까. 소녀에게는 그 감동이 주체할 바 없고
어찌 위로를 드려야 할지를 몰라 오직 영전에 두 손 모아 꿇
었을 따름입니다. 혼령님! 이러한 소녀의 정상을 굽어보시고
이제는 모순의 수렁 속인 이 세상에서 이루지 못한 그 정한
의 불길을 스스로 거두시옵소서. 그리고 천상의 걸림 없는
삶 속에서나 오롯하고 영원한 사랑을 차지하시기를 축원하
고 또 축원하옵나이다.

축원을 끝내고 일어서 다시 두 번 절하고 물러서며 상두꾼들에게

황진이 이제는 영구를 모시도록들 해 보세요.

말하자, 상여가 움직이고 상두꾼들의 노래가 다시 시작된다. 요령
에도 신이 올라

요령잡이 임의 모습 보고 나니
　　　　　임의 말씀 듣고 나니
　　　　　북망 걸음 가볍구나.
상두꾼 어화 넝차 어화
　　　　어허 영차 어허.
요령잡이 임의 술잔 받고 나니
　　　　　임의 전송 받고 나니
　　　　　저승길도 즐겁구나.
상두꾼 어화 넝차 어화
　　　　어허 영차 어허.
요령잡이 이승 인연 못다 하고
　　　　　저승 사랑 기약하고
　　　　　간다 간다 나는 간다.
상두꾼 어화 넝차 어화
　　　　어허 영차 어허.

황진이는 머리를 푼 채 탈혼상태에서 멍하니 상여가 사라지는 쪽
을 바라보며 서 있고 대문 기둥에 얼굴을 기대고 팔로 치면서

진이 모 하느님, 이 일을 어쩌란 말입니까? 내 딸 진이 신세를 어떻
　　　　게 하랍니까?

하고, 울음을 터뜨릴 때 막이 내린다.

프롤로그

제1막의 프롤로그에서와 같은 차림새와 같은 모습으로 나타난 황
진이의,

혼 령 여러분들도 한번 상상해 보십시오. 오늘날에도 아마 어느 혼
기에 있는 처녀 집 문전에 총각의 영구차가 멈춰 섰다면 신문
에 토픽 화제가 될 것이고 그 집 처녀의 혼인길은 가로막히는
것이 보통 아니겠습니까. 그런데 저 이조시대, 저 봉건사회
속에서 시신(屍身)에게일망정 처녀의 몸으로 머리를 풀었으
니 그 뒷소문이 얼마나 흉했겠습니까? 청혼이나 매파는커녕
우리 집은 '총각귀신'이 붙은 흉가로 불리고 우리 모녀는 도
성(都城) 속에 살면서도 무인도에 유배된 상태나 다름이 없었
습니다. 이때 우리 어머니가 오직 하실 수 있고 또 실제 기울
어지신 곳은 절의 부처님이었지요. 사흘이 멀다 하고 인근 사
찰을 찾아 불공을 드리시고 때마다 명산대천에 치성을 올리
셨건만 그렇듯 애절하게 바라고 기다리는 영험은 끝내 나타
나지 않더군요. 당사자인 나에겐 저러한 어머니의 정상이 못
견디도록 가엾으면서도 한편 세상살이의 너무나도 뚜렷한 모
순 앞에 아무런 대항의 길도 찾지 못하고 또 그것을 체념도
못 해서 얼토당토않은 신령한 힘에 매달리려는 그 인간의 나
약함이 참을 수 없도록 역정을 치솟게 하기도 하였습니다. 그
래서 때마다 어머니에게 "내 서방은 이미 귀신이 되었는데
혼인은 무슨 혼인에요?"라든가 "총각귀신에겐 처녀귀신이
제격이 아니겠어요?"라는 둥 자포적인 말을 해서 그 아픈 가
슴에 더욱 못질을 하곤 했습니다. 그러나 나의 저러한 표백은

한낱 자포적 감정에서만 배앝은 푸념이 아니라 실제 당사자인 나로서 내가 처한 현실을 곰곰이 생각할 때 아니할말로 죽은 총각이나 섬기면서 혼인은 단념하는 것이 현명하다는 판단이 서서였습니다. 당시엔 일반 풍속으로도 정혼한 남성이 성례 전에 죽으면 약혼녀는 그 영전에 머리를 풀고 수절하는 것이 상례(常例)라 나는 실상 약혼한 일마저 없다손치더라도 이미 혼령에게 머리를 풀었으니 설령 이제 혼처가 생긴다 하더라도 그 길을 택한다는 것은 일종의 자기배반 같은 느낌이 들었고, 또 결혼생활이라는 그 실체를 내가 듣고 읽고 또 어머니를 통해 체험한 바로는 그것은 한낱 남성의 노예나 기롱물이지 개성을 지닌 한 인간으로서의 바람직한 생활이 아니라는 생각이 들었던 것입니다. 이러한 회의와 반감과 저항심이 한데 엉클어지고 또 거기다 일종의 호기심도 곁들여 나는 어느 날 일대 결단을 내리고 어머니가 치성을 드리려 집을 비운 사이 내 발로 교방(敎坊)엘 찾아가 기적(妓籍)에 이름을 얹었던 것입니다. 내가 그 절차를 밟고 나서 어머니의 비탄을 비롯해 중첩해 겪은 사연이 없지 않습니다만 그런 섬세한 얘기를 다 하다간 한이 없겠기에 줄이기로 하고 여하간 나는 하루아침에 송도 기생 명월이로 변신을 한 것입니다. 그래서 기류(妓流)에 몸을 던진 지 1년이 채 못 되어 나의 평판은 송도 화류항을 휩쓸었고 수령방백들과 송도를 찾는 현관명사들의 연회석에는 으레 불리우는 요새 표현을 빌리면 '스타'가 되었습니다. 그리고 2, 3년 안짝에는 서울의 한량들 사이에서도 명기로 이름이 나서 그 명성이 전국적으로 떨쳤던 것입니다. 처음에는 이러한 기생생활이 오히려 내 성정에도 맞아서 어느 한 사람의 아내가 되어 소위 구중궁궐 속에 갇혀 웃음 한번 울음 한번 제대로 소리를 내보지도 못하고 수족 한번 걸음 한번 마음껏 놀리지도 떼 보지도 못하는 그런 처지의 여성들이 오히려 측은하기까지 하였습니다. 더욱이나 내 타고난 자질의 풍류를 남성들과 겨뤄서 마음껏 발휘하고 누리고 즐길 수 있는 자신에 대하여 행운감마저 들 때가 있었습니다. 그렇듯 나에게 혼인을 꺼리던 남성들도 이 세계에서만은 내 앞에 줄줄이 늘어서서 서로들 다투어 접근해 오는 것을 볼 때 일종의 통쾌감을 맛보기도 했습니다. 그러나 나에게는 남성들에 대한 본질적 선입관과 또 소위 노류장화에 대한 남성들의 일시적 욕망을 간파하고 있었기 때문에 호락 몸을 허할 생각은 없었습니다. 하지만 나도 나이가 나이라 손만 내밀면 가닿는 화류항 속에서 불타오르는 젊음의 정염을 언제까지나 억제하고 있을 수는 없었습니다. 또 한편 이런 생각도 들었습니다. 즉 기생이란 나의 신분이 돌이킬 수 없는 운명처럼 된 이상, 내가 오히려 이 신분을 살려서 내 뜻에 맞는 사내들을 골라 꺾어도 보고 또 나를 이렇게까지 만든 그 법도나 제도에 맞춰서 사는 남성들의 그 이중인격이나 거짓 애정의 껍질을 벗겨서 나 같은 처지의 모든 여성의 그 말못할 원한을 풀어주고 싶은 앙큼한 생각마저 갖게 되더란 말이올시다. 바로 이럴 때 내 앞에 나타난 것이 벽계수란 사내올시다. 그는 알려지다시피 종친으로 지체가 높을 뿐만 아니라 학문과 풍류가 함께 뛰어나서 당대 선비 중 선비로 손꼽히는 이요, 거기다 정절 남아로 호가 나 있었습니다. 그는 바로 그의 별호가 되고 만 벽계 고을을 살 때 수청을 든 기생이 하나도 없었다는 방정(方正)한 후문을 낼 정도였으니까요. 이 벽계수가 개성 유수 자당 고희연에 초청을 받아 송도엘 왔고 나는 사또로부터 그에 대한 공사석의 특별 서비스를 지명받았던 것입니다. 그래서 동헌 마당에서 잔치가 있은 이튿날 그의 관광행차를 만월대에서 맞아 그와 나는 단독으로 자리를 함께 하게 되었던 것입니다.

제2막 만월대의 풍경

고려 왕궁지 만월대.
보름 가까운 가을 달 아래 무대 우편은 초석과 잡초로 어수선한 폐허.
좌편에는 아담한 상춘정이 자리잡았는데 그 정자 안에는 기생 명월이가 된 황진이가 주안상을 차려 놓고 밖을 바라보며 손을 기다리고 있다.
이윽고 숲길로부터 벽계수가 나타나 금안마에서 내린다.
정자에서 내려가 맞아들이며,

황진이 박연폭포의 경관은 어떠하셨습니까.
벽계수 오호 그야말로 이태백의 〈여산폭포시(廬山瀑布詩)〉를 방불케 하더군.
(한시음〔漢詩吟〕으로)
비류직하 삼천척(飛流直下三千尺)이요
의시은하 낙구천(疑是銀河落九天)이러라.
황진이 (이를 받아 영창으로)

우박 흩고 우레 달려 산골에 차고

구슬 찧는 방아 소리 하늘 울리네.

여산(廬山) 경치 좋다고들 이르지 마오

해동에는 천마산이 으뜸이라네.

벽계수 섣불리 내가 박연을 여산폭포에다 비겼다가 무색해지는걸! 그런데 그 시는 듣지 않던 것인데 누구의 소작인고?

황진이 이거 현신도 소홀하고 황공하옵니다. 그 시는 소첩이 장난삼 아 흉내내 본 것으로, 칠언의 뒷구절을 우리말로 옮긴 것이 올시다.

벽계수 뭐? 자작시야! 그러면 앞구도 마저 읊어 보게.

황진이 부끄럽습니다만 분부대로 해 봅지요.

한 줄기 긴 폭포 산골에 날려

떨어져 용소되어 물이 넘치네.

저 샘물 거꾸로 쏟아지는 은하수런가

성난 폭포 가로 비끼니 무지개런가.

벽계수 음, 절창이로군? 너는 어제 사또 자당 고희연에서 보아하니 가무에도 능하더니 시문에도 비범하구나. 화류항에 몸을 담 은 것이 아깝군 그래!

황진이 그것은 나으리의 과분한 말씀! 소첩이 가령 일부종사로 구중 심처(九重深處)에 들어 있던들 이렇듯 벽계수 나으리 같으신 당대 명사나 인걸을 만나뵐 수가 없었겠지요?

벽계수 하기는 그렇다. 피차가 그렇다. 네가 기생이 안 되었던들 내 가 너 같은 절대가인과 즐길 길이 없었을거늘. 명월아! 자, 이 제는 한잔 부어라. 취토록 마시고 이 만월대의 풍치에 어울 리는 흥취를 펼쳐 보자!

벽계수에게 술잔을 올리고 이태백의 시를 노래와 거문고에 싣는
다.

황진이 그대 보지 않았는가, 황하의 물이 하늘로부터 내려와서
분주하게 흘러가 바다에 이르면 다시 돌아오지 못하는 것을.
또 보지 않았는가, 그대 집 거울에 비치는 백발의 슬픔을.
아침에 푸른 실머리가 저녁에는 눈같이 희어졌느니
인생 뜻을 얻었을 때에 모름지기 즐김을 다할지니
황금의 술단지를 달빛 속에 헛되이 버려 두지 말아라.

벽계수 이름은 공연히 전해지는 것이 아니라더니 과연 명불허전! 명
기로군. 네가 태백의 장진주(將進酒)로 권주하니 내 어찌 술
잔을 비우지 않으며, 내 어찌 한 가락 화답이 없을소냐? 그러
면 내가 우리 다 아는 길재(吉再) 시조를 읊을 테니 너는 운곡
(耘谷, 元天錫)으로 받아라.

황진이 북으로 반주한다.

벽계수 오백 년 도읍지를 필마로 돌아드니
산천은 의구하되 인걸은 간 데 없네.
어즈버 태평연월이 꿈이런가 하노라.

황진이 흥망이 유수하니 만월대도 추초(秋草)로다
오백 년 왕업이 목적(牧笛)에 부쳤으니
석양에 지나는 객이 눈물겨워 하노라.

반주와 후주(後奏) 마치고 이번에는 가야금을 잡아당기며

황진이 소첩이 한 장 덧붙이겠습니다.

청산은 첩첩한데 벽계 일곡(碧溪一曲)이 홀연 바람 타고 흐르
난다

어즈버 십삼 월명(月明)이 못내 한인가 하옵네.

벽계수 어허 좋다! 그런데 언중유골! 아니, 노래 속에 뼈가 들었구나.

그것은 누구의 시구(詩句)지?

황진이 도연명의 시구올시다.

벽계수 옳아! 그렇군. 그런데 벽계 일곡은 나라 하고 십삼 월명은 바
로 오늘 밤이자 명월이고, 그것 참 절묘한데! 그런데 왜 못내
한인가 하옵네지?

황진이 십삼 월명도 소첩처럼 차지 못한 것이기에 유감이었던 게죠.
그저 평소 즐기는 시구이온데 이 자리에 우연의 일치가 된가
하옵니다.

벽계수 아니야! 나는 이 밤 달에게나 너에게나 유감없다. 오히려 차
지 않아서 더욱 시적이 아니겠니?

황진이 시적이긴 하오나 역시 한이옵니다. 현실로는 더욱이나…….

벽계수 시란 바로 그 한에서 비롯된 게 아니겠느냐. 이제 시의 한은
시로써 풀어 보자. 당 시인 소강절(邵康節)의 역시 달밤의 시
청야음(淸夜吟)이다.

황진이가 가야금으로 전주곡을 시작하자

벽계수 달은 천심에 이르고
바람은 수면에 왔을 때
이렇듯 맑은 멋을
아는 이가 몇이런가.

후주곡을 마치고 술을 다시 권하면서

황진이 과연 높고 맑은 경지오라 인간의 한은 넘어섰사오나 인정이
사라져서 차갑게 느껴지는군요.

벽계수 매서운 안목이로구나! 그러나 갈피 없고 덧없는 인정에만 머
물러서야 풍류의 드높은 경지에 도달할 수는 없지!

황진이 하지만 그러한 경지란 풍류 속에나 있는 것이지 현실로 돌아
서면 사내는 명리나 계집 찾고 계집은 사내나 자식 좇고 사
는 게 인간의 모습이 아니옵니까?

벽계수 허허, 그야 대체로 인간들이야 그 두 경계를 넘나들지만 그
러나 아주 밥버러지들이 있듯이 또한 아주 초탈한 경지를 사
는 이들도 없지는 않지! 왜 이 송도에도 화담(花潭) 선생이나
지족(知足) 선사 같은 분들이 계시지 않은가?

황진이 소문은 소첩도 듣고 있습니다만 그분들이 우리의 삶이나 세
상살이가 하도 망측하니까 이를 스스로 단념하고 인간 이외
의 것에 쏠리거나 인간 이상의 것에 매달리는 게 아니겠습니
까?

벽계수 이거 불감당이로구나! 내가 그분들의 도심(道心)을 섣불리 너
에겐 풀이할 바가 없다. 한번 직접 찾아뵈려므나.

황진이 명념하겠습니다. 그런데 외람되오나 나으리께 한 가지 더 여
쭙자면 나으리는 풍류와 현실 두 가지 중 어느 쪽을 더 중(重)
히 하십니까? 그리고 명리와 여자는 어느 쪽을 택하십니까?

벽계수 야, 이거 시관(試官) 앞에 서는 것 같고나! 나도 명색이 풍류
남아, 현실보다는 풍류, 명리보다는 여자라고 할 수밖엔!

황진이 그게 진정이옵니까?

벽계수 암, 진정이고말고! 어 취해 오는군! 참으로 오늘 저녁은 즐거

왔네. 이제 밤도 이슥해 오고 하니, 그러면 우리도 자리를 떠
보지!

말한 후, 벽계수 일어나 주섬주섬 차비를 차리고 서성이는 것을 물
끄러미 바라보며

황진이 나으리! 대장부의 한 말씀은 천금 같다 하옵는데 일각이 못
되어서 뒤집으십니까? 역시 나으리는 풍류보다 현실, 여자보
다는 명리를 더 좇으시는군요.

벽계수 (낭패해서) 어어 그랬던가?

그러나 이런 벽계수의 당황을 아랑곳 않듯 목청을 뽑아 자작시에
가야금을 장단으로

황진이 청산리 벽계수야 쉬이 감을 자랑 마라
　　　　　일도 창해하면 다시 오기 어려워라,
　　　　　명월이 만공산하니 쉬어 간들 어떠리.

후주(後奏)까지 마치면 그동안 서성이면서 이를 듣다가 황진이에
게로 가서 손을 잡으며

벽계수 자아! 이렇듯 현실보다 풍류, 명리보다 너를 택하마.

그 말을 황진이가 다소곳이 받아들여 두 사람이 포옹할 때 막이 내
린다.

프롤로그

제1·2막의 프롤로그에서와 같은 차림새와 같은 모습으로 나타난
황진이의,

혼 령 앞서도 잠깐 비췄지만 나는 기생이 되어서도 스스로가 세 가
지 신조를 다짐해 왔습니다. 첫째는 아무리 직업이라 해도 한
낱 취한 취객들의 자리에는 앉지 않을 것, 둘째는 권문세도가
나 만석꾼의 부자라 할지라도 상대방이 풍류를 모르는 사람
이라면 그 부름에 응하지 않을 것, 셋째는 일부종사를 단념한
기생의 몸으로 어느 누구에게 절개를 지킬 것은 없지만 간담
상조(肝膽相照)하는 남성이 아니면 몸을 허하지 말되 가령 정
을 줬다 하드래도 깊은 미련을 갖지 말 것 등이었습니다. 그
러나 그러한 자구(自求)의 생활 속에서도 몸담은 곳이 화류계
라 저 벽계수와의 일시 정사를 비롯해 이 세상을 뜬구름같이
살아가는 양주 선비 김경원(金慶元)과의 치열한 정분도 나 보
고, 대제학 소세양(蘇世讓) 대감의 두터운 총애도 받아 보고,
또 암행어사 이(李) 모와 함께 명승각지를 연애행각도 해 보
는 등 남성편력이 없지 않았습니다. 그럴 때마다 그들 사내들
은 학식과 지위를 막론하고 애정의 농도를 막론하고 머지않
아 하나같이 세상의 법도를 지켜야 한다는 구실로서 안방마
님에게 돌아가는 것이었고 결국 나만이 언제나 이별의 쓴잔
을 되풀이해 마셔야 하는 것이었습니다. 그리고 아무리 나의
신조를 지키려 해도 기생인 이상 불가피하게 마음에도 없는
술자리에 나아가 억지 웃음을 웃고 흥 없는 노래를 부르고 꼭
두각시 춤을 면할 길이 없었습니다. 이러는 사이에 세월은 잠
깐 흘러 내가 기안(妓案)에 이름을 얹은 지도 5년이 되었습니

다. 또 이 세상에서는 단 하나의 의지였던 어머니도 돌아가셨습니다. 처음에는 그렇듯 즐겁고 신바람이 나던 이 생활이 차차 진력이 날 뿐 아니라 자기의 앞날이나 인생 그 자체에 허망감이 엄습해 왔습니다. 말하자면 나는 인간 존재의 절벽과 같은 고절감(孤絕感)과 소외감과 이로 인한 불안의 늪 속에 빠져들고 있었던 것입니다. 이러한 정신적 막다른 골목에서 구원의 길을 찾아 나선 것이 나의 생애의 일화 중 일화로 전해지는 화담 선생과 지족 선사와의 접촉이올시다. 여러분도 다 아시다시피 화담 선생은 성리학, 즉 우주 본체론에 대한 대석학이었고, 한편 지족 선사는 30년 동안이나 한 암자에서 면벽참선을 하여 '살아 있는 부처님'으로 호가 난 분이었습니다. 그리고 그 두 분은 도력이 높을 뿐만 아니라 특히 여색을 초월한 것으로 추앙을 받는 분들이었습니다. 그래서 내가 그분들을 접근함에 있어 그러한 초탈한 인간성에 대한 존경과 더불어 그 진부(眞否)에 대한 호기심이 잠재적으로 아주 없었던 것은 아니지만 오늘의 설화에서처럼 소위 '그들의 욕정만을 나의 요염으로 시험'하기 위한 것은 결코 아닙니다. 이제 내가 재현해 보일 장면에도 마치 저분들과 나와의 교류가 '하룻밤의 유혹'으로 시종하는 느낌이 없지 않을 것이나 이것은 어디까지나 그분들과의 교류의 전모가 아니라 내가 그분들에게 장기간 동안 사사하는 속에서 오직 그분들이 보여 준 각자, 즉 깨우친 자로서의 양면을 단적으로 제시함에 불과하다는 것을 이해하시기 바랍니다.

제3막 서사정(逝斯亭)과 지족암(知足庵)

막이 열리면 무대를 양분해서 좌측에는 후원에 숲과 연못이 있고 앞마당에는 화초가 무성하게 피어 있는 초당.
서사정(逝斯亭) 안에 서안(書案)을 마주한 화담(花潭) 선생이 보이고 좌측에는 토굴이나 진배없는 지족암(知足庵)에 옆으로 면벽단좌한 지족 선사가 보인다.
잠시 후 왼쪽 서사정은 불이 꺼져 캄캄한 채 지족암에 소복을 하고 등장한,

황진이 (문턱에서 꿇어 합장을 하고 상반신을 굽히면서) 대사님!

지족 선사, 아무런 반응이 없자

황진이 (한 무릎 더 다가서며) 대사님! 대사님! 여기 한낱 풀벌레만도 못한 가련한 중생이 부처님 자비의 빛을 찾아서 왔습니다.

또다시 반응이 없자 더 가까이 무릎걸음으로 다가가 절하며

황진이 대사님! 제발 자비로우신 손길로 이 아둔한 목숨의 죄업을 어루만져 스러지게 하옵소서!

그래도 반응이 없자 이번엔 아주 옆으로 다가가

황진이 대사께서 그렇듯 이 목마른 중생의 애원을 들어주시지 않는
다면 저는 대사님 곁에서 대사님이 받으신 불심의 감화를 몇
만분의 일이라도 나눠 가질 때까지는 떠나지 않겠나이다.

지 족 옴 기리나라 모나라 훔바탁.

황진이 그것은 무슨 주문이오니까?

지 족 외우라! 거듭 외우라! 너의 불안이 스러질 때까지. 옴 기리나
라 모나라 훔바탁.

황진이 옴 기리나라 모나라 훔바탁.

지족 선사의 흉내를 내 똑같은 자세를 짓고 나란히 앉아 관세음보
살 견색수진언을 외울 때 얼마쯤 간격을 두고 암전. 이번에는 서사
정에 불이 켜진다. 조심스럽게 초당 앞으로 다가가 인기척을 내며

황진이 선생님! 화담 선생님!

화 담 뉘시오? 어서 오시오! (하고, 서안에서 눈을 들어 일어서며 황진
이를 맞는다. 초당에 들어가 공손히 절을 하고)

황진이 소녀는 송도 관기 명월이옵니다. 미천한 몸이오나 선생님의
높으신 학덕을 흠모하던 끝에 뵈오려 왔습니다.

화 담 오호, 그대가 풍문에 듣던 명월인가? 과연 자색이 뛰어나구
먼. 그런데 천하명기인 그대가 무슨 일로 나 같은 산간처사를
고맙게도 찾아 주었다지?

황진이 그렇듯 선생님께서 수월하게 맞아 주시니 소녀의 심경을 그
대로 말씀드리겠사온데, 이제는 풍류에도 지쳤고 남자에도
지쳤고 세상에 지쳐 무엇 하러 태어나서 왜 사는지를 모르겠
습니다.

화 담 허허, 누구는 안다던가? 그저 천지기운의 조화로 만물 함께

태어나서 그 기운에 이끌려서 사는 거지.

황진이 그러면 사람이 바르게 사는 길은 어떠한 것입니까?

화 담 사람의 사는 길이 어디 따로 있나? 사물이 다 제 성정에 알맞게 정성껏 살면 그것이 곧 바른길이지. 명월은 명월이답게 살면 그만이지!

황진이 저도 어렴풋이 그렇게 살고 싶었지만 너무나도 눈앞은 장벽이 가로막히고 앞날도 밑창 없는 수렁만 같아서요!

화 담 멈춤이 없어서 그래! 지쳐서 그래! 심신을 멈추고 좀 쉬게, 쉬라고!

황진이 네? 멈추고 쉬라고요? 선생님, 저 좀 선생님 곁에서 쉴 수 없을까요? 그리고 선생님께 자연처럼 살아가는 길도 깨치게요?

화 담 글쎄. 배워 줄 것은 없지만 함께 지내는 거야 무엇이 어렵겠나. 더욱이 홀아비 살림에 미인이 자청해 오는데야! 허허.

황진이 그렇듯 흔연히 허락해 주시니 소녀의 이 행운 무엇에 비길 바가 없습니다. 아이구 좋아라!

손뼉을 치면서 기뻐하는데 암전. 이번에는 지족암이 밝아지고 지족 선사 옆에서 좌선 자세로 진언을 외우고 있다가 마침내 못견디어 몸을 흐트리고 돌리면서 (이때 지족 선사도 진언을 뚝 그침)

황진이 대사님! 대사님! 하루 낮, 하룻밤을 지새워 주문을 외고 앉아 보아도 제 마음의 어둠과 번뇌는 가시지 않고 부처님의 빛은 보이지 않는군요. 대사님! 불심으로 한번만 돌아보아 주십시오. 그 입을 열어 한 말씀 하여 주십시오.

그래도 지족 선사 끄떡없자

황진이 부처님의 대자대비는 아무리 미물 같은 중생의 청원이라도
기꺼이 들어주신다고 들었사온데 산 채로 부처님이 되셨다
는 대사께서 어찌 이다지도 무정하시단 말이옵니까? 그래서
야 어찌 중생을 보살피시고, 건지신다 하오리까?

또다시 반응이 없자 지족 선사의 정면 앞에 나아가 관음상 모양 태
를 짓고 앉으며 독백조로

황진이 돌벽을 암만 쳐다보아야 석벽이지, 부처님은 현신 안 하실
모양이니 생불이신 대사님이나 마주할 수밖에.

역시 지족 선사 눈을 감은 채다.

황진이 대사님! 보시옵소서. 눈을 뜨고 저를 좀 보아 주옵소서. 그리
고 만물이 모두 다 불성을 지녔다는데 제게서 부처님을 찾아
내 보옵소서.
지 족 옴 이베이베 이뱌마하 시리예 사바하.
황진이 그것은 또 무슨 주문이옵니까?
지 족 물러가라! 사라지거라! 천마(天魔)여! 외도(外道)여!
황진이 호호호호…… 제가 마귀라고요? 외도라구요? 호호호호…….

간드러진 웃음소리를 내는데 지족 선사의 관세음보살 바아라수진
언 속에서 암전. 서사정이 밝아지면 촛대를 켠 초당 안에 화담 선생
과 간소한 술상을 마주하고 노래하는

황진이 만첩 청산에 초가집 한 채서

평생을 몇 질의 성현들 책과 벗하네.

가끔 좋은 손들께서 찾아 주시는 것은

이곳의 숲과 못이 그림보다 곱기 때문일세.

화 담 오오 창이 놀랍구나. 그런데 그대가 그 시를 노래할 줄은 몰랐다. 그 언젠가 관원들이 찾아 주었길래 답례로 지은 것인데!

황진이 바로 그 관원들 놀이에 나갔다가 전해 듣고 외워 간직하며 때마다 풍류자리에서 불렀습니다.

화 담 생광이로구나. 그래? 이곳이 그 시와 다름없지?

황진이 아니옵니다. 소녀에게는 숲과 연못의 아름다움보다도 선생님이 더 좋고 좋습니다. (술잔을 권한다.)

화 담 그 말도 고맙다마는 이 술잔은 더 고맙구나! 허허.

황진이 선생님께서두, 그래, 제 마음이나 말보다 술잔이 더 고마우세요? 호호, 그런데 참 선생님, (한쪽을 손으로 가리키며) 저기 놓여 있는 거문고는 줄이 없사온데 어찌 된 것이옵니까? 줄이 끊어졌나요? 제가 이번 성내에 가지고 나가 고쳐다 드릴게요!

화 담 괜찮아! 괜찮아! (하고, 웃기만 하다가 조금 후) 거문고에 줄이 없는 것은 본체〔體〕는 놓아 두고 작용〔用〕을 뺀 것이니라. 정말로 작용을 뺀 것이 아니라 고요함〔靜〕에 움직임〔動〕을 함유하고 있는 것이로다. 그것을 소리를 통하여 듣는 것은 소리 없음에서 듣는 것만 같지 못하고 그것을 형체를 통하여 즐기는 것은 그것을 형체 없음에서 즐기는 것만 같지 못하느니라. 형체가 없음에서 그것을 즐기므로 그 오묘함을 체득하게 되며 그 소리 없음에서 그것을 들으므로 그 미묘함을 체득하게 되느니 밖으로는 있음〔有〕에서 체득하지만 안으로는 없음〔無〕에서 깨닫게 되는 바이다. 그 가운데서 흥취를 얻는다는 것을 생각할 때 어찌 줄을 달려고 들겠느냐!

황진이 깊고 깊으신 말씀 다 헤아리진 못하오나 소녀도 어렴풋이 이해는 갑니다만, 막말로 거문고에 줄이 없사오면 그것은 거문고가 아니지 않습니까? 그냥 나무통에 불과한 것이 아니옵니까? 호호호…….

어디선가 부엉이 우는 소리. 술잔을 비우고

화 담 이제 밤도 깊었으니 쉬도록 하자! 저 벽장에 이부자리가 있느니라.

시키는 대로 상을 치우고 이부자리를 펴면서

황진이 금침이 한 벌뿐이오니까?
화 담 그러면 여러 벌 있을 줄 알았나? 원앙은 아니라도 한자리에 즐거이 들자꾸나!

모범을 보이듯 입은 그 채로 먼저 자리에 눕는다.

황진이 불을 끌까요? 둘까요?
화 담 꺼도 좋고 안 꺼도 좋고, 명월이가 편한 대로 하렴…….

입김을 불어 불을 끔과 동시에 지족암이 밝아지는데 그 채로 묵좌한 지족 선사 앞에서 춤을 추고 돌아가다가는 노래를 부르는

황진이 죽어 잊어야 하랴? 살아 그리워해야 하랴? 죽어 잊기도 어렵
고 살아 그리기도 어려워라. 저 임아 한 말씀 해다오. 사생결
단을 하리라.

마치고 다시 춤을 추는데 지족의 앞뒤 좌우를 마구 도는가 하면 몸
을 구부려 그의 얼굴과 가슴에 맞닿을 듯 알찐대기도 하고 그의 앉
은 무릎에 올라앉아 안기는 시늉도 하다가 도로 그 앞자리에 가 관
음보살상의 태를 짓고

황진이 지족님! 무엇이 두려워 그렇게 눈을 뜨지 않으시옵니까? 입
을 벌리지 않으시옵니까? 사지를 움직이지도 못하시옵니까?
눈을 뜨지도 못하고 입을 열지도 못하고 사지를 움직이지도
못해서야 그게 송장이지 일체 속박에서 벗어난 어디 부처님
이시옵니까? 그러고서야 어디 열반은커녕 지옥이 아니옵니
까?

두 사람의 얼굴에는 땀방울이 번쩍인다. 대결의 절정이다. 자기와
의 싸움, 상대와의 싸움, 이러한 극한에서 이윽고 입을 열어

지 족 나무대비 관세음, 나무대비 관세음!
황진이 이제야 이 몸이 관세음보살로 보이시나요?
지 족 나무대비 관세음, 나무대비 관세음!
황진이 이 몸이 이제 관세음일진대 그대 등에 업혀 연화대를 거닐고
저 하니 그대는 어서 이리 와 등을 구부리라.
지 족 나무대비 관세음, 나무대비 관세음! (을 연호하며 최면술에 걸
린 듯 시키는 대로 한다. 마치 춘향가의 사랑놀음을 연출하면서 암

　　자 안을 돌며)

황진이　호호호, 호호호.

간드러지게 웃는데 다시 암전. 어둠 속에서 그때 큰 소리로

지　족　30년 공부 나무아미타불이로다. 명월아 요년!

서사정에 불이 켜지면 눈부신 아침이다. 햇살 속에 마당에는 화담 선생이 오이, 호박, 푸성귀 등을 한 바구니 들고 들어서고 황진이는 방금 자리에서 일어난 듯 눈을 비비며 초당을 내려선다.

화　담　좀더 푹 자질 않고 어느새 일어났나?
황진이　네, 많이 잤어요. 벌써 밭에 나갔다 오세요?

화담 선생 초당 툇마루에 바구니를 놓고, 그리고는 거기 놓였던 모이통 같은 것을 들고 가서는 연못가 물고기들에게 던져 주고 숲 속을 향해 구구구구 새들을 부르면서 마당에도 모이를 뿌린다. 옆으로 다가가며

황진이　선생님! 저는 역시 인간의 숲과 술의 연못으로 돌아가야 할까 보아요.
화　담　그럴 테지! 그대는 희로애락이 짙게 풍기는 그 속에서 그 끓는 정염을 불사뤄야지?
황진이　그래요. 선생님! 선생님은 너무나 산천초목과 다름이 없으셔요. 아니, 줄을 필요로 안 하는 거문고예요. 그러나 저는 많은 것을 깨달았어요. 사람은 욕정에서 벗어날 수 있다는 것과

또 줄이 없는 거문고에서도 아름다운 가락을 들을 수 있다는
것을 말이에요.

화 담 그랬던가 내가? 하기야 사람은 누구나 한번은 욕정에서 벗어
나야지! 또 그래야만 참사람이 되지!

황진이 그래요 선생님, 저는 비로소 뛰어난 인간을 뵌 것 같아요. 그
래서 송도에는 삼절이 있다고 생각해요.

화 담 삼절이라. 무엇, 무엇이.

황진이 첫째는 선생님이옵고, 둘째는 박연폭포이옵고, 셋째는…….

화 담 셋째는?

황진이 주제넘사오나 소녀 황진이도 거기에 끼웠으면 합니다!

화 담 하하하 아무렴! 네가 첫째로 꼽혀야지! 암 그렇고말고, 하하.

서로 회심(會心) 속에서 희희낙락하는데 막이 내린다.

프롤로그

제1·2·3막의 프롤로그에서와 같은 차림새와 같은 모습으로 나
타난 황진이의,

혼 령 다시 한번 되풀이해 말씀드립니다마는 이제 보신 것은 나와
화담 선생과 지족 선사와의 교류 중에 있던 에피소드의 하나
일 뿐이지 결코 그분들의 수도의 차별이나 인간적 우열을 판
별짓는 어리석음을 여러분들은 범하지 마십시오. 실제 나의
유혹으로 파계를 하였다고 외면상 보여지는 지족 선사는 그
엄청나다면 엄청난 자기파괴를 저지르고도 오히려 더 태연하
고 빛나는 모습으로 면벽좌선을 계속하였으니까요. 나는 그

러한 지족 선사에게서 그후도 불법과 참선을 익히고 화담 선
생에게는 만물의 생성과 소멸의 이치를 배워 나갔던 것입니
다. 그러는 사이에 존재의 유한성이랄까 그런 것에 대한 체관
(諦觀)에 도달했고 또 역사와 그 악순환이 빚어내어 개인이나
집단이 짊어지는 업이랄까, 원죄랄까 그것에 대한 순응심도
어느 정도 생겼던 것입니다. 그래서 구태여 삭발출가나 자연
은둔을 결행할 것도 없이 나의 예술적 성정을 비교적 발휘할
수 있고 충족시킬 수 있는 기안에 머물러 풍류나 술에다 시름
을 달래며 그런대로 살아가고 있었습니다. 허지만 머지않아
시간의 경과는 나에게 그 기생으로서의 한계마저 안겨다 주
었습니다. 이미 내 나이 서른, 기생으로서는 환진갑을 다 넘
긴 폭입니다. 이럴 즈음 나에게 마지막의 사나이로 나타난 것
이 선전관 이사종(李士宗)이올시다. 그는 당대의 명창으로 송
도의 명월이라는 기생이 풍류깨나 안다는, 즉 나의 예술적 명
성을 듣고 찾아온 요샛말로 하자면 순수한 국악인이었습니
다. 그래서 우리의 만남은 그야말로 예술과 예술의 만남으로
서 나는 일생 중 그때처럼 정혼을 기울여 노래를 부르고 춤을
추고 악기를 잡은 적은 없습니다. 아니 그의 풍류에 빨려서
저절로 신명이 나고 저절로 황홀경에 들어서 완전히 무아의
상태에 이르렀던 것입니다. 이러한 그와의 예술적 동화와 심
신의 일치는 이제까지 그렇듯 신념으로 거부해 오던 소위 소
실생활도 불사하고 그를 따라 한양으로 이주까지 하는 스스
로도 놀랄 용단을 낳게 하였습니다. 그렇지만 나의 정신적 결
벽은 한 남성에게 무제한 예속을 허락할 수가 없어 3년이라
는 시한부(時限附) 동서를 그에게 약속시켰고 또 일체 내 생
활의 경제적 부담은 시키지 않는다는 조건부로서 애정의 대

등을 이렇게나마 유지하기로 하였습니다. 현대에 와서 〈장 폴 사르트르〉와 〈시몬느 드 보부아르〉의 상호 자유의 구애됨이 없는 동서생활이 세기의 화제가 되고 있지만 그 선구는 바로 이 땅 450년 전에 이사종과 황진이라는 두 우리의 예술가였다는 사실을 여러분들도 명백히 인지해 주시기를 바랍니다. 이사종, 그는 예술과 더불어 인격도 완숙한 사람이어서 소실이라고는 하지만 나를 그야말로 완롱물인 기생첩으로 대하는 것이 아니라 요샛말로 하자면 예술의 동지로, 이 세상 최상의 애인으로 소중히 해 주었으며, 나는 그에게서 부부지정이라는 것을 처음 맛보았을 뿐 아니라 음악의 오묘하고도 지순(至純)한 경지를 터득하게도 되었습니다. 그러나 역시 소실생활은 소실생활이어서 그가 큰댁의 경조사(慶弔事)나 관가의 소관사무가 바빠서 여러 날 걸음이 뜸할 때면 그 두터운 애정에 비례하는 그리움과 기다림과 초조를 되씹곤 했습니다. 이때의 작품이 바로 오늘날까지 많은 사람들의 입에 오르는 〈동짓달 기나긴 밤을〉이란 시올시다.

동짓달 기나긴 밤을 한 허리 둘해 내어
춘풍 이불 아래 서리서리 너헛다가
어룬 님 오신 날 밤이여든 구뷔구뷔 펴리라.

그러나 저러한 이사종과의 회심(會心)의 애정생활도 이미 작정한 3년이란 시한이 마침내 다가왔습니다.

제4막 애정의 시한(時限)

어스름 그믐달 밤, 조촐한 마당, 그 마당에는 자그만 평상 위에 주
안상이 놓여 있고, 한옆에 여염집 차림을 한 황진이가 기다리다가
좀 지친 표정을 하고 걸터앉아 있는데, 이윽고 좌측 행길을 뚜벅뚜
벅 소리를 내며 걸어와 대문을 두드리며,

이사종 나요, 여보 나.

얼른 일어나 종종걸음으로 나가 문을 열면서

황진이 왜 이렇게 늦으셨어요? 큰댁엘 들렀다가 오시는 길이세요?
이사종 아니, 대전(大殿)에서 급한 전명(傳命)이 떨어져서 그것을 사
방 돌리느라고 만부득 늦었네.
황진이 네, 그랬었군요! 저는 이 밤만큼 못 오시면 어쩌나 하고 마음
을 졸였지요?
이사종 누구 어명이라고 어기겠나?

이런 농에 이사종의 등을 치면서

황진이 그래 됐어요. 어서 의관을 벗으시고 나오세요! 오늘은 평상
에다 약간의 술과 안주를 장만했어요.

방으로 들어가다가 등을 돌리면서

이사종 술? 좋지! 그런데 오늘이 무슨 이름 있는 날인가?

황진이 몰라서 그러세요? 송별연이라구요!

이사종 누구 송별? 나는 이별할 사람 없는데!

황진이 시침떼지 마시고 어서 의관 벗으시고 나오세요!

이사종도 우선은 더 대꾸 않고 방으로 들어가 겉옷을 벗고 도로 마루로 나오면 황진이 대야에 세숫물을 떠다 놓고 수건을 들고 서 있다. 두 편이 다 말없이 자연스럽게 평시 행습을 끝내고 나서 평상으로 가 마주 앉고 난 다음 술잔을 권하면서

황진이 저도 오늘 밤엔 한잔 해도 괜찮죠?

잔을 대번에 비워 건네고 술을 따르면서

이사종 자네 정말 내일로 송도에 돌아간다는 겐가!

역시 잔을 대번에 비워 건네고 술을 따르며

황진이 제가 어찌 나으리께 빈말을 하오리까! 집안도 대충은 정리되었고, 짐은 이미 안잠자기 어멈이 가지고 한걸음 먼저 떠났습니다.

이사종 시초의 약조가 그렇고, 때마다 자네 성화에 3년이란 다짐은 되풀이했지만 설마 나는 자네와 헤어지리라고는 전에나 지금이나 꿈에도 생각해 본 적이 없다네.

황진이 나으리! 나으리의 그 깊으신 정 저도 알고 남음이 있습니다. 나으리야말로 저에게 있어서는 평생 처음 살림까지 차려 금

슬지락을 맛보게 해 주신 분이온데 어찌 헤어지는 것이 가슴 아픈 일이 아니오리까만, 이런 뿌리 없는 정분은 스스로가 그 끊을 때를 알아서 끊지 않으면 서로가 짐만 되고 반드시 추해지는 법입니다. 그러하오니 나으리께서도 깨끗이 미련을 버려 주시옵소서.

이사종 그러나 자네가 나와 헤어진다 한들 팔자가 고쳐져 어디 정실로 들어앉게 되는 것도 아니고, 또 내 처지만 하더라도 조강지처를 버릴 수도 없고 또 버려지지도 않는 것이 이 세상 법도가 아닌가? 그럴진대 구태여 3년이란 기한에 구애되지 말고 사는 날까지 살아 보세나.

또다시 술잔을 교환한 후

황진이 나으리! 말씀 고맙기 한량없나이다. 화류계 정사란 여자를 한번만 스치고 나면 거들떠도 안 보는 것이 남자들의 항용 습성이온데 나으리만은 3년을 지내고도 변치 않고 저를 그렇듯 총애해 주시니 그 은공 어찌 모르오며, 또 큰댁 마나님은 그 자녀 손과 함께 종신토록 가문을 이어 지켜 나가실 분, 제가 티끌만치도 딴 뜻을 품을 리가 있겠사옵니까? 그리고 저의 나이 이미 서른이 넘어 꽃으로서는 이미 시들은 꽃입니다. 이제 또다시 기생이 될 바도 아니옵고 또 딴 남자를 가까이할 염의는 본시가 없음을 나으리께서는 잘 아시지 않으십니까? 오직 자연산천이나 방랑하며 여생을 운수행자(雲水行者)처럼 보낼 꿈을 지니고 있습니다.

이사종 하기야 3년이나 함께 산 내가 자네 성정이나 그 심지를 아주 모르기야 하겠소만 내가 속정밖에 모르는 위인이라 자네의 그 경지에 미치지를 못해서 그러네.

황진이 그렇게 말씀하시오면 제가 몸둘 바가 없습니다. 이제 그런 사리(事理)는 거두시옵고 나으리의 창이나 한번 더 들려주십시오! (하고, 일어서 집 안으로 들어가 장구를 가지고 와서 장단 맞출 채비를 한다. 이에 할 수 없다는 듯이)

이사종 아서라 세상사 쓸데없어
군불견 동원도리 편시춘(君不見東園桃李片時春)
창가소부(娼家少婦)야 불수빈(不須頻)하라.
대장부 평생사업 거연히 지나가니
동류수(東流水) 굽이굽이 물결은 바삐바삐
백천(百川)이 동도해(東到海)하니
하시(何時)에 복서귀(復西歸)랴.
우산(牛山)에 지는 해는 제경공(齊景公)의 눈물이요,
분수추풍곡(汾水秋風曲)은 한무제의 설움이라.
피 적적(滴滴) 저 두견(杜鵑)아 성성제혈(聲聲啼血) 한을 마라.
기천년 미귀혼(幾千年未歸魂)이 너로 인해 슬프련다.
천고상심(千古傷心) 우리 인생, 봄마다 수심이요,
낙양성동 낙화소식(洛陽城東落花消息)
공자왕손(公子王孫)이 처량하다.
청춘 꿈 놀라 깨니 백발 설움 더욱 깊다.

목을 뽑아 뱃속에서 힘차게 올려내는 그 노래에 이번에는 이를 받아

황진이 청산은 내 뜻이요 녹수는 임의 정이,

녹수 흘러간들 청산이야 변할손가.
녹수도 청산을 못 잊어 울어예어 가는고.

노래를 마치고 다시 술잔을 권하니 이를 받으며

이사종 요새 쓴 건가? 그것은 나의 심회로군. 필시 청산은 나요, 녹
수는 자네일시 분명하네.
황진이 네, 이즈막에 그적거려 본 것입니다. 그리고 아무려면 어떻
습니까! 누가 청산이 되고 누가 녹수가 된들! 그러나 사별(死
別)보다는 이런 작별이 낫지 않을까요?
이사종 그러나 어떻게 보면 생이별이 더 힘들지? 단념이 안 되니까
말이야!

이때 밖에서 인기척이 나며 대문을 두드린다. 두 사람 깜짝 놀라 일
어서는데 큰 소리로

이사종 거기 누가 오셨냐고 여쭈어라?

하고, 다가가면 문 앞에서 하인

삼　돌 나으리, 주인 나으리! 저 삼돌이에요.

문을 황급히 열어 주며

이사종 네가 밤중에 예까지 웬일이냐? 집안에 무슨 급변이라도 났느
냐?

초롱불을 들고 들어서며 황진이에게도 인사를 꾸벅하고 아무 구김
살 없이

삼 돌 엊저녁부터 큰마님께서 신양이 계셔서 하마하마 나으리를 기
다렸사온데 점점 더 형세가 좋지 않아서 이렇게 뛰어왔습지
요.

놀라서 한걸음 나서며

황진이 뭐? 마님께서 병환이셔? 어디가 어떠신데?
삼 돌 엊저녁에는 그저 복통이 나신다길래 본병이 도지셨나 해서
노상 쓰는 약을 지어다 드렸더니 그럭저럭 견디셨는데 오늘
저녁에는 점점 더하셔서 몸을 뒤치시고 시방은 헛소리까지
하셔요.
황진이 무엇, 헛소리. 나으리, 어서 가서 보셔요. 어서.
이사종 그 사람 지병은 내가 잘 아는 바고, 내가 이 마당에 갈 수가
있나? 약화제나 바꿔 써 이 애에게 줘 보내지!
황진이 이 마당은 무엇이고, 약화제는 무엇이에요! 어서 가셔요! 어
서! (하고, 방으로 뛰어들어가 의관을 내와서 달려들어 입힌다.)
이사종 이거 참! 내가 알아서 한다니까 그래! 나는 내일 출사(出仕)해
야 하고 자네는 내일 낮 훌쩍 떠나 버리면 어떻게 되지?
황진이 어떻게 되긴 어떻게 되어요! 갈 사람은 가고, 있는 사람은 있
는 사람대로 살아가야지! 어쩌면 더 잘 되었어요, 어서 가세
요! 어서 가!

남자의 몸을 문으로 떠밀어 내다시피한다. 떠밀려 대문 밖에 나서

서 돌아서며

이사종 갔다가 식전 새벽에 다시 오기로 하겠지만 자네가 내일 송도
엘 가더라도 이대로 헤어진다고는 생각 말게! 그저 다니러
간 셈만 치고 있게!

이제 그런 문제를 따질 때가 아니라는 듯이

황진이 이런 경황 속에 그런 일 저런 일 다 잊으시고 오직 큰마나님
병구완이나 빨리 가 잘 하세요!
이사종 알았다 알았어! 나도 알았으니까 자네도 알았지?
황진이 그러면 나으리! 안녕히 살펴 가세요!

허리를 굽혀 인사하고 삼돌의 초롱불에 안내되어 가는 이사종의
뒷모습을 허탈상태에서 바라본다. 얼마쯤 있다가 겨우 정신을 돌
리고 허청허청 대문을 닫아걸고 집 안에 들어서서 여기서도 멈칫
저기서도 멈칫 하다가 평상에 덜컥 앞으로 쓰러지며 통곡을 터뜨
린다. 한참 후 일어나서 확 장구를 앞당겨 치면서 피맺힌 소리로

황진이 어져 내 일이야 그릴 줄을 모르던가,
있으라 하더면 가랴마는 제 구태여
보내고 그리는 정은 나도 몰라 하노라.

후주마저 여운을 남길 때 막이 내린다.

앞의 프롤로그에서와 같은 차림새와 같은 모습으로 나타난 황진이의,

혼 령 여러분들은 전설에서 전 3년은 내가 한양에 가서 살고 후 3년은 이사종이 개성에 나를 따라와서 살았다는 등의 이야기를 듣고 계실 것이나 이것은 어디까지나 허구로서 후인들이 우리의 시한부 애정을 너무 애수하게 여겨 그 햇수를 더 연장해서 유포한 것에 지나지 않습니다. 당시 속담에 여름이면 첩 팔아 부채를 산다는 말이 있듯이 아무리 이사종의 애정이 극진하다손 결국은 부평초 같은 소실생활을 그 이상 더 끌어갈 나도 아니고 또 한번 결단한 것을 뒤집을 나도 아니었습니다. 나는 이사종과 저렇게 헤어진 그 이튿날 아침 한양을 떠나 송도로 돌아왔고 그 후는 설화대로 이 세상에서 아주 자취를 감춘 생활로 들어가고 말았습니다. 이것은 나에게 고독하고 슬픈 길이었지만 나는 이를 악다물다시피 잘 참고 잘 견디었습니다. 그것은 솔직히 말씀드려 한때 천하의 명기로 이름을 드날리면서 뭇남성들에게 여왕으로 군림하고 현관명사와 풍류객들을 공기 놀리듯 하던 나 자신의 늙어가는 흉한 모습을 누구에게도 보이고 싶지 않았던 것이요, 저러한 자기의 절정을 고이 간직하기 위해서는 차라리 죽은 사람처럼 그림자조차도 숨겨 버리는 것이 오직 나의 최선이라고 여겼던 것입니다. 물론 나는 이러한 은거생활중에서 시도 쓰고 음률도 즐기고 때로는 명산대천도 순례하면서 인간의 번민과 무상에서 벗어나려는 자기 정진 속에 있기도 하였습니다. 그런데 알맞게라고나 표현할까요, 나는 얼마 안 가 신병을 얻어 시름시름 앓다가 서른

여덟이 된 봄에 나의 처지론 그야말로 알맞게 이승을 하직하고 말았습니다. 그래도 기안(妓案)의 후배들이 내 시신을 거두어 장단읍 남정현 고개 양지바른 언덕에다 묻어 주었는데 현재 판문점 서쪽 경계선 바로 북쪽이올시다. 이상과 같은 나의 일생을 오늘날까지 흔히들 하나의 숙명적 삶으로 오인하고 통념화하고 있는 모양입니다마는 실은 그것이 내가 죽어서도 이제까지 불만이랄까, 여한(餘恨)이랄까, 이승에 대한 미진(未盡)으로 남아 있었습니다. 그러던 것을 오늘의 시인 구상(具常)이 쾌쾌히 해명해 주고 해소해 주는 것이올시다. 즉 그는 말하기를 "물론 황진이는 지금까지도 세상에서 천업으로 여기는 기생이었던 것이 사실입니다. 그러나 신라시대 기생제도가 생긴 이래 고려, 이조로 내려오면서 그 수효는 하늘의 별 수처럼 많았을 것이고 더욱이나 오늘에 와서도 그 명칭이야 '호스테스', '웨이트리스' 니 하고 바뀌었지만 기생의 수효는 전국 각지 합하면 기만 명이 될 것이지만 과연 황진이만큼 자기의 인간 여건을 스스로 휘어잡고 자기의 삶을 자기가 살고 간 사람이 누가 있겠습니까? 아니, 한걸음 나아가 황진이만큼 자기의 삶을 자각하여 스스로 선택해 가고 결단해 가며 삶의 실존을 당당히 성취해 간 한국의 인간상이 또 어디 있습니까? 한편 시인으로서의 황진이는 그 작품이 시조 여섯 편, 한시 여섯 편밖에 남기지 않았지만 우리의 여심과 그 정한을 저만큼 진솔하고 감각적이면서도 이를 차원 높게 노래한 시인은 아직까지는 없다고 나는 단정합니다." 저만큼 나의 삶과 시가 450년 후, 한 시인에게서나마 이해되고 보람지워지고 있는 데야 내가 이승에 아직도 연연할 까닭이 무엇이 있겠습니까? 그래서 나는 이제 이승에서의 모든 인업의 허물을 벗고 영원한 생명 속에 평안히 깃드는 것이올시다. 여러분들도 부디 여러분들에게 주어진 그 단 일회적인 삶을 독자적으로 구현해 주시기 바랍니다. 바로 이러한 남과의 비교에서가 아닌 삶의 독자성만이 영원한 생명을 누릴 자격을 갖추게 된다는 것을 명심해 주십시오. 그러면 여러분 안녕히 계십시오. 여러분 안녕히…….

이에 어둠 속의 황진이의 혼령이 빛에 점점 싸여 그 모습이 보이지 않을 때 암전되면서 연극은 끝난다.

■문예진흥원 편, 〈제4회 대한민국연극제 희곡집〉(1981)
■KBS-TV, 국립극장, 실험극장 등에서 공연

땅 밑을 흐르는 강

전 3막 6장

때

1991년

곳

서울

나오는 사람들

이진 대학 교수

박혁 대학생

김명희 이진 교수의 조교

전낙천 학생과장

허허 선생 구도자적 기인(奇人)

고몽 시인

조상희 고 시인의 부인

진성문 관리(허허 선생의 조카)

정암 스님

청년 A, 어떤 학생 등

‘어떻게 살아야 하는가’라는 당위의 문제는 시대의 양심인 지식인들에게 ‘실천 이성’으로서 피할 수 없는 문제이다. 그 동안 지식인들이 존재와 당위의 문제, 그들이 선택한 가치관 등을 모호하게만 다루어 왔다는 문제의식 속에서 이 작품은 출발한다.

급진과 보수라는 흑백의 논리 때문에 더욱 좁혀진 이데올로기의 지평 속에서 참된 지식인의 모상은 어떻게 새겨질 수 있는가, 격동기를 사는 지식인과 대학생들의 생생한 육성을 통해 그 해답을 모색하고자 했다. 그들의 모습을 적나라하게 드러낼 수 있는 직접적인 통로는 무엇보다도 그들이 나누는 ‘대화’일 것이기에, ‘희곡’이라는 장르를 택하게 되었다.

어느 편에도 치우치지 않고 거리를 둔 채 급진과 보수의 충돌, 그 사이에서 고민하는 교수―시인 등 지식인들의 나름대로의 입장을 그대로 살려내는 데 역점을 두면서, 이 ‘사상극’을 시도해 보았다.

제1막 제1장

막이 오르면 대학의 교수 연구실.

무대 한편에 성실한 학구도의 모습을 지닌 이진이 책상에서 오른편 손에 볼펜을 쥔 채로 한쪽 턱을 고이고 골똘히 무엇을 생각하고 있다.

한참 만에 반대쪽 출입문에서 '노크' 소리가 들리면, 이에 놀라듯 자세를 바로 한 이 교수가 "네, 들어오세요" 하고 대응을 하자 문이 벌컥 열리며 야심만만한 모습의 박혁 학생이 들어선다.

박　혁　교수님! 저 전대협의 박혁이올시다. 솔직히 용건을 말씀드리자면 교수님도 대강 짐작하시겠지만 저는 민주화 투쟁과 민족사업 때문에 교수님의 사회사상사 과목 이번 학년말 시험을 못 쳤습니다. 그런데 선생님의 학점이 안 나오면 또다시 졸업이 안 됩니다. 그래서 죄송하오나 선생님이 과제를 주시어 리포트를 제출한다든가 무슨 방법이 없겠습니까?

이　진　음, 자네 이름도 알고 자네 활동도 대강 듣고 있으나 나도 솔직히 말해서 학업에 있어서의 그런 반칙은 범할 수가 없네. 더구나 자네는 수강 신청은 해 놓고 실제 수업은 한 교시도 받아 본 적이 없지 않은가?

박　혁　내 이미 그럴 줄 알았습니다. 선생님은 우리들의 민주화 투쟁

이나 민족사업을 부정적으로 보시는 분이니까요! 아니 민족
의식이나 역사의식이 결여된 사람이니까요! 코스모폴리탄이
니까요!

이 진 그건 또 무슨 소리지?

박 혁 아니 우리를 청맹과니들로 아세요. 지난번 〈현대사상〉에 기
고한 교수님의 〈한국 지성의 성찰〉이란 논문 속에 "우리 나
라 지식인의 근거의식이 열이면 열, 백이면 백, 그 모두가
'내셔널리즘'의 범주를 벗어나지 못하고 있음을 통탄한다"고
하지 않았습니까? 그 논문 벌써 우리 서클에서 문제가 되고
공개 성토에 나아가자는 것을 사실은 내가 만류하고 있는 것
도 모르고, 교수님 그런 프티 부르주아적·고답적 지식인의
시대는 지나갔다는 것을 아셔야죠.

이 진 그러면 자네들은 인간의 보편성에는 눈멀어도 좋단 말인가?
모든 사고와 행동을, 민족의 이해만으로 측정하고 판단한단
말인가? 그리고 자네들이 오늘의 현실적 모순이나 부조리에
공분을 느끼고 이를 척결하려는 의욕은 좋으나 오늘의 현실
태를 한마디로 말한다면 오늘을 사는 세대들의 지(知)-정
(情)-의(意)의 총량이 이를 구성하고 있단 말일세. 그래서 그
대들이 오늘의 이 현실을 개혁하려면 오늘의 기성세대들보다
나은 지적 능력과 정서적 순화력과 의지적 견고성이 필요한
걸세. 그렇지 않고서는 그 개혁의 의지나 정열은 아나키즘적
인 파괴에 나아갈 뿐 그대들이 입 담는 정의나 이상사회를 이
룩할 수가 없네. 때문에 그대들은 무슨 투쟁과 무슨 사업보다
도 교실에 복귀하여, 지-정-의의 축적과 함양에 나아가 주어
야 한다고 나는 생각하네.

박 혁 지금은 식민지 봉건적 공리공론을 늘어놓을 때가 아닙니다.

우리 눈앞에는 지금 파쇼 권력 및 독점 자본가들의 온갖 불의
와 착취가 자행되고 있습니다. 이런 상황 속에서 기성세대들
이나 그 지성인들은 그 마비된 양심과 공허한 관념 속에서 깨
어나지 못하고 아직도 파쇼 권력이나 독점 자본가들의 앞잡
이나 나팔수들이 되어 점진주의란 미명으로 우리의 투쟁을
저해하려 들고 있습니다. 그러나 우리는 그런 구시대적 학생
관이나 학원관에 매달리거나 속지 않습니다. 아니 우리는 이
미 해냈습니다. 저 4·19 혁명에서부터 광주인민봉기(광주 민
주항쟁)와 6·10 항쟁, 한걸음 더 나아가서는 저 3·1 운동을
이룩한 2·8 선언이나 광주학생의거에 이르기까지 우리 젊
은 학생의 피땀으로 성공시켰던 것입니다. 우리 학생들이 아
니었다면 오늘의 소위 제6공화국에서 이 정도의 노동자 농
민을 비롯한 계급해방과 민족해방 투쟁이 대중화되지 못했을
것입니다. 무엇보다도 선생님이 좋아하시는 사상과 언론의
자유도 우리 학생들의 숭고한 투쟁이 없이는 이만큼도 못 누
릴 것입니다.

이 진 물론 나도 학생 여러분의 이 나라 이 사회에 기여한 역사적
공훈을 모르거나 부정하는 바는 아니지만 이렇듯 학생들이
자신들의 능력과 한계를 몰라서야…… 그리고…….

박 혁 뭐 논쟁은 더 이상 그만두십시다. 우리의 투쟁, 즉 이 나라의
학생 투쟁은 결코 머물지도 끝나지도 않을 것입니다. 이 나라
에 완전 민족해방과 계급해방이 이루어질 때까지는—그리고
아까 내가 말씀드린 나의 학점 문제는 없던 것으로 해 두십시
다. 졸업이야 연기되도 좋고 아니 제적이 되도 좋으니까요.
어쩌면 우리 혁명전선이나 동지들은 나를 더욱 환영할 것이
니까요.

이 진 도와주지 못해 유감일세. 오직 내가 한마디만 덧붙인다면 참
다운 인생살이란 그렇듯 사회제도의 변혁만으로 성취될 수가
없는 것일세. 내가 바라건대 자네도 좀더 투쟁보다 학업으로
돌아와 자기 시간을 갖고 삶의 근원 문제에 사색을 기울여 주
었으면 하네.

박 혁 교수님! 그런 인생이 어떻구, 존재가 어떻구 하는 것은 다 배
부르고 등 따스한 사람들의 노랫가락이지 배고프고 헐벗고
억눌림 속에 있는 민중들에게는 꿈 같은 소리입니다. 오직 우
리에게는 혁명과업을 위한 임무수행! 투쟁, 투쟁, 투쟁, 불퇴
전의 투쟁이 있을 뿐입니다. 자, 그러면 교수님, 이만 물러가
겠습니다. 그러면서도 교수님과 사제지간이 되었던 인연에서
마지막 충고라면 교수님은 이 엄숙한 역사적 현실 속에서 민
중편에 서느냐, 그렇지 않으면 억압자의 편에 서느냐, 한쪽을
택하셔야 합니다. 지금도 늦지 않습니다. 민중의 편에 설 결
심이 서면 나를 불러 주십시오! (하고, 일어서 인사를 하는 둥 마
는 둥 하며 문을 열고 나간다.)

이 진 (몸을 의자 뒤로 제쳐 기대며 독백) 민중의 편? 억압자의 편? 편,
편, 편, 편을 가르고 편에서만 사는 세상!

이때 조교 김명희 들어와서 좀 걱정스러운 표정으로 선 채 묻는다.

김명희 교수님! 박혁이가 뭐래요? 교수님께 무슨 성토문 같은 것을
전달하지는 않았나요?

이 진 아니. (심드렁한 말투로) 그저 민중의 편이 되든지 억압자의 편
이 되든지 양자 택일을 하라는 충고였어! 참으로 아이러니컬
하지. 저들이 소위 체제 전복 운동에서 시작했는데 그들이 이

제는 더욱 체제화되어 가고 남의 자유도 몰수하려 드니 말이다.

김명희 그 애는 주사파(主思派)라 더욱 그래요.

이 진 주사파. 음, 주사파.

김명희 그 왜 있지 않아요. 주체사상파, 김일성주의자 말이에요. ML파는 맑스 레닌주의자고요, 주사파는 투쟁밖에 몰라요.

이 진 그런 사상이나 주의에 영향을 받은 학생들이 있다고는 알고 있지만 그들이 파벌을 형성할 정도란 말인가? 더구나 자유와 민주와 반독재 투쟁을 한다는 그들이 김일성주의나 맑스 레닌주의를 신봉한다니 모두가 아이러니야!

김명희 그럼요! 그 파벌 싸움은 아주 심각한가 봐요. 총학생회장 선거에서부터 각종 서클 임원에 이르기까지요. 그건 그렇구요. 교수님! 좀 조심하셔야겠어요. 학생회에서 교수님을 공적으로 성토하느냐 안 하느냐 문제가 되었대요.

이 진 왜? 무얼 가지고?

김명희 표면상 문제로 삼는 것은 교수님이 〈현대사상〉에 기고하신 〈한국 지성의 성찰〉이란 논문이 민족주의와 민족의 자주성을 부정한다는 논란이지만, 저는 몰랐었는데 교수님이 복도에 써 붙인 학생들의 만평(漫評)그림을 떼서 휴지통에 버리셨다면서요.

이 진 그런 일이 있지. 저번에 수업을 하고 나오는데 왜 교실 옆 화장실 있지. 그 입구 벽에 입을 벌린 대통령 얼굴과 칼로 배를 찔린 몸뚱이가 그려져 있는데 글쎄 그 아래쪽에 뭐라고 써 있는고 하니 "노 아무개 아가리에다 똥을 퍼 넣고 그 배싯대기에다 칼을 꽂으라"고 적혀 있는 게 아닌가! 하도 망측해서 그대로 스칠 수가 없어 내가 오가는 학생들이 보는 데서 그것을 떼서 찢어 휴지통에 버리고 무슨 신기한 구경이나 보듯 하는 학생들에게 "이게 대학 벽에 나붙을 그림이며 글씨인가? 가령 공분(公憤) 속에서 이렇듯 증오가 치열하고 살의가 있다면 차라리 이런 짓을 말고 칼이나 총을 품고 청와대 주변이나 그 어떤 행사장에 잠복해 들어가라"고 그랬지! 그랬더니 그 자리에선 모두들 잠잠하던데! 그게 무슨 내가 비난을 받을 사유가 되는가?

김명희 하기는 불과 2, 3년 전 저희가 학부 때만 해도 운동은 운동이고 교수님같이 양심적인 분에겐 또 그런 분의 교훈이나 지도에 무조건 따르고 존경했었는데 요새 애들에게는 그런 양심의 선도 무너졌나 봐요.

이 진 네 말이 맞았다. 인간이 지닌 자연양심의 선도 무너졌나 보다. 그러니까 오늘 아침 신문에 났더라만 이웃 대학 학생들은 창립자 동상에다 줄을 매고 구덩이를 파 놓고 자기네 요구가 관철되지 않으면 동상을 쓰러뜨려 파묻겠다고 으르고 있다지 않은가. 이리 되면 짐승들보다도 못하지. (여기서부터는 독백이 된다.) 그렇다고 이들을 내칠 수도 없고 잡아 가둘 수도 없고 어쩌지? 이를 어쩌지?

김명희 교수님, 교수님, 너무 상심 마셔요. 그래서 아마 중국의 민주화 운동이 실패로 돌아가나 봐요. 개방주의 지도자 등소평이 독재자로 변신하나 봐요.

이 진 그래선 안 되지. 우리도 중국처럼 도루묵이 되어선 안 되지. 우리에겐 그래도 여―야를 막론하고 민주주의를 향한 공동의 여망은 있으니까! 그런데 문제는 이런 국민의식의 타락을 계급혁명에다 접목하는 학내외의 좌경 세력들이 문제야!

이때 노크 소리 들리며 전낙천 학생과장이 들어선다. 김 조교는 인사하며 나가고 두 사람은 대좌한다.

이 진 이거 과장님이 어떻게 소생의 방엘 다 오시구! 뭐 또 데모라도 났는가?

전낙천 데모야 연중휴무지. 골치야, 골치. 행정직 안 맡은 이 교수야 신선노름이지만 이거 허구한 날 애들과 실랑이질을 해야 하니 무슨 빌어먹을 팔잔가!

이 진 전 교수 수고가 많네! 그래 오늘은 또 무슨 투쟁인가?

전낙천 평양축전 참가 투쟁이라네! 젠장, 정부는 왜 막는지 몰라. 북조선이 좋아, 김일성이 좋아 가겠다는 애들 백 명이고 천 명이고 만 명이고 다 보내서 실컷 보고 오라지! 아니 그 사회가 좋으면 그곳서 제발 살라지들. 신문에 보니, 왜, 소련 거주 미카엘 박이라는 역사학 교수도 그런 말을 했더군. 김일성 세상을 직접 맛보게 하면 남한의 주사파 학생들의 환상은 깨질 것이라고.

이 진 그것은 역시 그가 고국에서 떨어져 살기 때문에 우리 사회의 구성이라든가 정황에 대해서 너무 몰라서 하는 이야기요, 또 전 교수는 하도 속을 썩이니까 하는 소리지. 손쉬운 비유로 철없는 어린이가 불가마 속이나 물구덩엘 뛰어들겠단다고 "오냐! 어서 혼이 나 봐야" 하며 뒷짐지고 섰을 부모가 있는가? 그와 마찬가지로 걸핏하면 우리 학생들은 북조선엘 간다고 하는데 만일 정치 현실에 대한 냉엄한 자각이 없는 상태의 그들을 그대로 방치한다면 우리는 가족적으로나 사회적으로 그 어떤 비극을 초래할지 상상도 못할 걸세.

전낙천 하기야 나도 억하심정에서 하는 소리지. 정부나 기성세대들이 우리 젊은이들에게 그렇게 무책임할 수야 없겠지. 그건 그렇고 이 교수! 내가 온 것은 다름이 아니라 박혁이 문제인데 그 애 사회사상사 학점 어떻게 좀 내 줄 수 없겠는가? 이 교수도 알다시피 그 애가 문제 중의 문제인 학생이거든. 그 녀석의 졸업을 이번에 또 유보시켜 보았자 그는 이 학원투쟁을 직업적으로 삼고 있는 애니까 구제불능이란 말일세. 그러니 학교 당국이 선심 쓰는 셈치고 졸업을 시키자는 말일세. 그래서 내가 학장하고도 상의를 했고 강의 담당 교수들에게도 사발통문을 돌리고 있는 중일세.

이 　진　이미 난 박혁 당자에게 거절했네.

전낙천　그 얘기 듣고 왔네. 학교 방침도 그렇고 하니 재고해 줄 수 없겠나?

이 　진　난 교육자의 양심상 그것만은 못 하겠네. 그리고 다른 순수한 학생들과의 형평의 문제도 있지 않은가?

전낙천　그 교육자의 양심이니 지성인의 양심이니 하고 양심 좀 쳐들지 말게. 누구는 양심이 없다든가! 오직 대의를 위해서 소의를 희생할 뿐이지. 행정직 맡은 사람들의 대국적 형편도 생각해 줘야지. 그렇듯 학교에 비협조적이고 소아적 양심만 만족시켜서야! 그리고 이 교수! 자네의 그 독선이 학생들에게도 지탄을 받고 있다는 사실을 알기 바라네. (하고, 전낙천 분연히 자리를 뜬다.)

이 　진　행정 책임을 진 분들의 고충도 알지만…… 어쨌거나 미안하이.

일어서서 등뒤에 대고 말하지만 전 교수는 돌아보지도 않고 나간다.

이 진 (독백으로) 대의를 위해서 소의를 희생한다…… 양심을 속이
고 또 하나의 폭력에 굴복하는 것이…… 대의? 대학 당국에
는 비협조적이고 학생들에게는 독선적이고…… 이거 샌드위
치로군…… 음.

제1막 제2장

장소는 찻집 '초가', 그 이름에 어울리게 실내가 장식되어 있고 소
목(素木)으로 된 다탁(茶卓)이나 의자에 손님들이 군데군데 앉아
있는 한가운데쯤에 머리를 빡빡 깎은 70대 노인 허허 선생과 수척
하고 병약해 보이는 고몽 시인, 한쪽 옆으로 그의 처 조상희가 약간
구부린 채 서명첩 같은 큰 노트를 갖고 있다.
이때 한켠 입구로부터 여종업원의 안내를 받으며 책가방을 든 이
진이 들어와 허허 선생에게 공손히 인사한다.
허허 선생은 반쯤 일어서서 반기며 손을 두 손으로 맞잡고,

허허 선생 오오 이진 교수, 반갑고 기쁘고 고맙네. 학교에서 바로 오
는가?
이 진 네, 오늘 수요일은 제가 선생님 찾아뵙는 정기일 아닙니까?
늘상 뵙는데 저에게까지 반갑고 고맙고 기쁘시긴요?
허허 선생 만남은 늘상 반갑고 고맙고 기쁜 것이지! 인간에게 만남
이상 소중스러운 것이 또 있나.
이 진 또 선생님의 만남의 신비철학이시군요. (하면서, 고몽과도 악수

를 하며) 고 시인 참 오래간만이군요. 아 부인께서도 나오셨군
요, 요새 건강은 좀 어떠십니까?

고　몽　(콜록콜록 기침을 하며) 네, 그저 그렇습니다만 하도 답답해서
이렇게 명동까지 나와 봤습니다.

허허 선생　그런데 이 교수, 마침 잘 왔소! 이 고몽 시인이 병상을 박
차고 나와 오늘 아주 긴급한 비상 제안을 하신단 말씀이야! 그
게 무언고 하니 왜 그저께 신문 사회면 맨 밑구석 색연필난엔
가 보도된 월남 난민선이 우리 나라 근처에 표류, 착륙했다가
거절당하고 공해로 추방당하자 그 배에 타고 있던 난민 78명
이 배에 불을 지르고 바다에 뛰어들었다는 사건이 있지 않소.

이　진　네, 저도 신문 보도는 보았습니다…… 그런데요?

허허 선생　우리 해양 경찰이 우선 이들을 구조한 모양이지만, 그 불
로 인해 고장난 배를 수리한 뒤에는 다시 난민들을 태워 공해
상으로 내보낼 방침이라지 않아. 그 기사를 읽고 이 고몽 시인
은 도저히 같은 인간으로서 가만 있을 수 없다고 병상에서 이
렇듯 구출 호소문을 작성해 가지고 나와 이 초가집에서 서명
운동을 해서 당국에 제출하자는 거야! 저 부인은 지금 절대 안
정이 필요한데 이런 일에 열을 올리다간 병세가 악화된다고
말리고, 이 교수 어쩌면 좋겠나.

이　진　음, 참.

고　몽　선생님, 어쩌면 좋겠나가 아닙니다. 이 교수님 안 그렇습니
까? 어떤 나라 사람이 망명을 해 와도 인도상 이를 거절할 수
없거늘 월남은 우리 나라가 그 국민들을 공산당 손에서 구출
한다고 참전까지 했던 나라가 아닙니까. 아마 모르긴 몰라도
우리 대통령도 파월 장교의 한 사람이었을 것입니다. (콜록콜
록) 그런 우리들이 바로 그 공산 정권 지배하에서는 못 살겠

다고 뛰쳐나와 30톤짜리 배에 몸을 싣고 망망대해를 구사일
생으로 표류하여 이 땅에 닿은 난민들을 나 몰라라 추방하니
그들은 죽음을 택할 수밖에요. 그렇듯 죽음까지 택했던 난민
들을 이제 또다시 추방할 방침이라니 이것이 어디 인도상 있
을 수 있는 일입니까? (콜록콜록) 우리 나라 사람들에겐 이제
인정도 눈물도 없단 말입니까? 그렇듯 이재민 구호니 이웃
돕기에 앞장 서기를 잘하는 신문사들의 그 보도 태도는 무엇
입니까? 아마 개들이 한꺼번에 일흔여덟 마리가 빠져 죽었다
해도 이처럼 쓰레기 기사 같은 취급은 안 했을 것입니다. 이
나라 그 많은 자선 단체, 그 많은 종교 단체…… (콜록콜록, 콜
록콜록) 그들은 다 무엇들 한답니까? (콜록, 콜록, 콜록)

조상희 (노트에 무엇을 쓰다 중단하고) 여보, 이제 그만하세요. 글쎄 이
러다가 무슨 일 내겠네요. 여보, 그 당신이 쓴 구출 호소문을
허허 선생님께 드리고 우리는 이제 집으로 가 보십시다.

고 몽 음, (다시 콜록거리며) 이 교수님도 이거 읽어 보아 주십쇼. (하
며, 손에 들었던 호소문을 건넨다.)

이 진 네, 물론 읽겠습니다. 그리고 서명운동은 제가 허허 선생님과
의논해서 할 테니 고 시인께서는 부인 말씀대로 댁으로 들어
가서 안정 요양을 하시지요.

허허 선생 그래, 그래, 그게 좋다. (하며, 고몽 시인의 한 팔을 끌어 일으
킨다. 이에 할 수 없는 듯 일어나며)

고 몽 그러면 선생님, 또 이 교수님! 이거 한시가 급합니다. 제가 웬
만큼만 기운이 있으면 이 자리에서 여기 모인 분들께 읽어 드
리고 다만 몇 명의 시민에게라도 서명운동을 벌여야 하는데,
(콜록, 콜록, 콜록) 선생님, 이 교수님 두 분만 믿습니다. 제가
모든 인간에게 절망 안 하고 죽을 수 있도록……. (하고, 적당

히 인사를 나누며 고몽 내외 찻집을 나갈 때 허허 선생 그들을 입구
쪽까지 가서 두 손 잡고 악수하며 배웅한다. 이때 고몽 내외 나간
문으로 진성문 들어오며 허허 선생께 인사하고 이진은 구출 호소문
을 읽고 있다.)

　　허허 선생과 진성문, 의자에 함께 앉으며

허허 선생　너 성문이 반갑고 고맙고 기쁘다. (이진을 소개하며) 이분은
　　광명대학 교수, 이 사람은 내 조카인데 내무부 관리지. 너 그
　　런데 여기까지 어쩐 일이냐? (이진은 호소문을 읽음)
진성문　네, 그저 큰아버지 뵌 지도 오래구요. 그리고 집의 아버지께
　　서 내일은 큰아버지 생신이시라 저녁은 집에 오셔서 잡수시
　　래요. 매년 사양하시지만 올해는 희수(喜壽)도 되시고 하
　　니…….
허허 선생　그렇던가 허허! 그렇지만 매일매일이 신비의 샘이요, 나는
　　날마다 새로 나는데 생일은 무슨 생일, 너의 아범이나 어멈에
　　게 고맙다고 그러고 맘 쓰지 말라고 일러라. 그런데 마침 너
　　왔으니 말인데 너도 월남 난민 보도 보았느냐?
진성문　'보트 피플'인가 하는 사람들 말이에요? 그거 뭐 종종 있는
　　일인데요. 뭘 어디 한국뿐인가요? 필리핀, 대만, 일본, 호주,
　　미국 어디 안 가는 데 없어요. 그 때문에 각 나라가 골치들을
　　앓고 있죠.
허허 선생　그들을 어떻게 구출할 방도는 없겠니? 더구나 이번엔 우
　　리 앞바다에서 집단 투신 자살을 하려고 들었다지 않겠
　　니……. 그들의 구출 서명운동을 내가 일으키려는데 네 생각
　　은 어떠냐?

진성문 큰아버지는 세상 이제 초탈하신 분, 아예 그런 일에는 상관 마세요. 그런 불법 입국자 문제는 지금 여러 나라에서 큰 문제로 대두되고 있어요. 가령 독일에 있어서는 그것도 고용 이민을 해 온 터키 사람들을 돌려보내느라고 지금 온갖 수단을 다 쓰고 있고요, 일본도 불법 고용 외국 노동자의 추방 문제로 논란이 일고 있고요, 우리 한국 형편으로는 지금까지 받아들여 수용하고 있는 월남 피난민의 생활대책에도 부심하고 있는 처지입니다. 큰아버지 공연히 세상의 웃음만 사지 마시고 그런 일에는 아예 상관 마세요.

허허 선생 응, 네 말도 일리는 있다. 하지만 너 그 호소문 한번 읽어 보지 않겠니? (그러면서 호소문을 다 읽고 두 사람의 대화를 그저 듣고만 있는 이진 교수에게) 이 교수, 그거 다 읽었나?

이 진 네, 여기 있습니다.

진성문 아니 저 그거 읽으나마나올시다. 그리고 큰아버지, 저 좀 바빠서요. 그만 가 봐야 되겠어요. 그럼 큰아버지께서는 내일도 집에 못 오시는 거죠? 그럼 저는 이만 실례합니다. (하고, 일어선다.)

허허 선생 그래 그래, 너희야 눈앞 일에 늘상 바빠서 베트남 난민 생각할 겨를이 있겠니? 그래, 그래, (그 자리에서 일어나) 반갑고 고맙고 기쁘다. 잘 가라. 너희 아범이나 어멈에게도 고맙다고 전해라.

이 진 선생님! 선생님께서 고희연을 사양하신 것을 이미 알고 또 저희도 선생님의 그 허례를 기피하시는 뜻을 이해합니다만 선생님 계씨 댁에서의 가족적 희수 축하연까지 거절하실 것이야 없지 않습니까?

허허 선생 글쎄, 이 교수, 실은 말이야 내 아내가 일찍 세상을 떠나고 난 다음엔 이렇듯 반승반속(半僧半俗)으로 홀로 살며 조상 제사도 아우네에게 모시게 하고 사니 내가 내 생일 찾아 먹게 생겼는가, 허허허. 그건 그렇고 그 호소문 어떻든가?

이　진　구구절절이 다 옳지요. 그런데 아까 선생님 조카분 말씀을 들어 보니 선생님께서는 이런 세상사에는 초연하게 계시는 것이 좋을 것 같습니다. 만일 이 초가집에서 발의를 했다가 그게 여의치 않았다든가, 또 어느 정도 서명은 얻더라도 그 성과가 없다면 그 후문이 덜 좋을 것도 같습니다. 그렇지 않아도 선생님을 대낮에 꿈꾸는 사람으로 알고들 있는데, 저에게 맡겨 주십시오. 제가 학교 가서 학생들과 상의를 해 보게요…….

허허 선생　대낮에 꿈, 좋지! 대낮에 등불을 들고 아테네의 거리를 누비며 "사람은 없는가, 사람은 없는가" 하고 참사람을 찾아 헤맨 사람도 있는데, 뭘! 아까 고몽 시인이 마지막 무엇이라고 말하고 가던가? "선생님! 이 교수님 두 분만 믿습니다. 제가 모든 사람에게 절망 안 하고 죽을 수 있도록……"이라고 당부하지 않던가?

이　진　네, 저도 고몽 시인의 그 말이 무슨 유언같이 들렸습니다.

허허 선생　한 시인의 순수한 우주적 감각이나 우주적 연민이 병상 속에서도 그처럼 구체적으로 발동되어 이 호소문을 만들고 이 초가집으로 그것을 들고 나왔다는 사실이 그야말로 반갑고 기쁘고 고맙기 그지없네. 세상 모두가 전략적 가치에 눈이 벌건데 이런 사람이 그래도 있다는 사실 하나만으로도 희망을 갖게 되네, 이 교수!

이　진　네. (더 이상 할 말을 찾지 못한다.)

허허 선생　우리가 더 이상 애기만을 하고 있을 게 아니라, 실천에 옮

기세. 우리 둘이 먼저 서명하고 내가 이 초가집 전 손님들에게 양해를 구할 테니까 이 교수가 그 호소문을 낭독해 주지 않겠나. (하며, 호소문에 먼저 서명한다.)

이 진 네. (하며, 허허 선생의 거동에 그저 따른다.)

허허 선생 (일어서서 좌중을 둘러보며) 여러분, 잠시만 내 얘기를 들어 주십시오. 오늘은 이 허허가 여러분들에게 구걸할 게 있습니다. 물론 그것은 물질적 구걸이 아니라 인정의 구걸입니다. 자세한 것은 광명대학 이 교수의 호소문 낭독으로 설명을 대신하겠습니다. (좌중 정숙)

이 진 빈사 직전에 있는 월남 난민 구출 호소문…… 여러분들도 때마다 신문 소식을 통해 알고 계시겠지만 월남 난민들, 즉 보트 피플 말입니다. 그런데 그 난민들 78명이 우리 한국 땅에 입항했다가 상륙 거절을 당하고 공해로 추방되자 이들은 더이상 갈 곳도 갈 수도 없으니까 배의 기관실과 조타실에 불을 지르고 전원 바다에 뛰어들었다는 것입니다. 다행이랄까 이들의 배를 공해로 추방하고 감시하던 우리 해경 경비정에 의해 모두 목숨은 건져져서 지금 제주도 성산포항에 수용하고 있으나 이제 그 사고 난민선이 수리되는 대로 당국은 다시 이들을 태워 공해상으로 내보낼 방침이라는 것입니다. 한마디로 이들은 또 어디로 가란 말입니까? 그들은 이미 한 달 가까이 태평양을 표류했다고 합니다. 신문에 보도된 그 난민 중한 처녀의 술회에 의하면 "가도가도 망망대해였습니다. 낮에는 머리가 빠개지도록 뜨거운 태양이 괴롭혔고 밤에는 살을 에이는 듯한 추위에 떨어야 했습니다. 음식이며 물이 떨어진지도 여러 날이 됐습니다. 처음에 배에 탔던 사람은 백 명이 넘었는데 어느 사이엔가 절반 가까이로 줄어들었습니다. 우리는 산송장들이나 다름없습니다."라는 것입니다. 바로 그 산송장들을 이제 또다시 우리가 내쫓으려는 것입니다. 우리는 이제 인정도 눈물도 없습니까! 저런 소식을 듣고도 어떤 낯설은 집 부고 광고인 양 그저 보고 넘기고만 있을 것입니까? 여러분도 다 아다시피 우리 한국은 월남의 공산화를 막는다고, 그들을 구출한다고 참전까지 했던 국민들입니다. 바로 그 국민이 공산당 지배하에서 뛰쳐나와 살려 달라고 한국을 찾아왔는데 이제는 나 모른다고 해야 옳습니까? 여러분, 우리도 6·25 때 모두 피난살이를 해 보고 그 설움을 맛본 사람들이 아닙니까? 우리는 저들을 구출합시다. 그래서 이 땅에서 함께 살도록 합시다. 비좁고 어려운 살림 속에서라도 함께 살아가도록 하십시다. 이러한 선량한 우리 시민의 인도적인 뜻을 당국에 전하십시다. 많은 시민의 동참 서명을 바랍니다. 이상입니다. ……솔직히 말씀드리자면 이 구출 호소의 발상은 실은 허허 선생님이나 제가 한 것이 아니라 여러분도 그 이름은 아시겠지만 고몽이란 현재 중병을 앓고 있는 시인의 그 순수한 인류애와 인인애(隣人愛)에서 우러나온 것입니다. 그는 조금 아까 이 호소문을 직접 작성해 들고 왔었습니다. 그리고 연달아 나오는 기관지 천식에 못이겨 돌아갔습니다만 허허 선생님과 저에게 자기가 모든 사람에게 절망 안 하고 죽을 수 있도록 부탁한다는 것입니다. 그러면 이제부터 이 호소문과 서명 노트를 돌릴 터이니 이를 찬성하시는 분은 성명-연령-신분-주소 등을 기입해 주시기 바랍니다.

장내 온통 박수가 터진다. 그러나 한쪽 구석 젊은이 패에서 좀 비아냥거리는 어조로

청년 A 교수님, 또 허허 선생님, 나는 이의가 있습니다. 그 월남민들을 구출하는 건 좋은데 그들이 가령 우리 나라에서 살게 되면 누가 어떻게 그들을 먹여 살린다는 대책이 있어야 할 게 아닙니까? 당국도 공연히 그들의 상륙을 거절하는 것은 아닐 것입니다. 결국은 그 대책이 없으니까 그런 거지요. 가뜩이나 비좁은 이 땅에 그 보트 피플인지 떨거지들을 무모하게 맞아들여 어쩌겠다는 것입니까? 그들은 사실 어엿한 조국을 가지고 있습니다. 물론 자주 독립의 초창기라 경제적으로 생활 형편은 어렵겠지요. 그러나 그들이 저렇듯 죽음을 걸고 조국을 탈출하는 덴 그만한 이유가 있을 것입니다. 가령 과거 부르주아지여서 민중을 착취했다든가 미제와 결탁하여 국민을 탄압했다든가 하는 그들 사회에서는 용납 안 되는 범죄를 범한 자이든가 그 부역자나 끄나풀임에 틀림없습니다. 그런 조국의 배반자들을 이 땅에 붙여서 어쩌잔 말입니까. 그리고 우리는 앞으로 신생 베트남 공화국과 정치면에 있어서 경제면에 있어서 긴밀한 유대를 가져야 합니다. 아니 우리 경제인들은 벌써 사이공이나 하노이를 들락거린다고 하지 않습니까? 그런 현실적 국면도 모르고 저들 모국 배반자들을 수용했다간 우리 국익에도 배반됩니다. 이런 몰역사적이고 반현실적인 유치한 행동에 나아갈 것이 아니라 좀더 우리의 역사와 현실을 직시하고 서명을 한다면 노 정권 타도 서명을 한다든가 노조 투쟁에 동조 서명을 한다든가 하십시다. 여러분 내 말이 맞지요. 안 그렇습니까?

이때도 그 좌석을 비롯해 박수가 인다.

이 진 네, 그 의견도 잘 들었습니다. 그러나 현실도 좋고 국익도 좋지만 인간에겐 인도와 인정이라는 게 있습니다. 길에서 어떤 죽어가는 사람을 만났을 때 그가 사상이 자기와 맞든 안 맞든 구하는 것이 사람의 길이요, 또 굶주려 죽어가는 사람에게 자기도 죽밖에 못 먹는 사람이지만 그 죽이라도 나누어 먹는 것이 인정이 아닐까요? 그리고 월남의 소위 보트 피플은 처음에는 모두가 정치적 난민이었는데 이제는 하나같이 경제 난민들이라는 것입니다. 공산 베트남의 경제는 지금 거덜날 대로 거덜나 있고 좋아질 가망도 전혀 보이지 않기 때문에 어차피 못 살 바에야 외국 땅에다 한 가닥 희망을 걸고 통통선에 몸을 싣는다는 것입니다. 그리고 이 좁아 터진 땅에 외국인을 받다니…… 하는 얘기들이 흔히 하는 말이지만 우리들의 앞으로 이민과 또 이미 나가 있는 전세계에의 수백만 교포들은 생각 안 하십니까! 우리가 앞장 서 인류적 견지에서 인간애를 보여야 앞으로 우리의 이민사업이나 교포들의 그 개척지에서 생활이 순조롭고 윤택해질 것입니다.

이때 이 교수의 말을 저지하고 나서며

허허 선생 이제 논쟁은 그만들 두시라고. 이런 일은 논쟁으로 해결될 문제가 아니요, 모두 각자의 자유의사에서 서명을 하기도 하고 안 하기도 하고, 여러분 그것이 좋지 않겠습니까!

다방에서 옳소, 옳소, 소리와 박수 소리가 나고 청년 A와 그 일파들은 나가면서 조롱조로

청년 A 어서들 잘해 보시라구. 대낮에 꿈꾸는 허허 선생을 당수로
모시고!

이때 막이 내린다.

제2막 제1장

막이 오르면 광명대학교 정문의 한쪽 통로에 머리에 붉은 띠를 두
른 박혁을 비롯한 학생들이 우쭐우쭐, 땅에 그려진 성조기 양 옆에
늘어서 있다.
그들은 '남북 통일을 저해하는 미군은 이 땅에서 물러가라!', '남
북 분단의 원흉 미제는 철수하라!', '무력침략 작전 팀스피리트 중
지하라', '양키에게 죽음을 민족에게 통일을', '미제의 앞잡이 노
정권을 타도하자!' 등 각종 플래카드 등을 들고서 마침 한 학생이
성조기를 밟고 지나가자 박수와 환성을 올린다.
어떤 학생들은 저쪽 또 한쪽 문을 통해 지나가며 이쪽을 흘끔흘끔
쳐다보면 마이크를 입에 댄,

박 혁 애국 학생 여러분! 우리는 반만년 민족 정기를 되살려 미제국
주의를 반대하고 응징하는 증거로 여기 성조기를 짓밟고 지
나갑시다. 그래서 역사의 반역자가 되지 맙시다.

하고, 외쳐댄다. 이때 어떤 남녀 학생 둘이 같이 들어오다 멈칫 놀

라 서 있자

박 혁 (확성기로) 우리는 주저할 때가 아닙니다. 애국적 용기를 갖고 행동할 때입니다. 우리 민족의 원수 미제의 성조기를 어서 쾅쾅 짓밟고 지나가십시오.

을러대면 둘은 그 기세와 분위기에 눌려 성조기 위를 종종 걸음쳐 지나친다. 이때 이진이 들어오다 멈칫 서고

박 혁 여러분! 8·15 때 우리 국토를 분단시킨 것도 미제국주의요, 6·25 동란의 발발 원인도 미제국주의요, 오늘의 남북 통일을 저해하는 것도 바로 미제국주의입니다. 미제국주의의 이 땅에서의 완전한 타도와 분쇄와 추방 없이는 우리의 통일도 독립된 자주도 불가능합니다. 이러한 우리 민족의 원수의 깃발을 짓밟는 것은 우리의 민족 정기를 다시 찾는 길입니다. 여러분.

이때 학생들이 또 몇 명 들어서면서 이진이 밀리어 성조기 앞에 나서게 되자, 줄 선 학생들이 박수와 환성을 지르며

박 혁 아아! 이진 교수님, 교수님도 우리 학생들의 애국적 행동에 동참해 주시겠습니까? 감사합니다. 선생님께서 이렇게 용감하게 나오실 줄은 미처 몰랐습니다. 교수님께서 이번 우리 전선에 함께 서 주신다면 교수님께 대한 이제까지의 우리의 회의도 불신도 완전히 불식될 것입니다.

이 진 (박혁을 보며 소리쳐) 박군, 박군, 나 그 마이크 좀 빌려 주겠나!

여러분들 내 말을 좀 들어 달라고…….

박혁, 마이크를 가져다 줄 것을 머뭇거리고 있으나 군중 속에서 한
학생이 소리친다.

어떤 학생 무슨 이야긴지 교수님 얘기도 한번 들어 보자구, 적인지
동지인지 확실히 알아야 할 게 아냐.

하자, 일동 자못 자기들의 불장난이 재미있어 간다는 듯 "옳소"와
박수 소리가 요란하다. 양쪽 문으로 들어오던 학생들이 우 몰린다.
그때야 마지못해 박혁은 이진에게 다가와 마이크를 넘기며

박 혁 이제 또 교수님이 반동으로 나가다간 끝장입니다. 끝장, 알아
서 하십시오. (하고, 위협한다. 그러나 이진은 그 말엔 대꾸 않고
마이크를 입에 댄다.)

이 진 학생 여러분, 글쎄 이게 무슨 짓들입니까? 역사적 사실이나
그 인식의 옳고 그름은 둘째로 하고 또 타국에 대한 비판이나
반감은 자유라고 하고 이게 글쎄 남의 나라 국기를 짓밟고들
있으니 이런 야만적 행위가 어디 있습니까? 그것도 지성을
지녔다는 대학생들이 말입니다. 가령 한번 바꿔서 생각해 봅
시다. 만일 미국의 어느 대학교에서 태극기를 짓밟는 사건이
일어났다면 여러분은 어떻겠습니까? 아마 그날로 국교를 단
절하자고 나설 것입니다. 아니 그 치욕감과 마음의 상처를 영
원히 씻지 못할 것입니다. 나는 일제 때도 왜경이나 헌병이
태극기를 찢었다든가, 불살랐다는 소리는 들었어도 태극기를
짓밟았다는 소리는 못 들었습니다. 그리고,

이때 오가는 학생들은 계속 늘어나고 장내에서 "듣기 싫소" 하는
소리와 "얘기는 다 듣고 봅시다" 하는 소리가 맞선다. 이진은 못 들
은 체한다.

이 진 그리고 우리의 삶이라는 것이, 아니 세계 어느 나라의 삶도
국제적으로 고립해서 살 수가 있습니까? 정치도 그렇지만 특
히 경제라는 측면에서 우리가 지금 미국을 배척하고 일본을
배척하고 또 어떤 나라를 배척하고 존립할 수가 있습니까?
우리 산업의 90퍼센트가 그 원료면에서나 기술면에서나 또
는 공급면에서 외국 의존이 아닙니까? 그런 한국의 젊은이들
이 툭하면 반미 시위다 미국 문화원 점거다, 이제 와서는 성
조기 짓밟기에까지 나섰으니 이게 될 말입니까? 이것은 여러
분들이 내세우는 애국애족에도 배치되는 게 아니겠습니까?
지금이 어떤 시대입니까? 그렇듯 사상과 무력으로 대치하던
소련도 중공도 또 북한까지도 미국과 화친하여 통상에 나아
가고 있고 나아가려는 시대가 아닙니까? 이런 시대에 여러분
들의 이런 행동은 역사를 역행시키려고 하는 것입니다. 이성
을 회복하십시오.

이때 또 군중 속에서 "듣기 싫소" 하는 소리가 연거푸 나고 이에 맞
서 "토론을 하시오, 반대 토론을 하시오" 하는 소리가 들린다. 그러
자 박혁은 이진에게 다가와서 마이크를 빼앗는다.

박 혁 여러분, 애국 학생 여러분, 여러분은 미제국주의 식민지 정책
에 아주 머리가 젖은 기성 지식인의 왜곡된 변설에 현혹되지
마시기 바랍니다. 누가 가만 있는 미국을 괜히 증오하고 응징

하려는 것입니까. 8·15부터 총칼을 든, 아니 중무장을 한 미국 군대가 이 땅에 들어와 강점하고 있는 것은 엄연한 사실이요, 또 삼척동자도 다 아는 바가 아닙니까. 거기다가 이 남반부 영토에다 핵기지까지 설치해 놓아 여차하면 6천만 남북 동포가 하루아침에 전멸을 당할 가공할 처지에 놓여 있다, 그 말씀입니다. 그리고선 때마다 북조선의 핵사찰 어쩌구 하면서 한편 자기네 군대는 한국을 위해서 철수를 하느니 못하느니 입에 발린 소리를 하고 있습니다. 어서 나가 주면 그만예요. 우리의 민족 해방과 통일은 그날로 금방 돼요. 말로 되든지요, 힘으로 되든지요, 우리끼리인데요, 뭘. 체제야 우리 민중이 선택하고 결정할 것이 아닙니까? 아니 이렇게 말하기보다 우리는 교수님께 하나 물읍시다. 자기 나라에 남의 나라 군대가 주둔하는 것이 정상입니까, 남의 나라 군대가 없는 것이 정상입니까? 자기 나라에 남의 나라 군대가 주둔하는 것이 치욕입니까, 아닙니까? 어디 한번 교수님의 정직한 답을 들어 봅시다.

이진에게 마이크를 강요하다시피 건네줄 때 늘어섰던 학생들 중에서 "잘한다" 또는 "교수님 어서 답하시오"라는 고함과 더불어 박수와 함성이 인다.

이 진 그렇듯 사물을 일면적으로 단순화하여 흑백의 답을 구하려는 여러분들 사고에 근본적 오류가 있다고 나는 생각합니다. 우리의 삶 자체는 프로세스입니다. 그래서 우리의 현실이란 그 과정 속에서 빚어진 것입니다. 그런 현실과 사물을 절대화한 이상 속에서 판단하려 드는 것은 무모하고 무리한 것입니다.

미국 군대가 이 땅에 어찌해서 들어왔고 그들과 UN군이 이 땅에서 왜 싸웠으며 또 왜 아직도 주둔하고 있고 또 국민의 대다수가 그 주둔을 희망하고 있고 또 감사하고 있는 사실이나 이유를 여기서 더 설명 안 해도 나에게 질문을 던진 박혁 군도 잘 알 줄 믿습니다. 그런데도 여러분들은 들고 있는 플래카드대로 "양키에게 죽음을, 민족에게 통일을" 하고 엄청난 반현실적·반역사적 비약과 비인도적 증오와 폭언을 일삼습니다. 또 이와 똑같은 사고와 논리적 맥락에서 바로 여러분들이 몸담고 있는 학교의 재단이나 그 창립자들을 부정하고 저주합니다. 이러다가는 여러분들도 북조선 모양 모든 이제까지의 역사와 조상들의 위업을 부정하고 그 어떤 독단과 독선 사상, 그 논리에 맹종하는 결과가 올까 봐 두렵습니다.

이때 장내에서 "그러면 우리가 공산당이란 말이오? 이제 그만두시오" 하고 소리지르고, 이때 박혁이 마이크를 뺏듯 한다.

박 혁 마침내 교수님, 그 본색을 드러내셨군요. 툭 하면 사람을, 선생이 자기 제자들마저 빨갱이로 모는 수법, 우리는 다 알고 있습니다. 이제 불원간 청와대에 불리시겠군요. 그러나 이걸 아셔야 합니다. 우리의 투쟁은 그 어떤 사상의 맹종이나 그 어떤 세력의 사주에 의한 것이 아니라 인간의 양심에서 우러나온 민족적 사명감과 구국의 의지와 그 행동일 뿐입니다. 한마디로 말하면 자주─민주─통일의 3대 과제를 실현하기 위해선 식민지 권력의 물리적 담보인 주한 미군을 몰아내는 것이 선결문제이기 때문입니다. 그리고 참, 교수님, 아까 북조선의 주체사상은 독선이요, 독단이라고 그러시며 자유를 강조하셨는데 우리 학생들의 이러한 사상과 행동의 자유를 억압할 무슨 권리가 있으십니까? 듣건대 교수님이 좋아하시는 미국의 연방 대법원에서는 '비폭력적인 정치적 목적의 시위자들이 항의의 표시로 국기, 즉 성조기를 불태운 것은 처벌하지 않는다' 라는 판결을 내렸다지 않습니까? 그런데 우리야 외국 점령군의 국기를 좀 밟기로 어떻습니까? 여러분 그렇지 않습니까?

이때 "옳소" 소리 연발하며 "말 잘한다"는 등 동조의 기성과 박수가 요란하다.

박 혁 이제 더 토론을 해서 무엇 합니까? 또 더 이상 사대 매국주의적 교수에게 우리의 반미 구국 투쟁을 방해받을 이유도 없고 시간도 없습니다. 교수님, 어서 이 성조기를 밟고 가든가 비겁하게라도 돌아가십시오. 뒤로 돌아가십시오. 우리의 반미 학생 투쟁을 저해한 교수님에 대한 공적인 응징은 이제부터 대중 공개토론을 통해 문제를 세우고 결정하겠습니다.

이때 반통곡이 섞인 목소리가 들린다.

이 진 내가 어찌 학생들의 야만적 행동을 눈앞에 보면서 발길이 돌아서겠나? 나는 못 간다. (그는 성조기 위로 가서 풀썩 주저앉으며 땅을 치면서) 어이구 제발 이 짓들만은 말아 달라구! 제발, 말아 달라구!

박 혁 (냉정히) 이 교수가 돌았나? 환장을 했나? 재수없게스리! 여! 동지들 들어내라고! 이것이 부르주아 인테리의 최후 발악이라고! 어서 들어내라고. 그저 감정대로 하면 이런 귀신은 없애야 하는데!

줄에 늘어섰던 학생 몇이 달려나와 이진의 두 팔을 잡고 공중 들다시피하여 문 뒤쪽으로 밀어 나가는데 이진이 "학생들 제발 이 짓들만 말라고"를 연발한다. 모여서 구경을 하던 일부 학생들이 흩어질 때

박 혁 여러 동지들도 보셨지요. 저 사대주의 식민지 지성들의 정체를, 그들은 일제 식민시대에 태어나서 그 식민지 교육을 받았고 그 뒤는 줄곧 미제국주의 식민지 통치하에서 오늘을 살고 있는 것입니다. 더구나 미제국주의가 조직한 이승만 경찰 파쇼정권과 박정희-전두환-노태우 군사 파쇼 정권 등 하청 파쇼정권하에서 그들의 머리와 양심은 완전히 눈멀고, 썩고 만 것입니다. 그래서 그들은 주체의식이 완전히 마비되어 자기 나라에 외국 군대가 주둔하고 활보하고 있어도 아무렇지도 않은 것입니다. 그리고 바로 그것 때문에 민족의 통일이 안 되는 것은 불을 보듯 확실한데도 이념이 어떠해서 안 되니 체제가 어떠해서 안 되니 하고 공연히 생트집만 늘어놓고 있습니다. 이것이 이 교수, 아니 소위 보수주의란 세대들의 사고와 논리의 실체입니다. 그건 그렇고 오늘의 우리 학생들의 반미 구국 투쟁을 정면으로 반대하고 방해한 이 교수의 그 불법적이고 반민주적이고 반교육적이고 사대적이고 악의적이고 비신사적인 행동을 그대로 묵과 방치할 수는 없습니다. 더구나 그는 여러 동지들도 다 아시다시피 우리 학생회 만화부가 그려서 붙인 노태우에 대한 벽보를 무단으로 떼어서 휴지통

에 던져 버린다는 도전적 망동을 저질렀을 뿐만 아니라 또한 〈현대사상〉 지난 호에는 "우리 나라 지성들의 근거의식이 민족주의의 범주를 벗어나지 못함을 통탄한다"고 하여 오늘날 우리의 용솟음치는 민족의식과 역사적 현실의식을 정면으로 부정하고 있습니다. 또 어디 그뿐입니까. 작금에는 월남 보트 피플인가 뭔가를 내세우고 휴머니즘을 앞세워 보수 반동 아이새끼들을 조직한다고 듣고 있습니다. 이런 보수 반동의 새싹이 자라기 전에 싹 문질러 버려야지 그대로 두었다간 어떤 화근이 될지도 모릅니다. 그러기 위해서도 이번에 이 교수를 단호히 숙청해야 한다고 생각합니다. 여러 동지들 의견은 어떻습니까?

장내 "옳소", "찬성이오", "여러 말 말고 지금 당장 교수실로 쳐들어가 그 길로 몰아냅시다", "그게 옳소, 좋소" 등 찬성론이 연발한다.

박 혁 여러 동지들 전원의 찬성을 얻어 이진 교수 숙청 축출을 이에 선언합니다. 그러나 그 방법론인데 지금 당장 쳐들어가는 것은 전략-전술상 우리에게 불리합니다. 왜냐하면 오늘의 성조기 사건 하나로 그를 몰아붙이면 학교나 나아가서는 경찰들에게 개입 구실을 주고 또 그것이 교수 전체에게 파급될 우려가 있습니다. 그래서 어디까지나 이진 교수가 저지른 이제까지의 학생들의 자율 운동에 대한 불법적 · 반민주적 행동과 나아가서는 반민족 언동에 대한 개인적인 문제에다 국한시켜 숙청 투쟁을 벌이되 먼저 그것을 서면화하여 기한부 자진사퇴 권고 형식을 취해서 본인과 학교 당국에 제출한 다음 며칠

두고 보다가 기한이 지나면 교수실 점거에 나아가도록 합시
다.

"옳소", "그게 참 좋소" 소리가 터질 때

박 혁 그러면 우리 투쟁의 사기를 높이기 위하여 〈단결 투쟁가〉를
합창합시다. 하나 둘 셋 넷.

합창이 울려 퍼질 때 암전

제2막 제2장

다시 찻집 초가.
한가운데 탁자에 허허 선생과 정암 스님이 마주 앉아 이야기를 나
누고 있고, 군데군데 다른 손님들이 앉아 있다.

정 암 선생님께서 월남 난민 구출운동을 하신다고 전해 듣고 하도
감동이 되어서 왔습니다.

허허 선생 스님 고맙네. 이 발상과 발기는 왜 고몽 시인 있지 않은가,
그 사람이 한 거야. 그런데 별로 사람들이 관심들을 안 가져
줘. 어제 오늘 다 해 봐야 50명도 안 돼! (하면서, 레지를 불러
서명첩을 정암 스님에게 갖다 주게 한다. 정암 스님은 그것을 뒤적
이면서)

정 암 세상 인심이 아주 극도로 메말라 있으니까요. 자기 이해에 속하지 않는 일에는 보고도 못 본 체요, 듣고도 못 들은 체들이니까요. 어쨌거나 저라도 서명을 하죠. (하고, 서명을 마치고 레지에게 주고 합장을 하면서) 이거 아가씨 큰 복을 짓는 일이니 오시는 손님들에게 잘 권하시오.

레지, 적당히 대답한다.

허허 선생 스님 고마우이. 그래 요새 절에는 어떠신가?

정 암 표면으로는 소위 분쟁이 잠잠하고 있지만 계속적인 암투죠. 어쩌다 우리 불교, 특히나 절간이 여기에까지 이르렀는지 모르겠어요. 앞이 캄캄해져요.

허허 선생 스님이 앞이 캄캄해지면 그분들을 등불로 삼아야 하는 우리들은 어쩌지! 허허, 하기는 석가 선생님께서 마지막 설법에 그대들은 자신만을 등불로 삼으라시지 않으셨는가! 이런 때일수록 자기 하나만이라도 참되고 착하고 아름다운 삶에 투철해야지. 기독교 성서도 어떤 타락한 세상이라도 의인(義人) 열 명만 있으면 하느님은 벌하지 않는다고 가르치네.

정 암 기독교, 특히나 선생님이 소속해 있는 가톨릭은 교내 분규는 없지 않습니까. 또 사회적으로도 잘 하고 있구요.

허허 선생 그렇게 말할 수 있지. 하지만 어떤 성직자는 가톨릭이 스스로가 독재체제를 지니면서 무슨 반독재 투쟁이요, 민주화 투쟁이냐고 힐난하고 나선 사람도 없지 않지. 그리고 소위 민주화 투쟁이라는 것을 한다는 일부 성직자들도 말이야, 오늘날 그 민주화나 자유화의 남용에서 오는 불법이나 폭력 사태에 대해선 방관적이거든. 구체적으로 말해 가톨릭의 농민들의 폭력 시위 사태나 학생들의 화염병 시위나 공공 기관 파괴에는 모르는 체하거든. 이렇게 되면 정치적 권력 투쟁과 다를 바가 뭣인가?

정 암 그래요. 선생님, 우리 불교에도 일부 혁신계에 가세하는 스님들이나 그런 조직들이 있습니다만 그들도 사물을 시시비비(是是非非)로 보지 않고 무조건 정부나 기업주들이 하는 일은 죄다 나쁘고 그것을 반대하고 나서는 일은 죄다 옳다는 식입니다. 그래서 적과 동지로 편을 갈라서 그 어느 쪽에도 편을 들지 않으면 마치 기회주의자로 매도하려 든단 말입니다. 종교계까지가 말입니다.

허허 선생 그렇다, 그래. 그래서 교단 내 현실 세력들은 정권과 야합들을 하고, 내가 웃지 못할 얘기를 하나 할까? 그러니까 6·29 선언 전 내가 하루는 명동 성당엘 가니까 소위 정의구현 사제들이 또 단식투쟁을 하는데, 그 장소인 사회관 벽에는 "통장에서부터 대통령에 이르기까지 내 손으로 뽑자"라는 자막이 벽 전체를 덮을 만큼 써 붙여져 있더란 말일세. 그래, 성직자들이 하느님께 소위 재(齋)를 지키며 하는 것이 겨우 직선제 선거법이란 말인가? 엄밀히 말해 그런 법이나 제도로 이 사회를 바로잡고 어쩌고 하는 것은 종교가의 영역이 아니지. 더구나 그런 법이나 제도의 개혁으로 인간이 구원된다고 생각하거나 이를 믿는다면 그는 종교인이 아니지. 실상 사회악이라는 것도 그리 단순한 것이 아니라 조금 따져 보면 빈곤에서 오는 것도 있고, 무지에서 오는 것도 있고, 또 역사적인 악순환에서 오는 것도 있고, 여기에 알파 플러스 인간의 카인적 면모, 즉 성악에서 오는 것도 있어 그저 가난만 면한다고 이 사회가 평안해지는 것도 아니고 교육 수준만 높아진다고 이 사회가 바로잡

히는 것도 아니요, 역사적 악순환 같은 것은 이제부터 우리가
선순환(善循環)으로 전환하여 서서히 아물어 가는 것이며 더구
나 인간이 본디 지니고 있는 성악적 요소는 그야말로 종교로
서 해결할 문제인 것일세. 한마디로 말해 종교나 종교인은 인
간의 마음을 정화해서 이 사회를 바로잡는 것이 본령이요, 본
분이지.

정 암 그런데 지금 들은 그런 신앙은 은둔주의적이요, 이기적인 신
앙이라고 배척해요. 절간에 무릎만 틀고 앉거나 염불만 중얼
거리고 앉아서야 이 비참한 중생들의 삶을 어떻게 구하느냐
고요.

허허 선생 참 딱들도 하지! 종교인들 자신이 염불이나 기도의 신령한
힘을 부정해서야! 그리고 자기네 교조들, 즉 석가모니는 왜 출
가를 해서 자기네 나라의 멸망을 돌보지 않았으며 나자렛 예
수는 왜 이스라엘을 로마의 지배로부터 해방하려 들지 않았단
말인가? 어쩌면 그런 말을 하는 사람들이 자신의 내면적 · 영
성적(靈性的) 정진의 부실을 중생구제란 명목으로 합리화하여
소영웅주의에 나아가는 것은 아닐는지?

정 암 선생님 말씀을 들으면 언제나 사물이 명쾌해지는 느낌입니
다. 그런데 선생님 한 가지만 더 여쭙겠습니다만 결국 인간의
역사란 끝내 이런 악순환으로 점철되고 마는 것일까요?

허허 선생 허허, 그렇게 비관론에 빠지지는 말게. 결국 이 세상의 물
리악(物理惡)이나 물리고(物理苦), 즉 천재지변이나 생로병사
와 윤리악(倫理惡)이나 윤리고(倫理苦), 즉 인간의 자유의지가
수반된 죄악이나 그 고통이라는 것은, 한마디로 한다면 인간
을 비롯한 모든 존재의 유한성에서 온다고 해야겠지. 가령 생
로병사가 없다면, 또는 인간의 욕망이나 욕구가 무조건 달성

된다면 행-불행이나 선악의 판별이 있을 턱이 없지. 그래서 인간은 먼저 자기 존재의 유한성을 자각해야 하네. 실은 저 기독교 창세기에 있는 아담과 이브가 지혜의 열매를 따먹고 자각한 것이 별것이 아니라 바로 이 유한성이라네. 때문에 그들은 신의 부르심에 나뭇잎으로 사타구니를 가리고 나서는 걸세. 또 여기서 우리가 주목할 것은 인간의 유한성의 자각이 곧 무한에 대한 자각이며 곧 절대자에 대한 인식일세. 여기에서 인간은 신이라 해도 좋고 부처라도 좋고, 즉 진리에 향한 외경심(畏敬心)과 신앙심을 갖게 되는 걸세. 그리고 그 하느님의 나라 부처님의 나라 정토(淨土)의 완성을 저 세상에서나 이 세상에서나 이루려는 것이고 또 이루어 가고 있는 걸세. 그러니 자기가 처한 현실이 고되다고 실망에는 빠지지 마세. 실상 인간의 가장 큰 죄악은 실망일세. 요새 툭하면 젊은이들이 고층에서 투신자살, 또는 분신자살을 하지만 이야말로 그 젊은이를 그토록 몰아간 우리 전체 사회는 물론이려니와 그 당사자 자신도 가장 큰 악업을 짓는다는 사실을 깨달아야 하네.

정 암 그런데 하느님 나라니 불국 정토니 하는 것은 저승에서나 이뤄질까, 어디 현세에서야 바랄 바가 있겠습니까? 이 세상은 기계문명이 발달할수록 인간의 본래적인 선량성은 점점 더 상실되어 가서 아수라(阿修羅)를 전개하고 있는데요.

허허 선생 스님은 불교에서 말법시대니, 멸법시대니 하는 그런 타력적 역사관에 기울어지는 모양인데 왜 미륵불 사상도 있지 않는가? 기독교에도 그리스도 재림 사상이 있듯이 말이야. 흔히들 하느님 나라나 극락정토를 인간의 시간 관념이나 공간 개념으로 포착하지만 사실은 인간이 영원을 사는, 즉 완전히 행복해지는 상태를 말함일세. 우리는 그것을 굳게 믿고 또 절실한 염원을 지녀야 하네. 그렇다는 것이 우리는 인간 존재의 불멸을, 특히나 육신, 즉 물체의 불멸마저 소위 과학적으로 믿지 않는가. 그러니 우리 영혼, 쉽게 말해 인간의 꿈이나 염원도 결코 스러질 바가 없지 않나. 불란서 금세기의 떼이야르 드 샤르뎅이라는 신학자요 고고학자는, 인류의 영성(靈性)은 아직 태아 상태라고 말하며 그는 마치 불교의 실유불성(悉有佛性)의 가르침처럼 모든 존재는 유무기물(有無機物)에 이르기까지 영성을 지니고 있어 모든 존재가 영원불변의 오메가 포인트에 이른다고 한다네. 이것은 그분뿐 아니라 저 참회록으로 유명한 오거스틴 같은 분도 모든 피조물, 즉 존재는 신, 즉 영원에로 향하게 되어 있다고 탄식하듯 말했다네. 그러나 우리는 눈앞의 시간에, 특히나 자신이 처한 공간적 여건을 인류의 종국적 상태라고 단정하는 우를 범하지 마세. 그래서 만일 우리의 사고가 시간의 제약에서 벗어났을 때는 모든 존재의 영원한 모습을 볼 수가 있지. 흔히 각자(覺者), 즉 깨달은 이들은 오늘 이 시공(時空) 속에서도 모든 존재, 모든 사물을 찬미—찬양하는 것일세. 왜 스님네 종정 성철 큰스님처럼 말이야, 허허.

정 암 그렇군요. 그런데도 요새 현실 참여를 내세우는 일부 스님들은 종정 큰스님의 그런 대긍정도 모르고 산 속에만 들어앉아 계셔 세상물정을 몰라 그러시다고들 해요. 정말 말법시대란 말이 옳아요.

이때 고몽 시인 내외가 나타난다. 허허 선생의 반갑고 고맙고 기쁘다는 인사와 서로 적당히 인사를 나눈 후 콜록이며

고 몽 선생님! 신문 가십난에 초가집에서 월남 난민구조 서명운동

을 벌이고 있다는 기사를 보았습니다. 참 신문들이 왜 그 모양들입니까. 학생들이나 노동자들 데모는 날마다 대문짝만하게 내고 이런 참사나 그 구조운동 기사는 겨우 가십난에 실으니, 그것만을 세상으로 알고 사는 일반 국민들이 어떻게 착하고 아름다운 마음을 갖는단 말입니까.

허허 선생 지금껏 이 정암 스님과도 여러 가지 얘기를 했네만 결국 언론계의 종사자들도 그게 다름 아닌 우리로 구성되어 있고 정치계도 다름 아닌 우리로 구성되어 있고 군부도, 종교계도, 교육계도, 경제계도, 문화 예술계도 다름 아닌 우리들로 구성되어 있을 뿐이지. 그래서 군인들만이 나빠서라든가 정치가들만이 나빠서라든가 이렇게 말할 수가 없지. 가령 그렇다면 종교가들이나 교육자들은 훨씬 나아서 모범을 보여 주어야 하고 만일 그랬었다면 우리 젊은이들 오늘의 이 꼴로 안 되었을 게 아닌가? 그러니 이렇듯 세상이 다 나쁘다고 모두가 손을 들거나 놓자는 게 아니라 이를 자각하는 사람들이 각계에서 샘물을 파야지! 아무리 오늘의 강이 연탄 빛처럼 검더라도 우리는 맑은 샘물을 파서 흘려야지! 땅 밑에는, 저 깊은 땅 밑에는 우리의 염원처럼 꿈처럼 흐르는 맑은 강이 있으니까.

고 몽 그래서 저는 바삐 그 땅 밑의 강에 합류해야 할까 봅니다. (콜록콜록) 그런데 선생님 서명들은 좀 합니까?

레지를 불러서 서명첩을 가져다 고몽에게 보이며

허허 선생 사람들이 별로 관심을 안 가져 줘. 이진 교수가 이 발기문을 복사해서 학교에 가지고 갔으니까 그것을 기대해 보지.

서명첩을 보고 몹시 실망하면서

고 몽 이럴 줄은 몰랐습니다. 그래도 초가집 출입객이 하루 몇백 명
       되니 백 명이야 넘을 줄 알았지요. 이것 가지고야 어디 당국
       에 내놓을 수도 없고……. (하면서, 포켓에서 원고지 몇 장 접힌
       것을 꺼내 허허 선생에게 드리며)
고 몽 이거 어제 긁적인 것인데 어디 한번 봐 주십시오.

허허 선생 읽고, 정암에게 주며

허허 선생 스님, 읽고 고몽 시인 대신 이것을 이 자리에서 한번 낭독
       해 주시지.

정암, 다 읽고 나서 감동된 어조로 고몽을 향해

정 암 너무나 처절해서 그들의 절규를 직접 대하는 것 같군요. 그런
       데 작가가 직접 읽는 게 효과적이 아닐까요!
허허 선생 아니야, 저 사람은 기침 때문에. 옳아! 부인이 좀 낭독해 줘.
고 몽 네, 죄송합니다.
허허 선생 (일어서 장내를 향해) 여러분들, 잠깐 실례합니다. 이제부터
       바로 여러분들에게 돌린 월남 난민구조 서명운동의 발의를 하
       신 고몽 시인이 또다시 그것을 제재로 시 한 편을 써 오셨습니
       다. 이제 그것을 마침 여기에 함께 자리한 부인 조상희 여사가
       낭독을 해 주시겠으니 경청해 주시기 바랍니다.
조상희 허허 선생님이 말씀하신 대로 주인은 천식 질환이 있으셔서
       제가 대신 읽겠습니다. (장내 박수)

어느 월남 난민 낭자(娘子)의 표백

고몽 지음

이제 우리더러 어디로 가란 말입니까?
차라리 당신네들 손으로 우리를 죽여 주세요.
이럴 바에야 바다에 스스로 목숨을 던진
우리를 무엇 하러 건져서 살리셨나요?
그리고 이제 다시 떠나라니 우리의 갈 곳이
이 세상 천지 어디란 말입니까?
어떤 해답이 있다면 말씀해 보세요.

조상으로부터 물려받아 이제까지 살아온 그 땅
죽어서도 그곳에 묻힐 줄만 알던 그 고장이
오죽이나 악마의 소굴로 변하였기에
30톤짜리 통통선에 알몸들을 실었겠습니까.
기억만으로도 몸서리가 쳐집니다.
가도가도 망망한 바다 또 바다
태평양을 표류하기 40일도 넘지요.

낮에는 머리가 빠개지도록 쬐어 오는 뜨거운 태양
밤에는 살이 에이는 듯 엄습해 오는 추위
날이면 날마다 주림과 갈증에 죽어 가는 이웃,
그래도 그들은 희망을 안고 죽어 갔다고나 할까요.

그 속에서 어쩌다 목숨을 부지한 우리들 78명이

하늘이 살렸다고 믿고 다다른 이 땅
자유의 등불로 알고 있는 이 한국이
우리를 바다로 되돌려 몰아냈을 때
우리의 그 절망을 어찌 말로 표현할 수 있으리이까?
우리가 몽땅 바다에 뛰어들 수밖에 또 무슨 길이 있었겠습
니까?

그런 우리를 건져서 목숨만 살려서
이제 또다시 떠나라니 어디로 가란 말입니까.
지난날 당신네들은 우리 자유 월남인들을
공산군에게서 구출한다고 함께 싸우던
바로 그 씩씩한 한국인들이 아닙니까!

제발 이제 우리를 보고 떠나라 하지 마시고
차라리 당신네 손으로 죽여 주세요.

장내에서 일제히 박수가 인다.

허허 선생 (일어서서 눈물마저 흘리는 조상희의 손을 잡으며) 참 낭독 잘
    했다, 잘 했어. 바로 네가 월남 낭자 같구나. 여러분, 내가 여
    러분의 감동을 오히려 훼손할까 봐 더 말은 덧붙이지 않습니
    다만 여러분들은 바로 저들을 구조하는 서명에 나서 주시기를
    바랍니다.

장내 다시 한번 박수가 일면서 막이 내린다.

제3막 제1장

막이 오르면 다시 이진의 교수실.

그는 천장을 바라보며 망연히 의자에 앉아 있고, 밖에서는 학생들의

규탄 소리가 나면서 선창은 확성기로, 합동은 고함으로 들려온다.

학생들　(선창) 이진 교수 물러가라! (합동) 이진 교수 물러가라. (선창) 학생들 자치활동 방해하는 이진 교수 물러가라. (합동) 물러가라. (선창) 민족주의와 역사의식 부정하는 이 교수는 물러가라. (합동) 물러가라. (선창) 노태우의 앞잡이 이진은 물러가라. (합동) 물러가라.

이런 함성이 들려오는 도중 조교 김명희가 무슨 통고문을 들고 와서

김명희　교수님, 저 데모 학생들이 이런 것을 디밀고 갔어요. 어떻게 하면 좋아요. 네, 교수님.

이미 예상하고 있었던지 별로 놀라는 기색 없이 그 종이 조각을 훑어보고는

이　진　저희에게 공개 사과를 안 하면 수강 거부를 한다는구나. 그래도 내가 학교에 출근을 하면 교수실을 봉쇄하고 말이야! 이미 각오는 하고 있다만 참 별 세상이로구나. 이 역사적 악순환을 네 말마따나 어떻게 하면 좋지?

독백하듯 하면서 함성이 들려오는 창문을 멀건히 바라본다. 한참
있다가

김명희 그리구요, 교수님! 그 베트남 보트 피플 구제운동 호소문은
사방 붙이고 돌린 지가 사흘째인데 저희 세대의 무관심인지
전대협의 방해인지 그 위세 때문에 질려서인지 거기에 서명
해 저에게 가지고 온 학생이 단 두 명밖에 없습니다. 교수님!
아무래도 그 서명운동은 교내에서 중단할 수밖에 없을까 봐
요. 제가 그 대신 주일날 성당에 가지고 가서 한번 돌려 볼까
요.

이 진 음, 그렇구나! 역시 오늘의 저들의 눈에는 월남 보트 피플들
은 자유의 결사대가 아니라 조국의 배반자들이요, 역사적 반
동의 무리로 비춰지는가 보구나. 성당, 성당, 네 생각은 고맙
다만 그렇듯 시대 현실에 민감하고 고통받는 이들의 편임을
자처하는 가톨릭 교회가 이 문제에만은 잠잠한 것을 보면 저
들 나름의 요량인지 계산이 있어 그럴 테니까 그것은 삼가는
게 좋아! 또한 가톨릭 교인이신 허허 선생님 입장도 있으실
거니까.

이때 노크 소리 들리며 전낙천 학생과장이 들어선다.

전낙천 (조금은 야유조로) 이거 중요한 회담에 내가 불쑥 나타나 방해
가 되지 않을는지?

이 진 아니, 잘 왔어! 내가 전 과장을 찾으려든 참이야.

두 사람이 적당히 대좌하는 동안 김 조교 인사하며 나간 뒤

이 진 이런 통고문을 받았어! 내가 이제부터 교수로서 취해야 할 가장 올바른 자세는 어떤 거지? 의논해 보고 싶어, 솔직히 말해 줘!

이미 다 알고 있다는 듯 통고문을 건성으로 훑어보고서는

전낙천 수업 거부는 몰라도 평교수의 교수실 봉쇄는 처음 있는 일인데, 저 동진대학의 총장실 점거는 했어도 말이야. 글쎄 난들 이런 듣도 보도 못한 학생들의 난동에 무슨 대응책이 있을 텐가? 이거 허구한 나날 학생들과 학교 사이, 학생들과 교수 사이에 샌드위치처럼 끼워서 나만 보고 해결하라고들 볶아 대니 내가 무슨 용빼는 재주가 있단 말인가. 제기랄 이거 못해 먹겠어. 돈이 생기나, 이름이 나나, 쥐뿔도 생색도 안 나는 이 학생과장 더러워서 못해 먹겠어!

전 과장의 과장된 자기 한탄에 어안이 벙벙해져서

이 진 참말로 이런 시기에 학교 운영에 행정직책을 맡고 있는 분들의 그 수난과 수고에는 오직 머리를 숙일 뿐이야. 그런 의미에선 나의 지도력의 부실로 학생들과 이렇듯 극단적인 충돌을 빚어 죄송할 따름일세.

이 교수의 이런 수그러진 태도에 용건 전달의 기회를 포착한 듯

전낙천 그래서 말인데, 이 교수! 금후 학원 내 행동이나 그 발언에 좀 신중을 기해 줄 수 없겠나? 자기 지식에나 그 지향에 대한 순

수하고 단순한 열정에서의 언동을 삼가고 좀더 성숙된 지혜
와 인내로 학생들의 오늘을 이해하고 포용하며 점진적 교화
에 나아가 줄 수는 없겠나? 그리고 한걸음 나아가서는 임시
방편이지만 학생들에게 지는 체해 줄 수는 없겠나?

이 진 무엇을 어떻게 말인가?

전낙천 솔직히 말하면 이번 학생들이 저렇듯 콩 튀듯 팥 튀듯 이 교
수를 지탄하고 나선 것은 바로 성조기 밟기 운동 방해 사건
때문이지. 더구나 당신은 그 성조기 밟기 운동의 부당성과
아울러 그 성조기 즉각즉각 지우기를 학교 당국에 건의해서
미국 선교사가 창립한 우리 학교 재단에까지 파문을 일으키
고 있으니 정보에 밝은 학생애들이 가만 있을 수가 있겠느냐
는 말이오. 그런데 다행히 학생들도 그 사건을 표면에는 내
걸지 않고 '학생 자치활동 방해' 어쩌구 하고 있으니 이 교
수도 그저 눈 딱 한번만 감고 '다시는 학생 자치운동을 간섭
하지 않겠다'고 공식 표명만 해 주구려. 그러면 이 전낙천이
가 모든 문제를 원만히 해결할 테니 말이오.

이 진 뭐요? 내가 사과? 공식 사과? 난 그런 거 못 해요. 못 해!

전낙천 누가 사과랬나. 공식으로 입장 표명만 하랬지. 그리고 이건
나 전낙천의 개인 소견이기보다 학교 당국이나 재단측의 뜻
이오. 어느 교수건, 학교 교무 당사자건 또 재단측이건 학생
들의 성조기 밟기 운동의 그 부당성을 모르는 사람이 누가
있겠소. 그러면서도 우리 학교뿐 아니라 모든 대학들이 묵살
을 하고 있는 것은 이를 섣불리 문제시했다가는 그 파문이
국내 문제로서만이 아니라 한미 국교 문제에까지 파급이 되
고 나아가서는 북한의 무력남침에 공동으로 대처하고 있는
방위문제에도 직접 영향을 미칠 것을 우려하고 있기 때문이

라오. 그래서 앞서도 말했듯이 한 지식인의 일면적 단순한 현실인식이나 그 열정에서의 언동을 삼가고 대국적 판별로서, 이 역사적 현실에 협조적으로 공동 대응해 나가야 할 것이오. 그렇지 않으면 그것은 한 지식인의 독선이요, 소영웅주의가 될 것이오.

이 진 독선? 소영웅주의? 내가? 전 과장! 학교 당국마저 나를 그만두라면 그만둬도 좋소. 그러나 난 못 하오. 그 공식 사과인가 표명인가 난 못 하오!

전낙천 그것은 이 교수의 자유요. 그리고 학교 당국은 이 교수의 사퇴나 파직을 권고하거나 결정한 바는 없소. 그러나 한 가지 분명히 해 둘 것은 이번 이 교수와 학생들 사태에 학교로선 개입이나 그 수습에 나설 수 없다는 점이오. 어디까지나 이 교수 개인의 책임하에서 조속히 사태를 결말지어 주기 바라오.

전낙천의 득의와 이진의 침통한 표정이 클로즈업되며 무대는 암전

제3막 제2장

다시 찻집(초가).
한가운데 탁자에 허허 선생과 이진이 대좌하고 있다.

허허 선생 오늘 이 교수 기색이 영 안 좋아 보이는데 어디 몸이 불편

하지 않으신가?

이　진　아, 아닙니다. 좀 피로해서요. 그리고 선생님! 그 지난번 월남 보트 피플 구출운동 호소문을 학교에 갖다 복사해서 사방 붙이고 돌렸는데 제 연구실에 서명을 해 온 학생은 불과 두 명 뿐입니다. 이런 현실을 대할 때 저는 정말로 이 세상이나 이 시대에 고몽 시인의 말처럼 절망을 느낍니다. 선생님, 인간의 참된 선의나 그 지향에 사람들이 이렇듯 맹목하고 몰관심할 수가 있을까요? 더구나 한창 예민한 감성과 순수한 열정을 지닌 학생들에게서 말입니다.

허허 선생　글쎄, 말이네. 그토록 냉담할 줄이야.

이　진　고몽 시인의 얘기대로 개들이 한꺼번에 일흔여덟 마리가 물에 빠져 죽게 됐다 해도 이렇듯 무심할 수가 없을 텐데 말입니다.

허허 선생　세상이 모두 목적적 가치에는 눈이 멀고 효용적 가치, 요새는 이 효용적 가치를 전략적 가치라고들 하지! 그것만 밝히기 때문이야! 즉 현실적 이해타산만 밝히기 때문이야!

이　진　그렇다면 선생님! 인간의 목적적 가치나 그 지향은 현실 속에선 언제나 고배를 마시고 참패를 당하게 마련입니까?

허허 선생　똑같이 현실적 눈과 그 계산으로 보면 그렇다고 말할 수도 있지! 가장 뚜렷한 예를 들면 내가 섬기는 나자렛 예수야말로 현실적으론 가장 볼꼴 없는 참패자였으니까 말일세.

이　진　나자렛 예수라! 그분은 인간구원이라는 궁극적 목적에 사셨기 때문이겠지만 그저 평범한 저희 같은 사람이 자연 양심이나 기본적 양식 속에 살려고 해도 온갖 현실적 고난과 핍박이 뒤따르니 말입니다. 하기야 고난이라 말할 정도도 못 됩니다만……. (이진 말꼬리를 흐린다.)

허허 선생 이 교수! 무슨 일이 있었나? 오늘 학교에서 신변에 무슨
일이 있었나?

이 진 죄송합니다. 별일도 아닌 개인적 사정을 그만 화제에 올리게
돼서. 얘기가 났으니 말씀드립니다만 요새 저희 학교뿐만 아
니라 모든 대학 캠퍼스 통로에다 학생들이 성조기를 페인트
로 그려 놓고 그것을 짓밟고 다니게 합니다. 그래서 저번 날
은 그 주도자 학생들 앞에서 그 부당성을 공개 규탄했지요.
그리고 학교 당국에다가는 그 성조기를 즉각 지우고 또 그리
면 또 즉각 지우기를 건의했지요. 그랬더니 학생들은 저의 수
업 거부와 교수실 봉쇄를 통고해 오고 거기다 학교 당국마저
말입니다, 그 사태를 묵과할 뿐만 아니라 저에게 학생 자치활
동의 간섭을 안 한다는 공식 표명을 하라는 것입니다.

허허 선생 그래서?

이 진 그래서 저는 학교를 물러나면 물러났지 못 한다고 한마디로
거절하고 바로 지금 오는 길이에요. 아마 저의 심적 충격이
가라앉지 않아서 그만…….

허허 선생 (감동하여 두 손을 내밀어 이 교수의 두 손을 감싸안고) 이 교
수, 이 교수! 훌륭해요, 용감해요! 실망하지 말아요. 이 교수
같이 용감한 실천이성이 강한 분이 열 분만, 아니 각 학교에
한 분씩만 있어 줘도 오늘의 우리 학원은 이렇게 빗나가지는
않았을 텐데. 젊은 세대나 학생도 문제지만 그들을 교육하고
있다는 우리 기성세대의 지식인들이 아는 것과 그 행동은 전
혀 상반되게 하고 있으니 역시 그것이 문제야. 그런 속에서 이
교수처럼 아는 것과 행하는 것, 즉 지행(知行) 일치를 몸소 실
천하는 분이 있다는 것이 얼마나 장하고 반갑고 고맙고 기쁜
일인지 모르오.

이 진 선생님, 그 얘기는 이제 그만해 주십시오. 오히려 그것에 부심하고 있는 제가 부끄럽습니다.

허허 선생 물론 이 교수의 그런 훌륭한 실천행 속에는 남모르는 곤경과 수난이 수반되고 있음을 나도 모르지는 않소. 그리고 그것이 얼마나 현실적으로 감내하기 어렵고 또 무참한 자기희생을 초래하고 있다는 점을 나도 어렴풋이나마 짐작을 하오. 그러나 우리는 홀로서라도 그 길을 가야 하오. 아니 홀로서 가야 하오. 악과 불의의 무성한 꽃밭 속에서 르낭의 말대로 진리가 귀찮고 슬프더라도, 자기 혼자의 무력에 지치고 번번이 패배의 쓴 잔을 마시더라도, 저 나자렛 예수가 사두가이와 바리사이들의 수모를 받으며 백성들의 비웃음과 돌팔매를 맞으며 심지어는 제자들의 배반과 도피 속에서 십자가의 길을 홀로서 가듯 우리도 진리의 그 길을 홀로서 가야만 한다오. (허허 선생 자신의 말의 열기에 다소 쑥스러운 듯) 이거 기독교의 설교 같소만 우리는 진리와 진실은 마침내 이기고 영원한 것이요, 달게 받는 고통은 값진 것이요, 우리의 바람과 사랑이 헛되지 않음을 굳게 믿고서 아무런 영웅적 기색도 없이, 아니 볼꼴 없고 병신스런 모습을 하고 저 나자렛 예수가 부활의 길을 홀로서 가듯 우리 또한 홀로서 가야만 한다오.

이 진 선생님! 예수님은 부활의 승리를 이루셨다지만 우리에게 있어 진리나 진실의 승리란 무엇이며 어떤 것입니까?

허허 선생 흔히들 예수의 부활이라면 그분의 육신의 소생으로 해석들 하지만, 또한 그런 교리적 해석이 현존하는 것도 사실이지만 내가 생각하기론 그분이 죽은 뒤 하나의 영체로서 발현하여 진실한 생명의 불멸을 증거했다는 것과, 한편 그렇듯 줄도망을 치고 배반했던 제자들의 마음에 예수가 목숨 바쳐 가르

친 그 진리가 되살아나기 시작하였다는 것이라오. 좀더 현실
에 밀착시켜 예를 든다면 현재 이진 교수의 그 교육자로서의
진실한 언행이 학생들에게 눈앞의 저항이나 배척을 받더라도
또 학교 당국에마저 외면당하더라도 그들의 가슴속에 진실의
새싹을 심어 주고 있고 또 그 언젠가는 그 싹이 역사적 시간
속에서 자라고 꽃피고 또 번식하여 학원이 정상화되고 오늘의
이 교수의 수난과 고난이 부활의 영광을 가져오리라고 나는
굳이 믿는 바요.

이 진 선생님, 이제 제 말씀은 제발 그만해 주십시오. 부끄러워서
앉아 있기마저 민망합니다.

이때 진성문이 들어와 인사한다.

허허 선생 성문이, 어쩐 일이냐? 어서 거기 앉아라! 반갑고 고맙고
기쁘다.

진성문 네 큰아버지, 퇴근길에 잠깐 들렀어요. 무슨 딴 용무가 있는
게 아니라 지난번 큰아버지랑 이 교수님이 의논하시던 월남
보트 피플 구출문제, 이미 당국에서 비공식적으로 상륙시켰
대요. 그래서 머지않아 부산 월남 난민 수용소로 분산 수용
시킬 방침이래요. 큰아버지께서는 현실 문제에는 초월하신
분이 사회적 물의를 일으키실까 봐 제 힘껏 알아보았어요.
당국도 적십자사와 신중히 의논해서 인도적 조치를 취하기
로 한 모양이니 이 이상 서명운동이니 뭐니 벌이지 마세요.

이 진 예, 고맙습니다. 잘 됐군요. 실제 그 서명운동이 도무지 호응
을 못 얻어서 난감해 있던 참이에요.

허허 선생 감불청(敢不請)이언정 고소원(固所願)이라더니, 당국이 그

렇게 선처만 해 준다면 우리가 딴 무엇을 바라는 게 있겠니?
반갑고 고맙고 기쁘다.

이때 이 자리에 김명희 조교가 들어와서

김명희 이 교수님, 역시 여기 계셨군요. 댁에 전화해도 안 계시길래
여기 계시지 싶어서. 긴급히 전할 말씀이 있어서…….

또 이때 레지가 와서 "허허 선생님 전화예요"라고 전하자 허허 선
생이 얼어서니 진성문은 "저도 그만 가 봐야겠어요" 하며 따라서
자리를 뜬다. 자리에 이진과 김명희만 남자

이　진 무슨 급한 일인데? 학생들이 내 교수실로 쳐들어왔나?
김명희 그게 아니라요, 반가운 소식이에요! 박혁 학생, 그 학생이랑
그 패 열 명이 잡혀 들어갔어요. 지난번 평양 학생 축전에 독
일로 해서 입북한 동진대학 학생이랑 긴밀한 연락과 지원이
있었대요. 지금 학교 내는 경찰이 들어와 있고 삼엄해요.
이　진 박혁이랑 학생들이 잡혀갔어! 학교는 경찰이 주둔하고! (침통
해하며) 그게 무슨 반가운 소식이람!
김명희 그럼요. 이제는 교수님 문제는 해결되지 않았어요? 학생들도
저희 입으로 그러는데 이제 이 교수의 자치운동 방해에 대한
투쟁은 중단이래요. 그런데도 교수님은 반갑지 않으셔요. 저
는 캄캄한 동굴 속에서 빠져 나온 느낌인데요. 학생들이 쳐
들어오면 어쩌나 하는 생각만 해도 가슴이 조마조마하고 암
담했어요.
이　진 그랬었구나. 나는 내 생각에만 열중해서 미처 너의 곤경에는

생각이 못 미쳤구나. 미안하다. 그러나 우리 학원 사태는 전
체적으로 볼 때 내 개인에 머무를 때보다 더욱 심각하고 복잡
해졌구나.

이때 허허 선생 허탈한 표정으로 돌아와 자리에 앉으며

허허 선생 떠났대! 고몽 시인이 세상을 떠났대!
이 진 네? 고 시인이요! 끝내 갔군요. 오늘의 세상과 인간에게 그렇
　　　　듯 절망을 안고 갔군요.
허허 선생 그래. 그러나 절망이란 간절한 희망의 또 하나의 증표니
　　　　까. 그와 그의 희망은 이제 땅 밑을 흐르는 강에 합류했겠
　　　　지…….
이 진 땅 밑을 흐르는 강에!
허허 선생 우리 이 길로 고몽 시인의 시신이라도 가 보지 않겠나? (하
　　　　고, 일어서자 이진 등도 따라 일어서며 막이 내린다.)

■〈문학사상〉(1993. 10.)

제 2 부

TV 드라마

자유로의 터널

자유로의 터널

전 3막 6장

때

6 · 25 사변 휴전 직후

곳

증기열차 속과 일선 참호 등

나오는 사람들

깜둥이 애

그 애 엄마 '니나'

귀환 상이군인

그 아버지(농부)

고등학교 학생

그 할아버지(노인)

미군부대 근무 청년

열차 차장, 승무원, 꼬마 구두닦이, 걸인,

흑인 병정, 학병, 일반 사병, 인민군 등

기타

1. 암야(暗夜)의 열차

암흑 속에서 목쉰 기적 소리가 연속적으로 들려온다.
가까워 오는 그 그림자만으로도 구식 소형 증기열차임을 알 수 있
다.
숨이 찬 듯 굴러가는 기관차의 화통에서 칠흑 같은 밤하늘에다 불
꽃을 튀긴다.
차량 열쯤의 객차 창 빛은 방울꽃이 점점이 늘어선 것 같다.

2. 객차의 일실(一室)

천정에는 등피 대신 철망을 쓴 전등이 군데군데 부유스름한 빛을
드리고 있다.
널빤지로 된 좌석에는 한쪽에 셋씩, 넷씩 통로에도 기대고 엎딘 승
객들, 크게 입을 열고 코를 고는 사람, 자면서 되돌아눕거나 목구
비, 사추리, 엉덩이를 긁는 사람, 신문지로 얼굴을 가리고 잠을 청
하는 사람, 눈을 멀뚱멀뚱 뜨고 수심에 잠긴 사람, 하나같이 극도
의 피곤이 내배고 있다.
선반에도 짐꾸러미와 함께 기어올라가 누웠는 소년이 있는가 하면
행상인 일행인 듯한 좌석에는 화투내기를 벌이고 있기도 하고, 마
른 오징어를 안주로 소주잔을 나누는 노동자풍의 한 패도 있다.
그런 혼란 속을 승무원과 판매원 또는 약장사, 걸인과 변소를 출입

하는 승객들의 내왕으로 가끔 시비와 짜증과 욕지거리가 튀어나온
다.

3. 또다시 암야행(暗夜行) 열차

암흑 속을 열차가 가고 있다.
흉물스런 짐승같이 큰 산 작은 산이 다가섰다간 멀어진다.
철교 위를 지나가는 소리가 밤의 적막을 더욱 공허하게 메아리친
다.

4. 어떤 좌석

통로 쪽으로부터 한편에는 깜둥이를 안은 색시, 중간에는 갓을 쓴
영감님, 그 다음 창 옆으로는 쌍지팡이를 기대 놓고 양 무릎 아래는
다리가 없는 상이군인이 암흑의 차창을 바라보며 앉아 있고 그 맞
은편에는 이 역시 왼팔이 없어 웃옷의 팔소매만 늘어진 상이군인
의 아버지 농부, 중간에는 앞 영감님의 손주인 학생이 책을 읽고 깜
둥이 모자(母子) 앞에는 '알로하 셔츠'를 걸친 미군부대 청년이 발
을 마구 뻗고 침을 흘리며 잠들어 있다.
카메라는 다시 한번 객실 전부의 표정을 붙잡은 후, 젖무덤을 파고
드는 깜둥이의 야릇한 광택이 나는 뒤통수와, 그와는 너무나도 반
대로 백지장처럼 창백한 그 어미의 얼굴과 목구비와 흰 가슴을 비
춘다.
스무 살 가량의 양공주, 그 차림새다.
담뱃대에 잎담배를 갈아 피우던 영감님이 농부에게 계속중의 말을
건넨다.

노 인 그러면 임자는 왜정 때 징용에 끌려가서 한 팔을 잃고 저 아
들은 이번 전란통에 두 다리를 다 잃어버렸다는 말이라?

농 부 예, 그렇습니다.

노 인 (한숨을 폭 쉬면서) 하늘도 너무하시지, 이런 참혹한 인생을 어
째 만드시기는 만드신담! (옆의 깜둥이 모자를 바라보고 다시 탄
식하며) 모두 다 봐도 경우도 도리도 안 맞는 인생을 말이지!

농 부 …….

노 인 (사이를 놓고 반독백처럼) 그렇지만 말일세! 여보게, 그렇지만
말일세, 임자네 부자간은 그렇게 돼서라도 만났으니 말야, 아
니 죽은지 산지 생사래도 안 것만 다행인지도 모르지.

농 부 …….

노 인 우리 집 사람은 하늘로 솟아올라 갔는지 땅 밑으로 기어들어
갔는지, 청국을 갔는지 로서아엘 갔는지, 생사래도 알기만 하
면 내가 덜하겠는데…….

농 부 노인님 댁에도 누가 불행이래도 있습니까?

노 인 (좀 노기 띤 어조로) 그야 이 사람 3천만이 3천만, 한우리 속에
서 한 형제끼리 죽일 내길 했는데 인명이나 불행이 없는 집안
이 어디 있단 말인가!

농 부 예, 지(제) 말 잘못됐십니더.

노 인 (앞의 학생을 가리키며 다시 역정난 어조로) 이것의 애비지! (그
다음은 좀 낮은 소리로) 내 외아들 독자가 아니겠나!

손가락질을 당한 학생, 자기의 조부가 또 신상 애기를 끄집어 내
는 것이 곤란하다는 표정으로 얼굴을 쳐들었다가, 영감님이 또
한숨을 뿜는 것을 보고 도로 책에 눈을 떨군다.

농 부 역시 전쟁을 치다?

노 인 차라리 전쟁엘 나갔다면 두말도 안 하고 단념도 하겠네
        만…… 이건 전쟁 전에 가서 소식이 없으니 말이지.

농 부 이북으로 말입니까?

노 인 (스스로 자신의 경솔함에 좀 당황하면서도) 그렇다오!

상이군인 (창에서 얼굴을 돌리고 조금 적개심을 내뵈며) 그러면 영감님
        아들은 빨갱입니까? (말끝이 거칠다.)

노 인 (노인도 자포적인 감정이 돼서) 빨갱인지 노랭인지 내사 모르지.
        내야 그것을 자식이라고 낳았을 뿐이지!

        이때 학생이 민망하고 죄스럽다는 표정으로 상이군인 쪽을 바라
        본다. 그 시선을 받은 상이군인 스스로 자기 감정을 억제하며

상이군인 할아부지! 말이라고 입에 나오는 대로 함부로 하지 마이소.
        남은 지금 빨갱이한테…… 이 꼴이 돼서…… 이가 갈리는데.

농 부 야야, (아들을 보고 달래며 또 호소하듯) 너, 이 할아부지 맘 모
        르나. 이 할아부지는 무슨 빨갱이 얘기를 하는 기 아이라, 그
        저 답답한 사정 이야기를 하는 기 아이가, 너도 알제.

상이군인 …….

학 생 할아버지, 할아버지는 그렇게 몇 차례나 톡톡히 욕을 보시고
        도 또 아버지 이야기를 입에 내십니까. 제발 할아버지, 그런
        말씀은 입 밖에 내지 마세요, 네! 그렇지요, 군인 아저씨.

        상이군인, 못 들은 척 암흑의 창에 고개를 돌리고 무엇을 생각하며
        억제하는 모습, 검은 창에 비낀 검은 얼굴이 번득이며 불안하다.
        손주의 말을 받아 변명의 독백처럼

노 인 이 사람들이야 당국 사람들이 아니니 괜찮지 하고…… 이만
큼 혹독한 불행을 당하고서야 뉘 편이고가 있나!

농 부 죄송합니다. 노인님, 언짢게 생각 마이소. 저도 딴생각 없을
겝니다. 노인님 말씀이 맞십니더. 우리들이사 무슨 공산주의
도 민주주의도 알았습니꺼! '로스케' 하고 '양키'들이 가지
고 쳐들어와서 마지막에는 우리에게 불을 지르게 한 게 아닙
니꺼?

노 인 (동조를 얻어서 이제는 안심하고) 옳아! 그렇고말고. 임자가 그
렇게까지 알아주니, 알아주니 말이지 나는 말일세, 북선군이
내려왔을 때, 두 번 다 피난을 안 갔지! 가족들이 다 가고 이
손주, 이 세상에서 내가 제일 소중한 이것마저 떠나 보내구
내 혼자, 왼 동네를 내 혼자 지키면서 기다렸지. (역겨운 어조)
무정한 것 같으니라고, 끝내 뵈지 않대 그려, 이거 애비 말일
세.

이때 차장과 승무원이 들어서며 차표 검사를 하겠다는 인사를 한
다. 선반 위에 누워 있던 구두닦이 소년이 냉큼 내려서다가 영감님
갓을 건드린다. 영감님, 쩌쩌쩌 혀를 찬다. 그리고 소년은 '알로하
셔츠' 청년의 다리를 밟는다. 청년, 발딱 일어나며

청 년 아야 아야야, '깟뎀' 요 아귀 같은 새끼.

붙잡아 쥐어박으려 든다. 그러나 소년은 피하기는커녕 다리 아래
로 몸을 구부리고 허둥지둥 걸상 밑으로 기어들어간다. 그러니까
자연히 두 발이 없는 상이군인 밑으로 들어가 숨었다. 청년이 "요
놈 깟뎀"을 연발하며 다리를 나꿔채려니까 이 광경을 암흑의 차창

으로 비쳐 보고 있던 상이군인이 말없이 창 곁에 세웠던 지팡이를
옮겨서 경계를 짓듯 놓는다. 그리고 다시 고개를 돌린다. 청년 멈
칫하고 손을 떼어 모두 들으라는 듯이

청　년　요새끼, 도둑괭이 같은 새끼, 빨리 나온나, 다 보았다. 차장도
　　　　다 보았다. 조런 거라지 도적놈의 새끼들 때문에 미군 아저씨
　　　　들한테 한국 신용이 '깟뎀'이란 말이야.

상이군인의 걸상 밑에 제법 자리 잡은 소년, 엎드려 눈을 반짝이고
있다. 이번엔 차실(車室) 전체의 정경을 잡은 카메라. 행상객들, 투
전판에 "하나 더!" 하는 기성(奇聲)이 인다. 차장과 승무원이 다가
온다. 노인·농부 등이 수굿이 차표를 꺼내 뵌다. 청년, 일어서서
'니나' 것도 함께 '패스포트' 지갑에서 꺼내 주며

청　년　도둑괭이가 저 속에 들어갔는데!
차　장　네에! 네, (웃으며) 어디요?

한걸음 들어서며 고개를 숙인다.

차　장　저 녀석 꼬마군요. 날마다 이 차로 통근인데요.
청　년　뭐요? 그래도 다른 승객에게 피해를 주지 말아야지. 나는 아
　　　　까 조 새끼가 저 선반 위에서 떨어지는 바람에 다리 부러질
　　　　뻔했지.

걸상 밑에 꼬마 소년, 돌아 엎드려 여차직하면 걸상 밑을 길 작정이
다.

차 장 조 꼬마 그래도 기특하답니다. 서울 가서 구두닦이해서 병든
어머니를 봉양하고 살지요.

청 년 고 새끼들 수작, 허튼수작. 차장! 어서 몰아내요. 법대로, 차
장이 법을 위반하는 것을 묵인해서야 쓴단 말이요.

청년의 기세에 눌려 차장 한 발 더 들어서며

차 장 꼬마! 요놈, 노상 봐주니까 내가 안 되겠어!

하고, 엎드린다. 이때 상이군인 고개를 돌려서 퉁명스럽게

상이군인 차장! 무얼 찾소! 내 발, 내 두 발 찾아 주겠소?

시비 아닌 시비조, 지팡이를 벌려 놓는다. 차장, 움찔하며 물러서서

차 장 상이용사님! 아닙니다. 그렇게 말씀하심 곤란합니다. 나도 모
두 서로가 어려운 형편을 모르지 않지만 간혹 가다가는 또 이
손님같이, (청년을 가리키며) 이판에서도 법을 찾는 분도 계시
고 하여…….

이때 뒤쪽에서 "법 좋아하네" 하는 야유성이 있고 폭소 터진다. 그
러나 꼬마는 벌써 걸상 밑을 기고 있다. 각 좌석에서 일어나는 기성
과 욕설과 탄성과 비명과 소동이 벌어진다. 중도에서 빠져 나와 앞
차량으로 도망친다. 카메라, 이를 따라가며 붙잡는다.

학 생 (일어나며) 그 애 찻삯 얼맙니까?

상이군인 찻삯? 찻삯은 법 찾는 사람이 물지?

차 장 아아니, 상이용사님! 별말씀을, 꼬마도 벌써 저기 도망갔군
　　요, 하하.

차장과 승무원, 다음 좌석으로 진행한다. 학생 앉는다. 청년도 머
쓱해서 앉는다. 상이군인이 다시 창으로 몸을 돌이킨다.

5. 또다시 암야행 열차

암흑 속을 열차가 가고 있다.
기적을 잦게 울리며 화통이 터널로 들어간다.
어둠 속에 무덤 같은 산 그림자가 보인다.

6. 터널 속의 열차

암흑 속에 흰 증기와 연기가 뒤틀리듯 뭉클하다.
터널 벽에 녹아 흐르는 물.
숨이 턱에 닿는 증기 뿜는 소리.

7. 객차의 일실(一室)

열려 있던 차창으로부터 연기와 증기가 일시에 들어온다.
일순 연기에 뒤범벅이 된 차실, 전등도 감싸진다.
자고 있던 승객들도 기침이나 가래 소리를 내면서 일어나 고장이
나 말도 잘 안 듣는 문을 짜증을 내면서 닫는다.
이때 앞쪽 문을 열고 꼬마, 천연스럽게 들어온다.

8. 먼저 좌석

터널 소동에 깜둥이가 깨어서 운다. 엄마가 얼르고 있다. 두 다리
를 다시 '니나'의 무릎 속에 뻗고 자던 '알로하 셔츠' 청년도 돌아
눕다가 찡그리며 일어난다.
깨어났다 다시 잠을 청하는 다른 승객들도 찡그린 표정과 혀들을
찬다.
꼬마가 다가와서 청년에게 꾸벅 인사하며,

꼬　마　아저씨, 아까 번에는 다리를 헛디뎌서 미안했습니다.
청　년　(자기도 멋쩍은 듯) 짜식, 너 오늘 재수 좋다. 딴 사람 같았으면
　　　어림도 없지, 골루 간다.
꼬　마　고맙습니다, 아저씨. 그 대신 구두 닦아 드릴게요!

그러면서 날쌔게 선반 위로 올라가 구두닦이통을 꺼내 내려온다.

청　년　음, 그런데 공짜냐? 짜식, 닦고 나서 딴소리하는 거 아냐?
꼬　마　그럼요! 내가 돈 받으면 사람의 새끼 아니라요.
청　년　그래! 내일 아침 부대 들어가는데 광을 좀 잘 내라. 미군 아저
　　　씨들 구두 안 닦는 거 '넘버 원 깟뎀'이거든! 알았지.

청년, 구두통에 발을 염치 좋게 올려놓는다. 꼬마, 헝겊을 펴며 닦
을 준비를 한다. 이 광경을 보다가 노인이 참지 못해선 듯

노　인　야야, 네 은인은 이 사람이다. (상이군인을 가리키며) 이분이 너

를 차장에게서 막아 주었다.

농 부 아니, 이 학생이…….

꼬 마 (쳐다보며) 알아요, 할아버지. 그래도 그 군인 아저씨나 학생
아저씨는 닦을 구두가 없어요, 예!

노 인 음, 그렇다! 우리가 너만 못하고나!

꼬마, 닦기를 시작한다. 주위의 승객들 모두 다 이 돌아온 탈주자
의 거동을 흥그러운 눈빛으로 바라본다. 오직 상이군인만은 종시
창으로 외면하고 있다가 (아니 암흑의 유리창으로 모든 장면을 지켜
본 듯) 그제사 앞을 막아 벌려 놓았던 쌍지팡이를 모아서 다시 창가
로 세운다. 그리고 다시 고개를 창으로 가져간다. 이때 깜둥이, 어
미의 품에서 고개를 뒤로 제끼며 울어댄다. 청년, 잠깐 일어나서
선반 위의 '보스턴 백'을 내려서 열고 '코카 콜라' 통을 꺼내 떼어
서 먼저 제가 쭉 마시고 난 다음 '니나'에게 내주며

꼬 마 '니나', 이거 먹여. 이 짜식 깜둥아, 조용해. '쨔니'! 이거
'콜라 오케' '노' 짜식 '콜라 오케'.

니 나 고마워요. (콜라통을 깜둥이 입에다 갖다 대며) '쨘', '쨔니',
'쨔니야'! 이거 마셔, 착하지, 어서 맘마야, 먹어, 응 어서.

그러나 깜둥이, 고개를 이리저리 외로 돌리며 더 크게 운다.

니 나 '쨘'. '쨔니야', 제발 빌 테니 응, 엄마가 빌 테니 말이다. 뚝
그쳐, 응, 이것 맛있는 콜라 알지, 잘 먹드니.

깜둥이는 울음을 멈추지 않고 이번엔 입에다 강제로 갖다 대는 깡

통을 손으로 뿌리치는 바람에 그것이 청년에게 떨어져 '콜라' 거품
과 물이 바지에 흐른다.

청　년　'깟뎀', 요 깜둥이 짜식, 너 그렇게 못되게 굴면 미국 보내 주
　　　　나 봐라. 요, 새까만 자식.

양복을 훔친다.

니　나　아이구 미안해요. '미스터 키퍼' 씨(하우스 키퍼의 뜻), 화내지
　　　　마세요. '쨔니', '짠', 왜 이리 보채니, 응 엄마를 마지막 못
　　　　살게 구니.
청　년　그것 봐 '니나', 이런 고약한 골칫덩어리를 말이야. 떨어지기
　　　　싫다구, 응, 생전 이런 걸 달고 댕겨 보지 흥. (밸풀이를 그 어
　　　　미에게 하는 듯)
니　나　…….
청　년　그래도 이 내 덕분에 이 밤만 새면 이런 고생문하곤 '빠이 빠
　　　　이지'! 낼 아침 말이지 우리의 '미시즈 코놀'(대령의 처란 뜻)
　　　　에게 이 깜둥이를 넘기기만 하면 신세 다시 펴지. 그 다음에
　　　　야 돈 벌지, 돈 막 벌지, 내가 코치만 하면야 깜둥이보다 흰
　　　　양키 싸젠트(하사관)도 얻어 걸리지!

'니나', 청년 얘기에도 경황없이 일어나 통로에 서서 안고 업고 달
래도 효력이 없다. 잠을 청하는 승객들의 찡그린 시선과 혀를 차는
소리. 청년, 콜라통을 집어서 치면서 그저 한다는 소리

청　년　이 짜식, 깜둥이 짜식, 미국도 못 갈라구, 으응, 미국 안 보내!

미국 안 보낸단 말이야.

니 나 ‘미스터 키파’ 씨 죄송해요! 나삐 생각하지 말아요, 네. ‘짜
니’, ‘짜니’야! 글쎄 왜 이리 보채니 응, 이렇게 보채는 것 처
음 보는구나! 역시 정 뗄라고 그러니? 울든지 보채든지 너의
파파 있는 데 가서, 넓은 그 나라 가서 한번 실컨 해 보렴. 응
‘짜니’야, 빌자 응.

꼬마, 구두를 다 닦고서 일어나며

꼬 마 아저씨, 이제 다 되었어요.
청 년 야 요기 좀, 더 침 칠하고 더 광을 내라! 짜식.

꼬마, 시키는 대로 또 한다. 요리조리 구두를 들어서 검사하고 나
서

청 년 이제 오케 나이스다, 굳 베리 나이스 보이 땡큐! 베리 머춰.

꼬마, “천만에요” 하면서 또다시, 선반 위로 기어오른다. 역시 더
보채 가며 우는 깜둥이와 이를 달래는 애마른 그 어미의 모습

9. 터널 속의 열차

암흑 속의 절박한 쇠바퀴 소리, 차량과 차량의 연결된 쇠고리의 삐
꺽거리는 금속성, 어둠 속에 허연 수증기의 거품, 터널 천정에 붙
은 희미한 불빛, 관(棺)이 움직이는 것같이 내려다뵈는 객차.
터널의 벽, 수증기가 녹아 흐르는 벽과 벽, 금이 간 벽, 희뿌연 벽,

폐색감(閉塞感)과 어떤 절정감(絶頂感)을 짙게 한다.

10. 또다시 어떤 좌석

통로에서 '니나', 아직도 볶아대는 깜둥이를 업고서 서성거리며
달래고 있다.
이제까지 책을 보던 학생이 보다보다 민망한지 호주머니를 뒤적여
캐러멜 한 통을 꺼내 가지고 일어서서는,

학 생 응, 자 이것 봐라! 이것 봐라, 캐러멜이다. 응, 밀크 캐러멜,
자, 자, 입을 벌려라. 이거 먹구, 응 착하지.

깜둥이, 보채면서도 흘끔흘끔 본다.

학 생 옳지, 옳아, 장군인데. (입을 오므려서 호르륵 소리를 내며) 자
아, 입 벌리고, 옳지 먹었다. 넘어간다.

깜둥이, 처음엔 경계하는 눈치더니 차차 마음이 돌아섰다고 보여
낼름낼름 캐러멜을 받아 먹는다. 그러다가 울음을 뚝 그치고서 점
점 엄마 등에서 학생 품으로 매달린다. 학생도 그 채로 받아 안고서
는 자리로 와서 먹이며 달래며 데리고 논다. '니나', 다행하고 고
마워서 어쩔 줄을 몰라 하며

니 나 이거 학생 양반! 죄송해서! 저걸 '짜니'야! 안 돼, 그런 더러
운 주제를 해 가지고서 우리 학생 양반의 존귀한 품에 기어들
구…….

학 생　괜찮습니다. 아주머니, 잠시 좀 쉬십시오. 제가 그 동안 이 애
　　　를 보죠. 그런데 이 녀석, 꽤 무거운데요.

깜둥이, 이제는 아주 의젓하게 학생 무릎에 앉아서 제 스스로 꺼내
먹고 있다. 학생이 얼르면 제법 싱긋벙긋하기도 한다. 그러는 새에
열차 좌석도 안정되고, 처음에는 '공연한 짓을 한다' 는 듯 눈치가
좋지 않던 노인도 차차 손주의 행동에 동화가 된 듯

노 인　(청년에게) 이 애가 미국을 가는가?
청 년　네, 영감님 그렇습니다. 우리 '코놀(대령)' 의 '미시즈 브라
　　　운' 이 와서요, 한국에 있는 미국 고아들을 줏어다 길러 주려
　　　고 하는데 나도 부탁을 받았지요. 그래서 내가 스페셜로 이
　　　'니나'의 깜둥이를 한번 봐주기로 한 거지요.

아주 자랑스러운 듯

노 인　그러문 이 어린것들이 그 먼 곳을 어찌 가는 가요?
청 년　비행기로 가지요, 그것도 공짜로 말입니다.
노 인　비행기로? ……이 어린것들이 어찌 어지러워서?
청 년　영감님, 그런 건 문제없어요. 비행기를 타면 평지에 섰는 거
　　　나 마찬가지라요. 나도 우리 '코놀'이 '넘버 원'이기 때문에
　　　헬리콥터를 한번 타 보았는데, 어찌나 편안한지 졸릴 지경이
　　　든데요.
노 인　…….
청 년　그저 이 짜식, 깜둥이 새끼가 복이 터졌지요. 나 같은 부대 직
　　　통짜리도 못 가는 미국을 그저 공짜로 가니 말이지……. 그런

데 '니나', 이 애는 말입니다. 어제는 이걸 보내지 않겠다고 울고 생난리를 치는 게 아닙니까. 이 골칫덩어리 원수 같은 깜둥이 자식을 말입니다. 떨어지지 못하겠다고 말입니다. 영감님 그렇죠! 쟨 이 깜둥이 때문에 그새 벌이도 못했습죠.

니 나 ……(오직 부끄러운 화제라는 듯 고개를 숙이고 있다.)

노 인 아무리 깜둥이라도 제 뱃속에서 생겨난 것이니 그렇게 손쉽게 떼 보낼 수야 있겠소, 어디……. 그러나 젊은이, 당신 말씀도 옳소. 이런 검정 어린것을 데리고 구만리 장천(九萬里長天) 같은 인생을 이렇게 아직 애리애리한 새댁이 어찌 살아 나간단 말이오!

깜둥이는 기분이 좋아졌는지 점점 주위마저 친숙해져서 앞쪽 상이 군인의 가슴에 달린 훈장을 보고 그쪽까지 달겨 넘어간다. 상이군인도 고개를 바로 하고 있다가 잘린 무릎 위지만 서툴게 받아 안는다. 그리고 훈장을 만지작거리는 깜둥이를 바라보면서 회상에 잠긴다.

11. 참호 속의 어떤 정경 – 회상 1

동란이 어느 정도 굳어진 1952년 어느 전선 전초 고지의 참호, 포성이 은은하다.
카메라는 황량(荒凉)한 외경(外境)에서부터 캄캄한 호 안으로 들어간다.
차차 윤곽이 드러나는 호 안에는 우리 사병 4, 5명이 흑인 병정 두세 명하고 둘러앉고 서서 막걸리(자양품인 듯)판을 벌이고 있다.
그 속에 상이군인(물론 성한 모습으로)이 흑인 병정 옆에 끼어 있다.

어지간히 술들이 얼근히 된 듯 국군이나 흑인이나 제멋대로 껴안고 '오케', '드링크' 등 반쪽 단어로 지껄인다.

참호를 따라 들어가면 흙푸대 벽과 통나무로 된 포문에는 각종 포가 장전되어 있고, 또 이 임무에 당한 군인들은 한쪽 술판과 아랑곳없이 긴장감이 내배고 있다.

다시 카메라가 술판에 오면 한 흑인 병정이 상이군인을 껴안고 뭐라고 뭐라고 반복해서 말과 형용을 하고 있다.

오직 '위 아 프렌즈 넘버 원'이라는 소리만 연거푸 들리며 상이군인도 '오케 유 넘버 원' 소리만 거듭한다.

그러다가 하도 흑인 병정이 애타 하니까,

상이군인 여, 여, 학병, (자기 옆 동료의 덜미를 붙잡아 돌리며) 이 깜둥이 새끼 나 보고 뭐라고 해쌓는데 뭐라는지 알 수가 있어야지. 죽이지 않는다는 건 분명한데 말야.

학 병 그 자식도 취한 거지. 그저 말소리, 쇠소리, 개소리지 뭐 별소리 있겠나…… You say once more.

흑인 병정 You know, we differ each other in nationality, race, homeland, parents, and the skin and so forth. You know, we differ each other in many respects.

학 병 Go ahead.

흑인 병정 But we are at one because we are same private soldiers and we are destined to die on the same day. Sure we are same. We are closest friends you know. We are number one friends. Sure true brothers.

학 병 You are right. I know what you mean. ……야, 이 깜둥

이 새끼 굉장한 소리를 하는데, 야들아 잠깐 조용해!

학병, 일어서며 손뼉을 쳐서 일동을 정숙시킨다. 학병의 진지한 거
동에 모두들 뚝 그치고 올려 쳐다본다.

일동 중 야 이 새끼야, 노래할래, 춤출래.

학 병 그런 게 아니라 깜둥이 이 친구가 하는 말이, (감동하여 조금
연설조가 된다.) "너나 나나 어머니가 다르고 고향(故鄕)이 다
르고 나라가 다르고 인종(人種)이 다르고 또 모두가 다른데,
오직 같은 게 있으니 그것은 너나 나나 이등병이라는 것과 죽
을 날짜가 똑같다" 이거다.

일동 중 옳소, 옳소. 그건 반공 통일보다 더 옳소.

학 병 …… 그러니 무엇이 다 달라도 죽을 날짜가 똑같은, 이렇게
가까운 사이가 또 어디 있겠느냐는 이런 말씀이다.

일동 중 그것 참 성경 말씀보다도 좋다.

학 병 …… (점점 열을 내며) 부모보다도 고향보다도 형제보다도 애
인보다도 얼굴색이 검고 누런 그것보다도 무엇도 무엇보다도
더 넘은 가까운 사이요, 형제다 그 말이다.

일동 중 야, 그 연기 김동원의 '햄릿' 울고 가겠구나.

또다시, 주석 소란해진다. 그러나 어쩌다가 〈해피 버스 데이 투 유〉
의 합창으로 변한다. 상이군인과 흑인 병정, 둘이 끌어안기도 하고
수염난 얼굴에 또는 검정 얼굴에 서로 키스를 한다기보다 문질러
댄다.

12. 격전 장면 – 회상 2

어느 전초 고지의 탈환전.

아군이 포복하며 기어오르고 있다.

그 속에 상이군인도 흑인 병정도 끼어 있다.

상이군인이 포탄과 탄환과 폭우 속에 고지에 올라 수류탄을 내려
친다.

흑인 병정, 뒤를 따라 일어선다.

백병전이 전개된다.

폭발, 폭발, 수류탄과 포탄과 탄환의 일제 작열!

장면이 전환된다.

태극기가 휘날리는 고지에 동이 튼다.

적 · 아군의 시체가 즐비하다.

상이군인의 어깨를 붙잡고 쓰러져 있는 흑인 병정.

위생병이 상이군인만을 바삐 단가에 담고 있다.

13. 또다시 열차 좌석

'도어'로 걸인 둘이 들어선다.

나환자(癩患者)인 듯 얼굴과 손등 등 싸매고 가렸다.

장타령을 큰 소리로 시작한다.

승객들 더러는 깨고 더러는 돌아눕고 한다.

이 소동에 이제까지 회상에 잠겼던 상이군인이 깨어난다. 그리고
아주 훈장을 떼어내어 깜둥이에게 채워 준다.

깜둥이 좋아서 키득키득거린다.

'니나', 민망스러워서 어쩔 줄을 모른다.

장타령이 고조에 달한다.

14. 암야의 열차

암흑 속의 열차는 이제 터널을 빠져 나오는 모양이다.

목쉰 기적 소리를 연거푸 울린다.

객차의 창 빛이 방울꽃을 점점이 늘어뜨린 것 같다.

흉물스런 터널의 산이 멀리 물러나간다.

15. 객차 내의 좌석

깜둥이가 도로 학생 품에 안겨서 색색 자고 있다.

'니나'도 고개를 푹 떨구고 그만 자고 있다.

청년은 먼저처럼 두 발을 '니나' 무릎에 내뻗고 잠들고, 노인도 끄
덕끄덕 졸며 말며 한다.

학생은 눈을 감고 무엇을 생각하는 듯, 이때 상이군인 암흑의 창에
서 얼굴을 돌리며 답답해 못 견디겠다는 듯,

상이군인 아부지예!

농 부 와, 어디가 안됐나!

상이군인 이 주제로 돌아올 바엔 죽는 것이 나았어예.

농 부 또 그런 소리, 벌써 몇번이나 하노. 죄받는다. 아까 이 옆 할
아부지가 뭐락하시드노. 살아서 만나본 것만두 만행(萬幸)이
라구 안카시드나!

상이군인 살았다카지만, 그래 내일 아직(아침)부터 우예 이 암흑 천지

를 살아갈기란 말인기요?

농 부 사는기사 그기 무슨 걱정이가? 지 나름으로 살자문사! 내 봐
라, 팔뚝 하나 없어도 잘만 살아 안왔나? 그저 남 봄에 좀 덜
좋아서 그렇지, 살기사 와 못 살아!

상이군인 차라리 아부지처럼 팔 하나 없는 편이 낫겠어예.

농 부 아, 안 그렇다. 걸어만 댕김 모하노, 손을 제대로 놀려야제.

상이군인 그럴까예.

농 부 하모! 그렇고말고! 나는 늬 마중 가민서 벌써 딱 작정해 놓았
는기라. 이제부터 바깥에 나댕기며 할 일은 내가 하고! 집에
들어앉아서 할 일은 늬가 하고! 그라믄 안되겠나! 그제?

그때 이 대화를 잠잠히 듣고 있는 학생을 발견하고

농 부 그렇지예? 학생 양반.

학생도 스스로가 눈을 뜨고 듣고 있던 자신에 놀라면서 그저

학 생 네…….

라고만 대답한다. 이때, 노인이 눈을 뜨며 손자가 아직도 깜둥이를
안고 있는 것을 보고 "응, 야가 아직도" 하며 '니나'를 깨우려고 그
쪽을 본다. '니나', 고개를 외로 꼬고 침까지 흘리면서 고단히 자
고 있다.

학 생 할아버지, 좀더 그 여자 가만히 두어 두세요.

노 인 (할 수 없이 무료함을 털려는 듯 손자를 보고) 이제 몇 점이 됐다

　　지?

학　생　(팔목시계를 보면서) 아직도 세 시 반이에요.

노　인　동이 트자면 아직 멀었군! 허허 참, 길고도 긴 밤이로구나!

16. 또다시 암야행(暗夜行)

암흑 속을 열차가 가고 있다.

흉물스런 짐승같이 큰 산 작은 산이 다가섰다간 멀어진다.

철교 위를 지나가는 소리가 밤의 적막을 더욱 공허하게 메아리친
다.

17. 객차의 좌석

깜둥이도 '니나'도 '알로하 셔츠'의 청년도 농부도 노인도 잔다.

선반 위의 꼬마 소년도 아까까지 도박을 하던 패도 술을 마시던 패
도 자서, 열차 내는 모두 다 혼곤에 빠졌다.

오직 상이군인이 암흑의 창을 바라보고 있고, 깜둥이를 안은 학생
이 천장에 철망을 쓴 희미한 등불을 멀거니 바라보고 있다.

　　■부기(附記) : 등장인물 중 농부와 상이군인은 하근찬(河瑾燦)의 소설 〈수난
　　이대(受難二代)〉에서 '데생'하였음을 여기에 밝혀 둔다. 〈현대문학〉(1975)

제 3 부

○

시나리오

- 갈매기의 묘지墓地

- 단군壇君

갈매기의 묘지 墓地

주요 등장인물

이현(李賢) 독립신문사 외신부장

김진남(金進男) 독립신문사 동경 특파원

윤고수(尹固守) 독립신문사 업무담당 파견원

노부코(信子) 부인 이현의 망우亡友의 미망인(일본인)

유리코(百合子) 딸(고1)

겐스케(健介) 아들(중2)

박생녀(朴生女) 유리코의 급우(級友)

그의 모 생녀(生女)의 어머니

로즈 요시다(吉田) 하와이 신문 여기자

무라노(村野) 시인 이현 유학시절의 동급생

후나가미(船上) 의원 이현 유학시절의 동창생

여선생

동급생 A, B, C

자모(姉母) A, B

교민회장(僑民會長)

일본 차관(次官)

주모(酒母)

기타

일본! 이야말로 은원(恩怨)을 넘어서 우리 민족이 영겁으로 상종해야 할 이웃이다.

한일 수교(韓日修交)가 이루어진 후 양국 간에는 정치·경제·문화를 비롯한 각 분야의 접촉과 교류와 왕래는 나날이 활발해 가고 있다.

그런데 이 교류의 주체가 양국 국민임은 두말할 나위가 없다. 그러나 한번 이 양 국민의 의식의 저변 속을 들여다볼 것 같으면 그 심각하고 암울한 지장인(支障因)이 허다하게 엉켜 있음을 곧 알 수 있다.

누가 만약 이러한 저변의 문제의식을 한꺼번에 파헤친다면 그는 낙망하여 방향감각마저도 상실하고 말리라! 그렇기 때문에 우리는 이러한 문제의식을 하나하나 조심스럽게 끄집어 내어 인류적인 예지와 거시적인 안목으로 화해시키고 거기에다 새로운 전망을 제시해야 한다.

작자는 전전(戰前) 일본에서 학창시대를 지냈으며 전후(戰後)만도 5년여의 체일(滯日) 생활을 통하여 우선 양국의 어디까지나 선의에 충만한 인간관계를 그려 보고자 하였다. 그러나 이러한 순수한 인간의 선의(善意)마저 양국의 역사의 음영이 비극적 결과를 초래하고 마는 것이다. 하지만 이 시나리오가 그러한 당위성 때문에 써지는 것은 물론 아니요, 오직 맑고 깨끗한 인정 이야기, 즉 좋은 의미의 멜로드라마를 써 보려 한 것이다.

이러한 작의(作意)에 비춰 이 시나리오의 영상은 경쾌할 정도의 청순한 터치를 요망하며 또 일종의 디스커션 드라마와 같은 용만(冗漫)한 대사를 구사하기 위한 연기력을 기대한다.

1. 갈매기 날아다니는 풍경

바다, 파도만이 넘실거린다. 갈매기가 한 때 어디서 몰려와 가없는
하늘에 활을 긋는다.
그중의 한 마리, 공중으로 치솟다가 애절한 울음소리를 내면서 파
닥파닥 떨어진다.
뒤를 이어 날던 갈매기 떼들이 이 비명에 놀란 듯 제가끔 울며 사방
으로 흩어진다.
파도는 마냥 넘실댄다.
프로펠러 소리가 울려 온다.

2. 비행중의 여객기

몸체에 태극기가 그려졌다.

3. 비행기의 객석

서양인들도 섞인 객석에 중년 신사 이현(李賢)이 파이프를 물고 앉
았다. (이 파이프는 이현이 전경〔全景〕을 통하여 품위 있게 애용한다.)
그의 무릎 위엔 책보로 싼 상자가 하나 놓였다.
차를 나르던 스튜어디스가 망설이면서,

스 양 그거 선반에 얹어드릴까요?

이   응, 아니 괜찮소.

스 양 골동품인가요, 매우 소중한?

이   글쎄 좀, 뭣한 것이어서…….

우물쭈물 빙긋이 웃는 이현에게 스튜어디스도 따라 웃으며 더 캐
묻지 않고 단추를 눌러 식탁을 내어 커피 등을 차려 준다.
이현은 차를 마시며 가끔 그 책보 상자에 시선을 떨군다.

4. 비행기와 환영(幻影)

하늘도 바다도 보이지 않는 희멀건 허공 속을 멀리 비행기가 꼬리
를 감춘다.
갈매기의 환영(幻影)이 비명을 지르며 너훌너훌 떨어진다.

5. 다시 비행기 객석

아나운서 "방금 여기서 일본의 명산 후지산(富士山)이 보입니다."

손님, 더러는 창에 몰린다.
서양 여인이 카메라 셔터를 누른다.
이현은 무심히 파이프만 빤다.

6. 후지산(富士山) 부감(俯瞰)

망원 렌즈가 확대되며 후지산 산정(山頂)이 굽어뵌다.

설악(雪岳)이 눈부시다.

7. 비행장의 송영대(送迎臺)

마중 나온 사람들 틈에 일본 상복(喪服) 차림의 노부코(信子) 부인
과 또한 일본 두루마기를 입은 무라노(村野) 시인(詩人)이 끼여 있
다. 또 한편 쪽에는 독립신문사의 깃발[手旗]을 쥔 윤고수(尹固守),
보기에도 사뭇 완고하다.
이때, 카메라를 어깨에 멘 김진남(金進男)이 바삐 달려와 노부코 부
인을 찾아내곤,

김   부인! 오셨군요.
부 인 아, 김 선생님! 친절하게 연락을 주셔서 감사합니다.
김   천만에요. 이렇게 나오셨으니 저는 부장님 전갈을 다한 셈입
      니다. (비행장 쪽을 보며) 금시 닿겠군요.
부 인 네.
김   저는 우리 지국 사람을 찾아야겠습니다. 나중에 뵙죠.
부 인 어서 가 보세요. 그럼.

김은 노부코 부인을 떠나 한번 휘둘러보고 윤고수 옆으로 다가서며

김   영감님, 늦어서 미안합니다.

그러나 윤고수는 들은 체도 않는다.

8. 비행기의 트랩

이현, 책보 상자를 들고 파이프를 문 채 뚜벅뚜벅 내린다.
한번 송영대 쪽으로 시선을 주나 별로 누구를 찾는 기색도 아니다.

9. 다시 송영대(送迎臺)

윤고수, 손깃발을 흔들며 좌우 아랑곳없이 큰 소리로,

윤　　부장! 이 부장, 여기요, 여기. 독립신문, 여기!

김진남은 등 뒤에서 잠잠히 넘겨다본다. 이현에게서 아무 반응이
없으니

윤　　(혼잣말처럼) 저, 이 부장, 돌부처 같은 귀머거리. 외국에 나와
　　도 뚫리지 않네. 내 참.
김　　영감님, 글쎄 저기까지 안 들려요.
윤　　들리지는 않더래도 보지도 못해! 이 깃발을 !

김진남, 윤고수의 성벽이 '또 나왔구나' 하는, 일종 체념의 표정을
짓는다. 한편, 노부코 부인과 무라노 시인 쪽에선

무라노　리상(이 씨)의 저 태연한 품은 노상 변하지도 않네요.
부 인　네……

하지만 벌써 감정이 벅차오르는 듯 허공 대답이다.

무라노 파이프도 여전하군…….
부 인 …….

10. 세관

이현의 차례다.
세관원은 먼저 트렁크 등을 조사한다.
이현, 책보를 푼다.
또다시 흰 보로 싸인 유골 상자!
거기에 손을 대는 이현을 보고,

세 리 그것은…… 유골입니까?
이   네, 풀 테니 열어 보시지요.
세 리 아니, 좋습니다. 어떤 분의?
이   친구의 것입니다. 그 부인이 일본 분이죠.
세 리 그것 참! 수고하십니다.

이현, 겉보자기를 열린 트렁크에 넣고 챙겨서 운반차에 싣는다. 그
리고 출구를 다 와서는 이번엔 파이프도 호주머니에 집어 넣더니
유골함을 두 손으로 정중하게 받들고 휘둘러본다.

11. 스테이션

영접객에 줄지어 김진남을 중심으로 윤고수, 노부코 부인, 무라노

시인이 출구에 대기하고 있다.

이현이 가까워 온다.

윤　(앞질러서 먼저) 이 부장! 어서 오세요.

이　아, 영감님 안녕하셨어요? (그러면서 즉시 노부코 부인을 향해) 부인, 오래간만입니다.

부 인　네, 이 선생님…… 무엇보다 죄송합니다. 출장을 오시는데 이렇듯 주인의…….

이현, 유골함을 그 자리에서 노부코 부인에게 넘길 것인가 망설이다가

이　김군, 어디 잠시 쉴 곳이 없나?

김　네, 저편에 커피숍이 있습니다.

일행 꽁무니에 윤고수, 불쾌한 낯으로 따른다.

12. 커피숍 안

탁자를 둘러 이현, 노부코 부인, 무라노 시인, 김진남 등이 둘러앉는다.

윤고수, 뒤따라와서 일부러 다른 테이블에 혼자 앉는다.

이　영감님, 이리 오시죠.

윤　아니, 난 여기가 괜찮소. 어서 부장, 빨리 일본 (악센트를 강하게) 손들과 용건을 마치시죠.

말씨는 온건하나 불쾌한 내색을 감추지 않는다. 김진남이 그 테이
블로 옮겨 앉는다. 이현이 자리를 일어서며 유골함을 두 손으로 받
들어 올리면서

이   뭐 별로 형식도 없을 테구요……. 그러면 부인.
부 인   무어라고 감사드릴 말씀이 없습니다.

노부코 부인은 유골을 가슴에 안고는 솟구치는 슬픔을 참느라고
애를 쓴다. 김진남, 이 광경을 카메라에 잡는다.

무라노   이군, 이것은 매장했던 것을 다시 파내어 화장해 가지고 왔
         나?
이   그런 게 아닐세. 12년 전 세상을 떠났을 때 화장을 해서 일부
         는 무덤을 짓고 일부는 내가 직접 간수했지. 언젠가는 전해
         드릴 날이 있을 것 같아서 말이지.
무라노   저런, 참 수고했겠네그려. 그 격란통에도 그걸 모시고 다녔
         으니…….

이현이 양복 안 포켓에서 명함집을 꺼내고 거기서 사진 한 장을 빼
낸다.

이   이것이, 백(白)군 무덤입니다.

노부코 부인, 그 사진을 뚫어지게 바라본다. 클로즈업된 사진에는
무덤 앞 돌비석에 '畵家 白俊德之墓'라고 새겨져 있다. 다음 무
라노가 받아 본다.

이   (화제를 돌려서) 그런데 참, 애기들은 잘 큽니까?

부 인   네, 염려해 주시는 덕택에…… (조금 말을 더듬으면서) 오늘 같
       이 올 것인데, 모두 학교가 돼서…… 죄송합니다.

이   학교…… 그렇겠지요. 이젠 애기들이 아니라, 옥희는 다 큰
       처녀가 되었겠군요.

부 인   네…… 그 옥희, 유리코(百合子)가 벌써 고1이라고요. 둘째 겐
       스케(健介)는 중2올시다. 댁에는요?

이   네, 모두 잘 있습니다. 그때 부인이 보신 큰놈은 대학에 들어
       간걸요. 정말 애들 크는 것을 보면 스스로도 이제는 나이 먹
       는 걸 알겠어요.

무라노   그 말을 듣고 보니 아까 멀리선 모르겠더니 꽤 머리가 희었
       네그려.

이   응, 희었고말고. 그런데 자네의 장발(長髮)은 옛날 그대롤세.

무라노   나야 만년 청년인걸!

이   시인이란 대강 조로증(早老症)들인데, 무라노 군 자네는 예욀
       세.

일동 비로소 웃는다. 이때 윤고수, 자리를 뜨며 이현을 재촉하는
눈치다.

이   섭섭하지만 신문사 일행이 기다리고 해서 오늘은 이만 실례
       해야겠습니다.

일동, 일어선다.

13. 비행장 앞

일행은 인사를 나누고 먼저 노부코 부인과 무라노 시인이 택시를 붙들어 탄 후, 이들을 보내고, 이현 일행은 신문사 깃발이 달린 자동차에 오른다.

14. 달리는 자동차 속

김진남이 운전하고 뒷자리에 이현과 윤고수.

윤 하아, 이 부장이 왜녀(倭女)하고 친분이 있을 줄은 몰랐군요. 그 뼈다귀, 왜녀석 것인가요?

이 아니요, 내 친구 백준덕이란 화가 것입니다.

윤 어어, 그 자살인가 했다는 유명한 화가! 그 사람이 왜녀하고 살았군그래! 그 말을 들은즉, 그 사람 본시 인간이 정상친 않았군.

김 (한마디 쏘듯이) 일본 사람하고 결혼한 인간은 덮어놓고 다 정상치 않은가요?

윤고수, 너 말 잘했다는 듯이

윤 그야 그렇지, 암 그렇고말고. 자기들 원수놈하고 피야 합칠 수 있나! 머리가 정상한 인간치고야.

이 (무마하는 어조) 사람이란 서로가 제가끔 다른 사정을 지니고 있으니까요. 그런데 내가 묵을 곳은 어디죠?

윤	(사뭇 호기 있게) 벌써 턱 호텔 뉴 코리아에 방을 예약해 놓았지요.

이	뉴 코리아? 거기는 공연히 비싸담엔서요? 그리고…….

윤	뭐 별로. 그보다 첫째 좀 비싸다치드래도 우리 독립신문사 부장님이 괴상한 일본 여관에 드실 수야 있으신가.

이	(쓴웃음을 지으며) 영감님이 크게 선심을 쓰신 것은 고맙지만 거긴 서울 여관 옮겨다 놓은 것 같다지 않습니까. 그러면 첫째 일에 방해가 될 것이어서…….

김	그렇습니다! 부장님, 제가 뭐래요, 영감님. 우리 지국 옆에 제가 묵고 있는 여관에 방을 좀 나은 걸 하나 고르는데…… 또 영감님의 그 맹렬한 고집이 나와서…….

윤	일본 여관! 말도 안 되는 소리. 이 부장마저 유카다(일본 홑옷)를 걸치고 거기에 유하게 할 참인가!

이	자아 그럴 게 없구, 노인이 모처럼 손수 정해 주신 데니 한번 뉴 코리아에서 호기를 부려 보지. 그러다가 정 못 있을 지경이면 그때 김군과 의논할게.

김	네…….

윤	…….

창 밖은 등불의 바다, 동경의 거리

15. 지국(독립신문) 사무실

번화가 빌딩의 한 방.
이튿날 아침이다.
응접 세트에 이·김·윤이 대좌해 있다.

벽에는 태극기와 신문사 기 등이 붙었고 타이프라이터 등이 놓인 취재기자 테이블과, 장부나 주판이 놓여 있는 윤고수의 서무 탁자가 있다. 또 한편 문 쪽에 여사환이 앉아 있다.

이   이번 나의 출장은 지국확장 시찰이라고 되어 있으나, 이 문제는 머지않아 미국 가셨다 돌아오는 부사장께서 직접 하시게 되어 있으니 업무면의 나의 임무는 전연 없습니다. 오직 공식적 취재는 안 하겠지만 한일 국교 성립 후의 일본 정치 로비의 그 방향이라고 할까, 이런 것을 좀 보고 가렵니다. 그러니 나 때문엔 신경들을 별로 쓰지 마십시오.

윤   (실망한 듯이) 그런 걸 나는 밤을 새워 가며 지국업무 결산표를 작성도 하고, (서류철을 들어 뵈며) 서둘러댔는데요. 그야 오밤중에 나타나 윤고수를 뒤진들 무엇 하나 틀림이야 없지만…….

김   그러면 제가 외무성 신문과에 면담하실 분들을 신청해 놓게 그 리스트를 주십시오.

이   글쎄 아까도 말했지만 이번엔 공식적인 인터뷰는 안 할 셈일세. 자네도 평상대로 일하게.

윤   그건 그렇구 이 부장, 여기 지국장 결정은 어떻게 된 겁니까? 현지가 아주 곤란해요. 직권(職權)이 없으니까 상하 구별이 없어서…… . (말꼬리에 힘을 준다.)

이   글쎄 높은 분들의 속을 알 길이 없지만 아주 신중을 기하는 모양이던데요.

김   (그런 문제는 흥미 없다는 듯) 그러면 저는 지금부터 프레스 클럽에 나가도 됩니까?

이   되고말고. 어서 가 보게.

이때, 도어에 노크 소리가 들리며 로즈 요시다(吉田)가 표표하게
등장, 주위의 시선도 아랑곳없이 김진남 옆으로 가더니

로　즈　굿 모닝 미스터 김, 오늘 아침 무슨 딴 볼일 있나요?

김　　노, 노, 네버. 미스 로즈 기다렸지요.

그러나 조금 당황한 눈치, 잠시 서서 무엇을 생각하더니 마음을 작
정했는지

김　　미스 로즈, 본사로부터 우리 부장님이 오셨어요, 소개하지
　　　　요. (이현 쪽으로 데리고 가서) 저의 동료 미스 로즈 요시다올시
　　　　다. 헤럴드 트리뷴 계통의 하와이 신문의 특파원입니다. 이
　　　　위 5층에 사무실이 있지요. (로즈에게) 이쪽 분은 우리 부장이
　　　　신 미스터 리, 또한 나의 돌아가신 아버님의 친구시요, 나의
　　　　보증인이시기도 합니다.

두 사람은 상냥하게 웃으며 악수한다. 윤고수는 비위가 상한다는
표정

로　즈　미스터 김으로부터 여러 번 당신 말씀 들었습니다. 그런데 미
　　　　스터 리께서는 이 미스터 김과 같은 훌륭한 부하를 두셔서 행
　　　　복하시네요!

이　　(미소하며) 네, 네, 감사합니다.

김　　(당황해서) 아니, 부장님 죄송합니다. 이 미스 로즈의 말은 서
　　　　양적 표현이라서…….

이　　알고 있네, 또 좀 좋은가!

로 즈 (의아한 표정으로) 나의 말이 잘못된 데라도 있나요. 네, 미스
      터 김.

김   잘못되었다기보다, 우리네 풍속엔 윗사람에게 여성이 제 남
      자친구 자랑을 하지 않는 게 보통이기 때문에…….

로 즈 아, 그래요. 그러면 사과합니다. 그리고 아까 미스터 김 칭찬
      은 취소고요.

셋이 함께 웃음을 터뜨렸다. 윤고수만은 점점 험상궂은 표정

이   김군, 나는 오후 네 시경 태양신문 외신부에 있을 것이니 이
      따 틈 있으면 그리로 오게나.

김   네, 그러면 다녀오겠습니다.

로즈 요시다는 이현과 인사를 나누고 김진남과 팔짱을 낄 듯이 붙
어서 나간다. 윤고수, 그 뒷모습을 흘겨보고 다 나간 후 자못 불쾌
한 어조로

윤   부장, 저거요, 저거. 동경지국의 당면 문제는 말이죠, 골칫거
      리구요. 한마디로 하자면 김군을 즉각 본사 소환을 시키는 거
      죠.

이   ……?

윤   이대로 일본에다 김군을 내버려 두면 우리 독립신문은 망신
      을 하고 또 한 사람 유능한 젊은이도 망치는 게 되고. 야단났
      어요, 야단났어.

이   (너무나 모른 체도 할 수 없는 듯) 뭣이 그리 야단스러운 일인가
      요, 윤 영감님!

윤   하아, 당신이 금시 보고도 모르시우. 그 왜녀하고 김군이 사
     고(?)래도 일으키는 날엔 어찌 될지 한번 생각해 보시구료!

이   …….

윤   이야말로 참 우스개가 아니죠. 나 같은 신문사 노틀〔老人〕이
     옆에 있어 가지고서 이 일본 수부(首部)에서 말이죠, 우리 독
     립신문의 사원이 만의 일이라도 왜녀와 잘못을 일으킨다면,
     말입니다. ……그야 나이도 젊은데 게이샤(일본 기생)래도 샀
     다면사 이해도 하고말고요.

이   영감님! 그런 걸, 뭘 그리 크게 염려하십니까. 아직 뭐 어떻게
     되었다는 것도 아니고 또 그 여기자, 아메리카 사람이라던데
     요.

윤   뭐, 아메리카 사람이라고요? 2세든 3세든 왜놈의 종자야 왜
     놈의 종자지!

이   …….

윤   이번에 데리고 가시죠. 이 부장은 김군에게는 오직 상하사(上
     下司) 관계만도 아니죠. (그리고 음성을 낮추며) 부장! 정말 이
     번 떠나실 때 사장님으로부터 무슨 전갈이나 의논 같은 것을
     받지 않으셨나요? 반드시 무슨 얘기가 있었을 텐데…….

의미 있게 쳐다보는 윤고수의 시선을 가볍게 흘리면서

이   아니요, 몰라요. 나에겐 사장께서 아무 말씀도 안 하시던데
     요.

하고는, 흥분된 윤고수의 얼굴을 쳐다본다.

16. 본사의 사장실 – 회상

사장과 이현이 대좌해 있다.

이현, 사장이 내미는 편지를 받아 먼저 겉봉의 앞뒤를 본다.

클로즈업된 표면에는,

'大韓民國 獨立新聞社 高大日 社長 座下, 人事秘親展'

뒷면에는,

'獨立新聞社 日本支局 總務 尹固守 拜上'

이라고 쓰여져 있다.

이현, 봉투 속의 두루마리를 꺼낸다. 먹으로 쓰여진 글발이 또다시
'W' 된다.

윤   (내레이션) (그의 꽥꽥거리는 음성으로) ……특파원, 김군의 보도활
       동을 평하오면 더할 나위 없이 기특하다 하겠사오나, 호사다
       마란 문자 그대로 본 지국이 기류하는 동 건물 내에 미국 통
       신원이라 자칭하는 기장요염(奇粧妖艶)의 왜국 낭자가 있어
       서 공동 취재라는 구실로 접근하여 근일에 이르러서는 양인
       이 프랜드로 자처하며 만인의 이목을 꺼리지 않을 뿐 아니라,
       심지어는 상호간 숙사까지 공공연하게 출입 왕래하기에 이르
       렀습니다. 시생도 사장 선생님이 숙지하시는 바처럼 개화문
       명의 첨단을 언제나 답보한 자오라 이제 새삼스럽게 청춘남
       녀의 자유교제를 저지할 의사는 추호도 없사오나 오직 김진
       남 군의 상대가 왜녀(倭女)임에서야 우리 독립신문의 과거 반
       세기 항일, 반제의 전통과 그 영예를 오손시키는 사태이므로
       숙고초려(熟考焦慮) 끝에 그 진상을 상보하는 바이오며, 겸하

여 화급한 인사조치를 구신(具申)하는 바입니다. 고 사장 선
생의 현명하시고 단호하신 처분만을 복망합니다.

이현이 다 읽고 두루마리를 만다.

사　장　(미소하며) 편지가 윤 영감의 견해니 형편을 문면대로만 받아
들이기도 뭣하고…… 그렇지만 이 부장! 윤 영감이 이렇듯이
내게 편지까지 낼 때야 보통으로 눈에 거슬리는 게 아닐 듯도
싶소. 그리고 특히 김 기자는 이 부장의 추천으로 보낸 사람
이 아니오. 또 이런 사실의 가능성만 가지고도 우리 사는 인
사정책상 방관할 수도 없고 여하간 이번 이 부장이 가서 실정
을 파악도 하고 지도도 해 주시오.
이　　네…….

17. 지국 사무실

다시 이현과 윤고수.

윤　　문제는 어찌 보면 아주 간단할지도 모르죠. 본사에 돌아가면
일시 바람도 자고, 왜녀 같은 일 금방 잊어버릴 거요.
이　　좌우간 나는 처음 듣는 소리니 천천히 주의해서 보기도 하고
또 당자에게 물어도 보지요.
윤　　(천천히란 말에 화가 나서) 내가 다 조사했다오. 부장, 둘은 벌
써 갈 데까지 다 갔어요. 저 말괄량이 계집애 같으니라고, 입
에 담기도 치사하지만 언젠가 내가 출타했다 돌아오니 글쎄
이 신성한 사무실에서 백주에 둘이 끌어안고 있는 걸 내 눈으

로 똑바로 보았단 말입니다.

이   ⋯⋯.

윤   사태는 일각을 지체할 수 없어요!

손발마저 구른다.

18. 태양신문사 앞

이현과 김진남이 나온다.

이   김군, 어디 볼일 없거들랑 저녁이나 같이 하세.

김   네, 그런데 오늘 저녁은 저에게 맡겨 주십쇼.

이   (웃으며) 자네가 소위 긴자(동경의 번화가) 안내를 할 셈인가!
     여하튼 따라가 봄세.

19. 카바레 문 앞

이 · 김, 둘이 나타난다.
김진남이 앞장 서서 문을 열고 들어가려니까 이현이 간판 등을 보
고선,

이   김군, 김군, 잠깐만! (타이르는 어조로) 자네 왜 내 취미를 알지
     않는가⋯⋯.

김   선술집이나 목노집 같은 데 말입니까⋯⋯? 동경까지 오셔서
     그런 통술집에야⋯⋯.

이   김군 모르는 소리, 행락장이란 세계 어디를 가도 비슷비슷한

걸세. 그러나 조그만 통술집 같은 데는 그 나라 독특한 풍미
와 정취가 있다네.

김　　원 참 부장님도! 그러면 어디 선술집으로 가 보십시다.

그들은 다시 걸음을 옮긴다.

20. 통술집

자그마한 통술집, 김진남이 단골인 듯 주모가 대단히 반긴다.
김, 술과 안주를 청하고는 화장실로 간다.

이　　김씨는 여기 단골손님입니까?

주 모　네, 잊을 만하면 와 주십니다.

이　　그 사람은 술이 들어가도 별 실수 없지요?

주 모　네! 실수라니요. 젊은 분이 언제나 한결같아서 여기 오시는
　　　손님들이 김씨 그분은 저쪽 분 같지 않다고들 평판이랍니다.

이　　저쪽이라니?

주 모　(조금 살피는 눈치더니 금시 보통 어조로) 저쪽, 조선의 남쪽……
　　　한국 분이죠. 선생도 그러신가요……?

이　　예, 아주 순수한 한국 토종이오!

이때 김진남, 좌석에 돌아온다.

이　　한국인이 한국인 같지 않은 것이 칭찬이 되나!

김　　(즉시 사정을 알아차리고) 저 주모가 나를 한국인으로 뵈지 않
　　　는다고 하였군요……. 그것이 일반 일본인들의 우리에게 향

한 최대의 찬사랍니다. 말하자면 저들은 나에게서 그리 이질
감 같은 것을 느끼지 않는다는 표현이죠. 물론 딴 외국인에게
는 이 이질감이 무조건 숭배의 요소이긴 합니다만.

이　그런 모욕적인 찬사를 받았을 때 자네들은 그래 뭐라고 응수
하나? 그렇지 않으면 좋아서 입만 벌리고 있나?

김　부장님도, 그런 걸 일일이 신경을 쓰십니까? 우리 신문에서
도 걸핏하면 일본 대신 왜(倭)자가 아닙니까. 그런 거 서로 피
장파장이지요, 뭐.

이　피장파장이라! 그러면 자네는 그런 말을 아무렇지도 않게 흘
려 버리는가?

김　그야 아무렇지도 않지는 않지요. 괘씸한 마음도 들지요. 그러
나 그것을 일일이 따지다간 여기 일본서 일할 수 있나요. 이
것은 반대로 일본 기자들이 한국에 가서도 마찬가지지요. 오
히려 우리들보다 더할지도…….

이　흠, 그렇군.

김　그와 같은 두 나라 구세대들의 상처의 자국이나 적대의식이
라는 게 영속할 것이며, 또 지금 세상에 통할 것인가요? 가까
운 예를 들어 우리 윤 영감 같은 이의 제2천성화가 돼버린
반일벽 같은 것은 넌센스예요. 참말 본사는 왜 그런 영감쟁이
를 하필이면 이런 동경에 보내서 남들의 웃음거리가 되게 하
는 겁니까?

이　넌센스? 웃음거리?

김　부장님을 뵈온 김에 평상시 울분을 털어놓습니다만 저희 지
국을 찾아왔다 간 친구들이 저보고 무엇이라는지 아십니까?
너희 지국에서는 대한민국 영사 사무를 보느냐고요……. 국
기 아래 떡 버티고 앉은 윤고수 영감을 보고서는 말입니다.

이　　음…… 그러나 김군, 본사서 윤 영감을 동경에 보낸 데는 아
　　　주 이유가 없는 것도 아닌 걸세. 자네들 같은 젊은이들이 일
　　　본의 문물에 홀려 빠져 버릴까 봐서 그 견제의 한 표본으로
　　　말이네.

김　　우리가 일본에 홀린다던가 빠진다는 것은 무엇을 의미하는
　　　것입니까? 저희가 일본에 대해서 적대감정 없이 순수하게 사
　　　물을 보고, 생각하고 쓰는 것을 말하는 것입니까? 실은 그것
　　　이 저의 고민입니다. 제가 국내의 호흡을 맞추어 기사를 써
　　　보내면 데스크에선 잘 받아 주지만, 정직히 말하면 그것은 저
　　　널리스트로는 정도(正道)가 아니거든요.

이　　음, 그 점은 나도 짐작이 가는 바일세. 역시 자네는 공부하고
　　　있네그려! 자 한잔 하세. 나도 이제 속이 후련하네.

김　　(이현의 말꼬리가 짚여서) ……부장님! 무슨 저 때문에 본사에
　　　서 말썽이라도…….

이　　아니야, 아무 일도 없네. 새로운 일본은 '새 한국의 눈으로!
　　　새로운 한국은 새 일본의 눈으로!' 라고. 김군, 오늘 자네에게
　　　많은 가르침을 받았네.

김　　그렇게 말씀하시면, 오히려 송구스럽습니다. (머리를 긁는다.)

21. 노부코 부인 댁 응접실

벽에 붙은 캘린더가 일요일이다.
이현, 무라노 시인, 노부코 부인이 차를 마시고 있다.
이현이 일어서서 벽의 그림을 그리운 듯이 바라보면서 가까이 간
다.
그림은 20호 정도의 동양화, 큰 바위 아래 산길, 흰 머리에 흰 수염

을 한 노인이 암소 고삐를 떨구고, 가마에서 내려 바닷가에 서 있는
미인에게 철쭉꽃을 한아름 바치는 풍경이다.

이   참 오래간만이군요, 이 그림! 부인, 이 그림의 유래를 아십니
       까?

부 인   네, 신라 설화라던가요…… 신제작파(新制作派) 전람회에 낸
       건데 입상은 되었지만, 문학 냄새가 짙다고 비평도 많았고.

이   그건 그랬습니다만, 이 모티브를 택하게 된 본시의 동기 말입
       니다.

부 인   (웃으며) 저에게 바친다나요, 어쩐다나요.

이   바친다 어쩐다나요, 정도였나요, 어디? 이보게 무라노 군, 자
       네 이것을 보고 느끼는 게 없나?

무라노   응, 나도 옛날부터 백군의 이 그림을 알지만……. 옛날 신선
       이 자기의 사랑을 여신에게 바치는 것 같군. 말하자면 '시적
       (詩的) 사랑의 풍경'이라 할까!

이   역시 시인은 다르군!

이현, 그림과 두 사람을 바꿔 쳐다보면서 차근차근 설명을 꺼내나
점차 목소리나 표정에 열을 띤다.

이   6세기, 우리 나라 신라시대 우리의 시가 향가라는 명칭으로
       시작되었는데, 그중에 하나 〈노인헌화가(老人獻花歌)〉라는
       시가 이것입니다. 내가 여기서 뜻만을 번역하면 "자줏빛 바
       위 가에 암소 고삐를 놓아 두고 그대가 부끄러워만 하지 않는
       다면 저 꽃을 내가 꺾어다 바치리이다" ……다시 설명을 하자
       면 바닷가 길을 가다 쉬던 미인이 돌산 절벽에 피어 있는 꽃

을 보고 "저 꽃 좀 봐!" 하고 감탄하였지. 그때 마침 암소를
몰고 지나가던 한 노인이 이를 보고 미소를 지으며 소 고삐를
놓더니 벼랑에 올라가 꽃을 꺾어다 그 미인에게 바친다는 얘
기인데, 이것이 스토리가 아니고 시란 말입니다. 또 그 미인
은 수로(水路) 부인이라는 신라 절색 미인이었고요.

무라노 옳아! 그것 참 좋다. 그 이미지와 컴퍼지션이 마치 현대 풍경
을 방불케 하네.

부 인 무한히 아름다운 설화예요.

이 이것을 말이지, 백군이 말이지, 흰곰 같은 그자가 말이지, 저
노부코 양에게 반해 가지고 말이지, 시도 현실도 그림도 분별
이 없는 거라. 그저 염불하듯이, 아니 짐승이 울부짖듯이 저
시를 읽곤 그리고, 또 읽곤 그리고 나서는 노부코 양 타령일
세.

부 인 …….

무라노 …….

이 그리고는 나보고 또 그 시를 낭송하라는 게 아닌가. 한 번 하
면 또 하라고 열 번도 백 번도 더 하란단 말이야. 나중엔 내가
짜증이 나서 성을 벌컥 내지 않았나!

이현, 말 도중에 추억에 감정이 격해지는 것을 진정시키느라고 소
파에 와 기댄다. 노부코 부인, 고개를 드리우고 얼굴에 수건을 갖
다 댄다. 무라노 시인도 숙연한 모습

이 (이 무거운 공기를 깨려고 일부러 과장한 억양을 지으며) 여하간
그 백군인지 백곰인지의 연애는 무시무시했었지. 마치 간질
병 들린 사람 같았지. 언제나 불난 집 같았다니까! 그랬지요,

부인.

부인, 눈물이 글썽글썽하면서도 웃으며 고개를 끄덕인다. 이현과
무라노도 크게 웃는다.

이　　　(재빨리 화제를 돌려서) 부인! 귀환자치고는 집이 아주 훌륭하
　　　　군요. 내가 언젠가 유럽에 갔다가 돌아오며 들렀을 땐 아직
　　　　친정살이를 하셨죠.
부　인　네에, 덕택에 작년에야 겨우 애들하고 독립을 하게 되었죠.
　　　　무라노 선생님이 여러 모로 도와 주셨어요.
무라노　무라노 선생! 그 선생님이야 이군도 잘 알 듯 세상살이야 젬
　　　　병인데, 무얼 도울 힘이 있어야지.
부　인　그래도 점포 피알(PR)이랑 때마다 앞장을 서 주셔서.
무라노　점포만도 그렇지. 정말 부인께서는 그 동안 고생이 이만저만
　　　　아니셨지. 귀환해 가지고 출산한 젖먹이마저 있는데 직업전
　　　　선에 나서셨으니……. 그런데 부인도 백군처럼 미에 대한 천
　　　　재랄까, 그 재분과 거기다 그 강한 인내력, 그런 것이 차차 세
　　　　상에 인정되어 이제 와선 일본 디자이너계에선 손꼽는 한 분
　　　　이 되셨고, 점포도 긴자에선 자그마하지만 손은 많고…….
부　인　또, 이 자리에서 저의 선전을 해 주시려는 겁니까. (일동 폭소)
　　　　실은 애들 때문에 두 분 선생님께 의논드릴 것이 있는데
　　　　요…….
무라노　말씀하십쇼, 뭐든지요. 이왕이니…….
이　　　(웃다가 부인의 진지한 기색을 보고) 무슨 어려운 일입니까?
부　인　(거북한 듯 말을 꺼낸다.) 유리코(百合子), (이현에게) 옥희 말입
　　　　니다. 그 유리코와 겐스케(健介)에게 실은 제가 아직 저희들

의 부친 얘기를 털어놓고 하지는 못했습니다. 일본 친정으로
와서 다음 해 주인의 부보(訃報)를 받았습니다만…… 그때 유
리코는 겨우 세 살, 겐스케는 갓난 핏덩이였지요. 그것들한테
거짓말이 통할 때도 아니었고, 그 다음 차츰 커 가니 이번엔
제가 그만 말을 낼 수가 없게 되었습니다. 아버지도 없는 것
들에게 이중의 그늘을 주기가 애처로워서 말입니다.

유리코 부인의 얘기는 자주 끊어진다.

이   …….
무라노   …….
부 인   그러다가 친정 권고도 있고 해서 호적도 저 애들 외숙 댁에다
         넣고 말았어요. 언제나 마음속에선 큰 죄를 지은 것 같은 자
         책 속에 휘몰리면서도 저 애들 자신만 행복하다면 하고…….

이현과 무라노는 긴장, 입이 붙은 듯 말이 없다.

부 인   저의 마음속으로는 애들이 둘 다 성년이 되고 나면 일러 줄
         작정이었습니다. 그런데 이번에 이 선생님의 연락을 받았지
         요. 저 혼자 무척 고민을 했습니다. 그제도 끝내 애들에게 말
         을 못하고, 비행장에도 같이 못 데리고 나가고……. 지금 이
         시간까지도 애들은 저희 아버지가 조선 학교에 근무하던 일
         본인 화가로, 귀국을 늦추다 세상을 떠난 것으로 여기고 있어
         요.
이   음……. (신음에 가깝다.)
부 인   두 분 선생님! 이럴 때 저는 어찌했으면 좋을까요……. 그야

214

유골을 절에다 모시자면 고백하지 않을 수도 없지만요…….

무라노 (부인의 고백하지 않을 수 없다는 말에 용기를 얻은 듯) 부인, 그렇
습니다. 역시 알려야지요. 유리코나 겐스케도 예상 외로 쉽
게 이해할지도 모릅니다.

이 무라노 군, 그것은 좀더 깊이 생각할 문젤세. 그 애들의 장래
를 위해서는 지금 설파하지 않는 것이, 아니 끝내 그들은 모
르는 것이 오히려 나을지도 모르지.

무라노 이군, 그것은 자네답지 않은 소리! 그건 안 됩니다. 그리고 첫
째 위패에 '백(白)' 자 대신에 '야마시다(山下)'라고 해서 쓰
란 말인가.

이 …….

부 인 …….

무라노 부인, 인간은 언제나 진실과 직면해야 합니다. 또 진실과 아
무리 외면하자 해도 언젠가는 직면하게도 됩니다. 겐스케 남
매도 그 진실 위에 홀로 서야 하며 또 홀로 설 나이입니다. 용
기를 내십쇼. 정 뭣하시다면 제가 대신해 드릴까요.

부 인 (당황하며) 아녜요, 제가 마음을 가다듬어 해 보겠어요…….
그러나 이제 애들을 여기 데리고 와도 아직은 두 분 다 그런
내색을 말아 주세요.

이 네, 그거야 뭐 저희들이 어련히…….

노부코 부인, 일어서 나간다.

무라노 (혼잣말처럼) 음, 참, 거기까지야 미처 몰랐지. 문제는 우리가
상상도 하지 않은 데가 있군.

이 내 생각이 부족했던 걸세. 빨랐어, 아직은 빨랐어. 그저 내 자

신의 우정에 눈이 멀어서…….

22. 계단

좁고 급한 팔자 계단을 노부코 부인이 올라간다.
2층 좁은 복도, 한편으로 방 둘이 나란히 있다.

23. 겐스케의 방

첫눈에 미술을 좋아하는 중학생 공부방이다.
다음 방과의 사이는 장지문이 달렸다.
겐스케, 캔버스에 열중해서 노크도, 어머니가 들어선 것도 모른다.
유리코 부인, 한참 동안 캔버스의 정물화를 겐스케와 번갈아 지켜
보고 있다가,

부 인 겐짱(선머슴애들을 부르는 일본 애칭)!
겐스케 (그제야 뒤를 돌아보고) 엄마, 왜?
부 인 무라노 선생님하고, 또, 왜 전번 아버지 유골을 갖다 주신 한
        국 손님이 오셨어! 이제 다 같이 식사해야지, 응.
겐스케 (화필을 놓고) 어때, 엄마? 요전 것보다 낫지?
부 인 (다시 한번 보고) 으응, 아주 썩 좋아졌는걸! 첫째 색깔이 안정
        되었구먼.
겐스케 (기뻐하며) 엄마, 그럼 이번 여름방학에 연구소 보내 줘, 응?
부 인 학교 미술부만 열심히 다녀도 충분하지만서두.
겐스케 싫어, 난 이제 석고는 싫증이 났어. 움직이는 인체가 그리고
        파, 응?

부 인 그럼, 엄마, 나를 그리렴?

겐스케 그래, 그릴게. 연구소 가서 인체 배워 가지고 한번 엄마 멋있게 그려 줄게!

부 인 그래, 그래 봐라. 어서 그것보다 바삐 내려가서 손님들한테 인사하구…… 밥 먹어야지.

겐스케 응, 그럼 여름방학 알았지? 꼭 엄마. 아아 배고프다.

겐스케, 훌딱 방을 튀어나간다. 쿵쿵거리고 내려가는 뒤에다 대고

부 인 먼저, 응접실에 가서 인사하는 거다, 응, 알았지?

겐스케 네. (시원스런 대답)

노부코 부인, 그 옆방으로

24. 유리코의 방

무용 의상과 일본 가야금이 눈에 뜨인다.

차게 빌 정도로 희고 맑고 또 섬세한 느낌의 유리코가 책상에 두 팔로 턱을 고이고 있다. 무엇을 골똘히 생각하고 있다가 옆방 인기척에 벌써 깨어났지만 도무지 만사가 반갑지 않은 듯한 표정이다.

부 인 유리짱(애칭), 얘야 밥 먹자…….

유리코 (돌아다도 안 보고) 알았어요. 난 안 먹을 테에요. 그리고 지금부터 무용 연습을 가야 하고…….

부 인 (걱정이 돼서) 너 어디 아프니? 요새 어쩐 일이지…… 밥도 제대로 안 먹구…… 무슨 일 있니? 학교에서 무슨 트러블이래

도 있니? 지난번 문화제 때 무용 때문에 그것을 신경 쓰는 것
은 아니겠지?

그 말에 찔리는 듯 표정을 움찔하지만 금시 강하게 부정을 하며

유리코 아니야. 엄마, 아무 일도 없어! 단지 요새 좀 속이 불편
해…….
부 인 그래, 그러면 병원엘 가 보아야지! 먹지를 못해서야…….
유리코 정말 괜찮아, 엄마 제발 좀 가만히 놔둬!

유리코 외출 채비를 한다.

부 인 ……그러면 유리짱, 손님들에게 인사나 치르고 가거라, 응.
유리코 …….
부 인 그 먼 데서 아버지 유골을 갖다 주시고 또 일부러 우리 집까
지 오셨는데 말이다.
유리코 (좀 불쾌한 감정을 내뵈면서) 그, 손님 조센징(朝鮮人-일본 사람
의 경멸의 어감이 풍겨짐)이죠?
부 인 (아무렇지도 않은 듯이) 음, 그래. 그야말로 훌륭한 한국 분이
야. 아버지와 가장 가까웠던 친구지, 오직 한 분이라고
할…….
유리코 …….
부 인 유리짱, 애, 응, 내려가다 정중히 감사의 말도 한마디 하고,
네가 맏이니까 말야! 응? 제발, 응?
유리코 (내뱉듯이) 엄마, 난 조센징 싫어.
부 인 뭐야, 애 뭐야, 유리짱.

유리코 싫어 난, 조센징 보기도 싫어!

유리코, 이 말을 마치고는 허둥지둥 나간다.

부 인 유리짱!

아연실색하고 그 자리에 멍하니 서 있다.

25. 거리를 가는 유리코

고개를 떨구고 걷는 유리코의 뒷모습, 상점가로서 사람들이 마주
치며 오가고 있다.
어느 모퉁이에선 번민을 떨어 버리려는 듯 머리를 휘젓는다.
어느 언덕진 길에 이르자 학교가 보인다.
유리코가 교문 앞에 멈춘다.
그리고 교문을 우러러본다.

26. 교문 앞 – 회상

그 교문이 아치로 변하여 ‘제25회 문화제’라고 나붙어 있다.
학부형과 자모들이 일본 옷차장으로 뒤를 이어 들어간다.

27. 교문 안, 체육관 입구

‘무용회장’이라고 써 붙여 있다.
자모들의 입장이 붐빈다.

그 속에 노부코 부인도 뵌다.

여학생들은 제가끔 자모들을 영접하는 속에 유리코가 보인다.

한편에, 동급생 박생녀(朴生女)도 치마 저고리로 차린 그의 모친을 안내하고 있다.

28. 체육관 안

막이 내려져 있는 무대.

착석한 자모들이 인사를 나누면서 또는 프로그램을 보면서 이웃과 수작을 하고들 있다.

노부코 부인 옆자리에 박생녀가 그 어머니를 앉힌다.

어느 뒷객석(자모석) 한쪽에서-,

자모 A　오늘 후지무스메(藤娘 – 일본 무용의 제목)의 선발에는 클럽 안 에서도 말썽이람서요?

자모 B　그야 후지무스메는 춤추는 사람이면 저마다 해 보고픈 게 아 니에요, 그런데…….

자모 A와 자모 B, 서로 몸을 가까이 하여 프로그램을 본다. 프로그 램이 클로즈업되며, '藤娘…… 朴生女'라고 적혀 있다. 그곳을 가 리키며

자모 A　이렇게 조센징이라면서요!

자모 B　(사뭇 큰 소리로) 그렇다나 봐요. 글쎄, 나중에는……. (혀를 찬 다.)

자모 A　어쩌면 고를 학생이 없어서…….

자모 B　뉘 아니래요, 참말…… 저기 괴상한 차림을 하고 앉은 게 아
　　　마 그 애 자모인가 보죠!

29. 무대 뒤

무용부원들이 오락가락하는 한구석에 유리코와 그 한 또래 부원들
이 수군거리고 있다.

A코(子)　아무래도 분해 죽겠어. 보쿠상(박 씨)이 추다니.
B코　암, 당연히 유리짱이 춰야지! 후지무스메를 추겠다고 나서
　　　는 사람이 좀 덜됐지. 그건 일본 무용의 알짜가 아니냔 말
　　　이야.
유리코　그 애를 시키는 선생이 더 이상하지 뭐?
A·B코　그렇고말고.

30. 박생녀의 춤

벨이 울린다.
한두 소품(小品)이 진행된다.

아나운서　"다음은 후지무스메……, 춤에 보쿠세이죠(朴生女)……."

소개된다.
다시 막이 오르며, 후지무스메로 분장한 박생녀가 추기 시작한다.

31. 객석

박생녀의 어머니 자기 딸 춤을 황홀한 듯 바라본다.

노부코 부인이 흥미롭게 바라본다.

무대 안 양 옆에 늘어선 생도들이 부러운 얼굴이다.

그 틈에 끼여 이를 지켜보는 무용교사 여선생의 긴장한 얼굴.

다시 무대의 춤.

부형들의 얼굴, 얼굴.

박생녀의 어머니, 쳐든 얼굴에 눈물이 고여 있다.

32. 막이 내리고

박수갈채가 인다.

노부코 부인도 계속 손뼉을 친다.

무대에 다시 나와 인사하는 박생녀.

계속되는 박수.

박생녀 어머니, 감격에 고개를 떨구고 눈물을 삼키고 있다.

자모 A · B는 박수를 안 친다.

33. 무대 뒤

분장한 채 박생녀는 여선생한테로 뛰어간다.

이를 안듯 하면서,

여선생 좋았어, 잘 추었어, 수고했어!

박생녀, 감격해서 말은 없이 고개를 떨군다. 곁눈질하며 무관심을
애써 표하는 유리코와 그 또래 A · B. 그러나 다른 부원들은

C코　　아 참, 훌륭했어, 보쿠상!
일 동　(저마다 한마디씩) 그래 어쩌면…….

유리코는 냉랭한 표정이 더해진다.

34. 교정(校庭), 그 이튿날

흑판에 '反省會'라고 쓰여져 있다.
기념품을 한아름씩 안고 들어오는 클래스 위원들, 일동이 박수와
환성.
학생위원이 기념품을 돌리며 나아간다.
짹짹대는 여학생들, 유리코 뒷줄에 박생녀의 좌석이 있다.
학생위원이 박생녀 앞에 와서 기념품을 내놓으며,

위 원　어제는 보쿠상 춤, 참 좋았어.
박생녀　(수줍게) 뭘.
C코　　원더풀이었지 뭐야! 우리 집 엄마가 그러는데 보쿠상, 대단한
　　　　소질이래! 우리 엄마 클래식엔 상당한 권위자거던!
B코　　흥, 그래?
C코　　응, 나와는 아주 반대야. 잡지사에서도 무용평을 들으러 온다
　　　　니까 글쎄!
B코　　그래서…….
C코　　그런데 보쿠상, 춤이 대단하다는 거야. 뭐라드라, 그 춤가락

을 잡는 맵시나 눈이나 표정이 어떻다더라, 난 듣고도 모르겠
어! 그 갑갑한 클래식 어디가 좋을까!

B코　애는 네가 에레키(전기 기타)나 댄스에 미치는 거와 같은 거지
　　　뭐.

일동, 폭소를 터뜨린다. 박생녀는 춤 화제가 민망한 듯 잠자코 있
다. 이때 앞줄의 유리코가 갑자기 뒤를 돌아보고

유리코　그런데 나도 언뜻 들은 얘기가 있는데…… (박생녀에게) 보쿠
　　　상, 화내지 말어 응, 단지 들은 얘기니까 말야…….
박생녀　괜찮아! 어서 뭐든지 말해 줘! 오늘 반성회 아냐.
유리코　(내뱉듯이) 후지무스메는 일본 무용의 대표 상징이 아니겠어!
　　　그래서 추는 사람이 진짜가 아니면 그 맛이 안 난대! 잘 추고
　　　못 추고가 아니라 볼수록 우습더래!

박생녀를 비롯해 B코, C코, 기타 주위의 학생들이 이 유리코의 독
이 서린 얘기에 일제히 말문이 막힌다. 유리코, 주위를 한번 휘 돌
아보고 다시 박생녀에게 차디찬 시선을 보내며

유리코　신경 쓸 건 없어…… 나도 그저 지나가는 말을 주워들었을
　　　뿐이니.

주위 학생들의 복잡한 표정의 얼굴, 얼굴, 얼굴. 말을 끝낸 유리코
는 반듯이 돌아앉아 눈썹 하나 꿈쩍 않는다. 박생녀 고개를 떨구고
끓어오르는 슬픔을 참고 있다가, 마침내 자리를 떠서 유리코의 옆
으로 다가가 눈물 섞인 음성으로

박생녀 유(you)가 아니어서 안 된 거지. 후지무스메는…….

얼굴을 감싸고서 교실 밖으로 달려나간다. 유리코의 얼어붙은 것
같은 자세. 물을 끼얹은 듯 조용해진 교실. 학생들의 유리코를 쏘
아보는 눈, 또한 착잡한 표정. 이때 여선생이 들어선다.

여선생 (단 위에 오르지도 않고) 웬일이죠, 무슨 일이 있었지요? 네에?
여러분! 박생녀가 울면서 달려나가고요…… 웬일이죠?

일동 침묵이지만, 자연히 시선이 유리코에게 집중된다. 유리코가
일어선다.

여선생 (모든 것을 알았다는 듯이) ……유리코, 네가…… 너는 무용할
자격이 없어요…… 예술가가 될…….

35. 교문 앞

유리코, 들어가는 것을 단념하고 발을 돌린다.
몹시 어둡고 쓸쓸한 그 모습, 애련타.

36. 노부코 여사 댁 식탁

일본식 내실에 이현, 무라노, 부인, 겐스케, 둘러앉아서 회식 중이
다.
그런대로 즐겁다.

겐스케 누나는 어디 갔어? 엄마!

부 인 응, 무용반, 특별연습이래.

애써 태연하려는 기색이다.

이   따님은 무용입니까? 클래식? 모던?

부 인 그 애는 일본 고전무를 배운답니다. 그런데 이 겐짱은 저희 아버질 꼭 닮아서 조그마해서부터 그림을 그린다고…… 아주 처음부터 작정하고 나왔나 봐요!

이   겐짱은, 백군…… (스스로 놀라며) 아니 겐짱 아버지 어렸을 때와 똑같습니다. 어쩌면 이렇게 닮았을까요!

부 인 네에, 저도 노상 그렇게 느끼고 있어요. 그렇지만 성격은 누이 쪽이 아버지 닮고요…….

무라노 음, 그런 말을 듣고 보니 정말 모습이 있네.

이   나는 어릴 때부터 함께 컸으니 잘 알겠는데 뭐 틀림없이 복사판 같애! (일동 폭소) 겐짱, 아버지 그림 좋아하나?

겐스케 그렇지만 아버지 그림, 객실의 것밖에 보지 못해서, 뭐 그 그림은 옛날 중국 그림 같아!

이   아, 그렇군, 이제 크면 한국……. (순간 말이 빗나간 것을 깨닫는다.) 아니, 뉴욕에 가서 현대 미술관에 진열된 것을 보게 되겠지.

겐스케 네, 거기 아버지 것이 넉 점이나 붙어 있다죠?

이   그래, 그것도 일시가 아니라 영구보존이야. 한국…… (또다시 흠칫) 아니 동양에서 거기 걸리기는 몇이라더라…… 일곱 명이라던가.

부 인 (화제를 돌리려는 듯) 이 선생님! 죄송하지만 유골을 절에 모시는 납골식 때 오셔 주실 수 있을까요?

이   며칟날입니까?

부 인 다음 토요일 오후.

이   그날이 바로 한국에선 단옷날이죠.

부 인 무라노 선생님께서는?

무라노 무라노 선생! 그 선생님이야 어디 노부코 여사의 분부라면
         거역한 일이 없죠!

일동, 폭소한다. 이때 현관문 열리는 소리

겐스케 엄마, 누난가 봐…….

부인, 황급히 나간다.

37. 현관

부 인 벌써 오니? 일찍 끝났구나.

유리코 (기어들어갈 듯한 대답) 응.

어머니를 쳐다보지도 않고 2층 계단을 오른다. 부인, 부르지도 못
하는 채 멍하니 서 바라볼 뿐이다.

38. 박생녀의 집

빈민촌, 나가야(長屋 – 일본 도회 빈민들의 길게 붙은 널빤집)의 한
채.

박생녀가 돌아와 힘없이 판자문을 연다.

문간방을 지나서 미닫이를 열면 정돈은 되었으나 오래 되어 그을
린 6첩 다다미 방, 그 어머니가 골똘히 미싱을 밟고 있다.

내재봉을 하는 듯, 다다미 위에는 어린이 기성복 더미가 차곡하다.

옷장이 없는 벽에는 박생녀의 무용 의상(후지무스메의 의상과 그 어
머니의 한복)이 걸려 있다.

박생녀 엄마! 나 왔어.

어머니 (눈도 감지 않고) 오늘은 벨(별)일이제? 일찌감치로! 역시 잘됐
　　　　다. 일감이 밀려 단추 달 새가 없는 참에…….

박생녀 …….

생녀, 무용 의상이 눈에 거슬리는지, 거둬서는 벽장에다 개지도 않
은 채 쓸어 넣고는 문을 홱 닫는다. 그리고 또 멍하니 서 있다. 기척
이 없어서, 오히려 눈을 든

어머니 야, 생녀야! 뭐하노? 떡, 장승처럼 버티고 서서. 빨랑빨랑 좀
　　　　거들라카이까.

생녀, 대답은 또 없이, 교복을 입은 채 반짇고리 앞으로 가 앉아 바
늘을 꺼내고 일감을 잡는다. 그러나 풀이 팍 죽어 있다.

어머니 야야, 늬 어디 또 갈 참이가, 교복도 갈아입지 안 하고.

박생녀 …….

어머니, 그제사 수상쩍게 여기고 재봉 일을 놓으며

어머니 늬, 어디 몸 아픈 것 앙이가? 그렇지 않으문 학교에서 무슨
　　　　일이 있었나? 등록금은 엊그제 다 가제갔고.

　　　생녀, 일손을 놀리나 뒤로 한 등과 어깨가 들먹인다. 어머니, 재봉
　　틀에서 일어나 딸에게 가서

어머니 야아가! 와 익카노?

　　　생녀, 어머니의 무릎에 얼굴을 묻으면서 울음을 터뜨린다.

박생녀 엄마, 우리 고국으로 가, 가요, 어서! 굶어도 가서 굶고 죽어
　　　　도 가서 죽게요.
어머니 야가! 일본 아(애)와 싸웠나? 가(그 애)들이 또 천대하드나?
박생녀 고향, 남조선엘 못 가면, 북조선에라도 괜찮아. 어서 가, 엄
　　　　마.

　　　생녀, 목을 터뜨리고 운다. 그 어머니도 달래기보다 눈물이 글썽거
　　린다.

39. 그날 저녁 생녀 집

　　　등불 아래, 모녀가 호젓이 저녁을 먹고 있다.
　　　그 어머니가 말을 계속 한다.

어머니 ……아부지가 병들어서 세상 버렸다고 했지만 사실은 공사
　　　　판에서 맞아서 그게 골병이 들어 돌아가신기라!

박생녀　누구한테? 엄마?

어머니　그것두? 우리 편에게 말이다.

박생녀　우리 편? 그러면 조선 사람?

어머니　하무, 조선 사람! 그 조합인가 뭔가, 조직에 안 나온다구 모도 어울려서 두드려팼던기라! 너거 아부지도 고집이지…… 그저 하자는 대루, 그런 시늉했으문 아무 탈 없었을낀대…… 아부지는 가라후도(樺太) 징용 가서 빨갱이들을 직접 겪어 보았다고 막무가내 앙이가…….

박생녀　…….

어머니　또 아부지 말이 정말이드라! 글쎄 아부지가 세상 베리고 난 뒤 그 사람들이 나를 찾아와서 칸(한)다는 말이 협박인기라. 괜히 딴소리하면 우리 모녀도 없애겠다고 안카나(안 그러나). 시방도 그때 생각하문 치가 떨리는고마.

박생녀　…….

어머니　나도 그때 일본 사람도 조선 사람도 믿을 곳 없는 이 고장이 정이 딱 떨어져서 일찌감치 고향에라도 갈락했능기라. 그렇지만 느 아부지가 생시에 일본서 늬 외딸 하나 공부시키는 게 소원이었는데…… 우리 생녀는 아들 대신 대핵교까지 공부시킨다고 그것이 밤낮 입버릇이었는기라……. 그래서 너를 조선 학교, 민단 학교 다 안 보내고 일본 고등핵교까지 보내고 있는데, 늬가 고만둘락카면…….

이번엔 어머니가 훌쩍거리기 시작한다.

박생녀　엄마…… 그만둬, 그건 밤낮 하는 소리. 내, 학교 그대로 잘 가문 안되나. 일본 무용만 안 하고…….

어머니 느거(너의) 아부지만 살아 있어도…….

울음이 터질 것 같다. 오히려 생녀가 낮에 비하면 마음이 가다듬어
진 듯

박생녀 엄마! 어서, 상 치우고 일감 마저 해치워야지 않나, 응.

그러면서 밥상을 들고 부엌으로 나간다. 그제야 어머니도 얼굴을
닦으며 매무새를 고치고 재봉틀로 가 앉는다. 얼마 후 드륵 드르
륵, 미싱 소리. 생녀도 들어와 일감을 잡는다.

40. 지국 사무실

이현, 혼자서 김진남 테이블에서 원고를 쓰고 있다. 노크 소리가
나며 로즈 요시다가 경쾌하게 들어선다.

로 즈 하우 아 유, 미스터 부장님?
이 하우 아 유, 미스 로즈?
로 즈 미스터 김은 아직 돌아오지 않았나요?
이 예, 이제 곧 돌아올 겁니다.
로 즈 미스터 부장님, 저, 여기서 기다려도 방해 안 돼요?
이 네, 그럼요, 괜찮고말고요. (쓰기를 끝마쳤는지 펜을 놓고 돌아앉
으며) 그런데 내 이름은 미스터 리지요.
로 즈 알고는 있어요. 그러나 미스터 김에게 너무나 부장님 말씀을
들어서 마치 우리들의 부장님이신 것 같아요.
이 (웃으면서) 미스터 김은 무슨 내 흉을 그렇게 보던가요?

로 즈 천만에, 흉이라니요. 미스터 김은 부장님을 자기 자랑으로 삼
       고 있답니다. 조금 이상할 정도예요. 신문기자가 자기 상사를
       좋게 말하는 예가 별로 없거든요.

이   네, 네, 그렇다면 부끄러운데요. 나와 김군의 경우는 좀 특별
       해서…… 내가 그 돌아가신 아버님과 자별한 사이였기 때문
       에…….

로 즈 그런 것도 저는 다 알고 있답니다. 참말이지 부장님은 훌륭한
       부하를 두고 계셔요. 머리가 좋고 성품은 온순하고 일은 열심
       이고요, 또 명랑하고 심각하고, 거기다가 진취적이고…… (아
       주 정색을 하고) 네, 그렇죠, 부장님?

이   (그 물음에 소박히 동의하며) 그렇습니다. 좀더 인간이 견고만
       해지면 장래 좋은 신문인이 되겠지요.

로 즈 (좀 부끄러워졌는지) 그러나 부장님은 한층 더 훌륭한 분이세
       요. 처음 뵙고서만도 알겠어요.

이   이건, 이건, 나까지 추시렵니까? (유쾌한 듯) 미스 로즈, 당신
       은 언제 한번 한국에 안 오시렵니까?

로 즈 한국? 저는 벌써 두 번이나 다녀왔는데요, 뭐.

이   아하 그러세요?

로 즈 요전번 갔을 땐 프레지던트 박도 만나봤지요. 작달막한 분이
       아주 침착하시던데요. 혁명가들의 험상궂은 포즈라든가 객기
       (客氣) 같은 것이 조금도 없고 저에겐 퍽이나 인상이 좋았어
       요. 그리고 저보고 하와이 한국인 2세들과 서로 잘 지내라고
       요. 그래서 제가 한마디 해 줬죠. 우리보다 당신네들 구세대
       한국인과 구세대 일본인이 화목해서 사시라고……. 그랬더니
       잘 웃지 않는다는 대통령도 저에게 “그 말에 졌다”고 하시면
       서 크게 웃겠지요.

이현도 따라서 큰 소리로 웃는다.

로 즈 참말이지 한국분들은 대통령이든, 누구든, 우리에게는 사귀
기가 수월해요. 특히 일본 사람에게다 대면…….

이   (호기심을 가지고) 미스 요시다, 당신에게도 말입니까?

로 즈 네. 특히 일본 부인네들 하고 사귀자면 더해요. 그저 인사치
레만 늘어놓고 한마디 하고 나면 또 인사고……. 한국 여성들
과 만나니 그럴 필요가 없고, 어쩌면 지나칠 정도로 처음 만
난 사람에게라도 아무 가림 없이 자기 생각한 것을 줄줄 쏟아
놓더군요.

이   (그 예리한 관찰에 감탄하며) 참 신기한 관찰과 그 견해인데요.

로 즈 부장님께서도 저를 일본 사람이면서라고나 말씀하시고 싶으
십니까? 그건 오해세요. 저는 어디까지나 아메리카 사람이
고, 아메리카 여자지요.

이   (일격을 당한 느낌) …….

로 즈 저는 학생 때 런던에 가서 한 일 년 유학한 일이 있는데, 마치
영국이 서양의 일본이라는 느낌이었어요. 이와 반대로 일본
이 동양의 영국이고요. 이렇게 비하면 좋은 의미에나 나쁜 의
미에서나 한국과 한국인은 동양의 아메리카 인이라는 느낌이
고요. 이것은 그저 저의 직관적인 표현이기 때문에 신빙할 비
교는 안 됩니다만 적극성이나 개방적인 성격 등은 우리 아메
리카 사람들과 아주 비슷해요. 그야 일본이나 영국에는 우리
가 흉내내지 못할 가치 있는 우수성이 있지만요.

이   한국이 동방의 아메리카이기엔 너무나 조그만하지만요. (같이
웃음) 여하간 당신의 말을 듣고 있노라면 민족이라던가, 동서양
이라던지가, 그 경계가 분별 안 되리만큼 한데 어울리는군요.

로 즈 혈통이다, 민족이다, 서양이다, 그 분별관념이라는 것이 그렇
      듯 대수로운 것일까요? 지역의 차, 이념의 차, 빈부의 차, 불
      행의 차, 이런 것은 장차 언젠가는 해결될 것이 아니에요? 그
      러고 나면 사람의 생각의 차도 서로 상극(相剋)으로 이해되지
      는 않을 것이라고 저는 생각해요. 이것은 제가 낙관적이기 때
      문만이 아니고 세계가 그렇게 돼야 하지 않겠어요? 그러니까
      오직 문제는 현대에 살면서 세계를 생각하느냐 안 하느냐 차
      이밖에 없다고 생각해요.

이   (아주 감탄을 하며) 나 같은 사람은 따라갈 수 없도록 진취적인
      생각을 바탕으로 삼고 있군요. 나도 맡은 일이 세계에다 눈을
      뜨고 살고 있기 때문에 어느 정도 스스로는 전진적(前進的)인
      견해를 가지고 있다고 자부해 왔는데, 당신 같은 새 세대에
      소견을 듣고 있으면 벌써 우리들은 새로운 사상을 이룩해 낼,
      또는 새로운 견해를 끄집어 낼 능력이 없음을 뼈저리게 느낍
      니다.

로 즈 ……. (경청한다.)

이   역시 우리들 세대는 프리컨셉션, 그 선입관념에 붙잡혀 있는
      거야! 솔직히 말하자면 우리들 머릿속에는 언제나 일본이
      ‘적’까지는 아니래도 대립국으로 존재해 있고, 당신의 나라
      아메리카에 대해서도 공동 운명체적인 생각을 가지면서도 서
      양 나라, 서양 사람이라는 이질감(異質感)이 우리 속에 깊은
      뿌리를 갖고 있는 형편이고요.

로 즈 아니? 한국과 그렇듯 사이가 좋은 우리 미국과도요?

이   그렇습니다. 나를 포함한 우리 구세대들 머릿속은요…… 역
      시 새로운 술은 새 부대에 ……인가 봐요.

둘 다 잠시 깊은 생각 속에 잠긴다. 이때 방문이 왈칵 열리며 성이
잔뜩 난 윤고수와, 역시 침울한 낮의 김진남이 들어온다. 그러나
김진남은 로즈를 보자 표정이 밝아지며

김   이제 돌아왔습니다. (라고 부장에게 인사하고는 로즈에게) 미스
       로즈, 퍽 오래 기다렸죠?

로 즈   으응, 아녜요. (고개를 가로 흔들며) 더욱이나 부장님께서 말상
       대를 해 주셔서 매우 유쾌했어요.

이   천만에, 내 쪽이 즐거웠지요. 이후에도 가끔 고견(高見)을 들
       려주십쇼. 참으로 계몽이 됩니다.

로 즈   부장님께서도 원, 그렇게 놀리시긴가요?

이   놀리긴요. 아까 당신이 말씀했다시피 한국인은 비교적 솔직
       하답니다.

김   부장님, 이 미스 로즈를 오직 하와이 훌라댄스 아가씨로만 여
       기고 대했다간 큰코 떼죠!

로 즈   (김진남에게) 당신까지 이러시면!

셋이 함께 웃는다. 윤고수, 스스로의 불쾌를 터뜨리듯이

윤   김군, 부장에게 사무보고도 해야 할 테니까 저 여자 좀 자리
       를 비켜 주게나.

김   (로즈에게) 아래 다방에서 좀 기다려 줄 수 없겠소. 잠시 후 내
       려갈 테니…….

로 즈   괜찮아요. 오늘 저녁 아무래도 스케줄이 함께지요. 외무성 파
       티두요.

로즈도 윤고수의 태도에 익숙한 듯이 이현과 인사를 마치고 별로
불쾌의 빛도 없이 나간다.

이   (윤에게) 수고하셨습니다. 무슨 일이 있었나요?

윤   ……. (의식적인 침묵)

김   네에, 외무성의 과장과 조금…… 농담이 번져서…… 저쪽에
      서야 영감님 성품을 알 까닭이 없으니까요.

윤   무엇이 성격이야! 무엇이 농담이야! 그 왜놈 녀석, 방자(放恣)
      한 망언을 해도 유분수지! 글쎄 나를 어찌 알며, 우리 신문사
      를 무엇으로 보고 하는 수작이야.

이   도대체 어떻게 된 것이요, 윤 영감님! 김군!

김   ……. (이번엔 김군이 침묵한다.)

윤   우리가 제출한 지국 확충의 건인 통신, 수송, 증원 등은 아무
      소리도 없이 인정하겠다고 합니다. 그리고 새로운 특파원(이
      말에 힘을 주어)의 비자도 법무성에 즉시 연락하겠다고요. 그
      런데 그 신문과장 녀석, "귀사가 김군을 갈면 손해를 보느니"
      어쩌니 월권적(越權的)인 수작을 내놓는단 말입니다.

김   그거야, 인사로서 하는 말…….

이   인사말이고 뭐고 그것은 내가 똑똑히 애기했다시피 이번 특
      파하는 동경주재는 갱질이 아니라 증원으로서 이번 기자가
      맡는 것은 동남아에 대한 수시로의 원조출동이라구…… 내가
      분명히 말했는데 말입니다.

윤   아니, 그 애기는 나도 잠자코 있었는데 그 과장 녀석이 이번
      에 나한테 마치 광고쟁이로 알고 허튼수작을 해 오거든요.

김   그 과장이 영감님을 얕잡아 보고 하는 소리가 아니라 영감님
      이라고 자기 딴은 애교로 한마디 한 거예요. "영감님, 요새 일

236

본 광고로 돈 많이 버셨으니 한턱하시죠” 하는 것을 말입니다. 정색을 해서 “우리 신문은 일본 광고로 해 나가지 않느니, 아니 언제든지 독립신문은 일본 상사 광고를 끊어 버릴 용의가 있느니, 우리는 영리회사가 아니라느니” 하고 면박을 하니…….

이   흠…….

윤   그야 어디까지나 우리 독립신문이야 우리 대한민족의 독립과 국가 운명에 직접 관계가 있으니까, 보통 상업지들과 옥석(玉石) 혼동을 하면 곤란하지.

김   그러면 우리 신문은 상업지가 아니고 무슨 기관지란 말입니까?

윤   그래, 바로 말했어! 우리 독립신문은 항일 반독재 투쟁지요, 민족 사상의 봉화요, 민족의 대변지, 즉 민족의 기관지다. 우리의 위대한 선대들과 바로 이 내가 함께 창립한 지 45년, 피와 땀으로 지키고 이룩한 언론의 탑이야. 일제 30년간에 폐간만도 2회, 정간 10회…….

이   영감님, 그 말씀은 안 하셔도 누구나 영감님 애사(愛社) 정신이야 다 아는걸요, 뭐.

윤   (그래도 흥분해서) 이 늙은 내가, 환진갑 다 지나고 정년을 넘어서도 여기 동경까지 자원해서 봉사하는 것은 이런 판세에 이 일본의 부패한 수도에서 독립신문의 정신을 수호하기 위한 것이야! 왜년이랑 어깨를 나란히 하고 놀아나며 타락하는 것은 단연 용서 못하지, 용서 못해! 우리 독립신문사는 말이야.

이   자아, 이제 그만두세요.

김   영감님, 런던 타임스가 그 모습을 변해 가는 시대라는 것만 아십쇼.

말하고, 이현에게 묵례하며 나가 버린다.

윤   흥, 런던 타임스가 아니라 대영제국의 여왕이 오늘 왕관을 벗
      는데도 우리 독립신문의 독립정신이야 어림없지! 또 내가 지
      키고야 말지! 부장, 당신도 똑똑히 보셨지요. 저 김군의 썩은
      정신을! 일본의 독소가 뼛속까지 스미고 말았어요. 빨리 손을
      안 쓰면 위태롭지! 저 젊은 인생을 파멸로 몰아넣게 되지, 저
      아까운 재주를 말입니다. 그저 무엇보다 그 왜년하고 떼놔야
      합니다, 부장!
이   …….

41. 의원회관 앞

이현과 언제나 일본 옷 차림의 무라노가 들어간다.

42. 회관 내

두 사람이 계단을 오른다.

43. 후나가미(船上) 의원 사무실

여러 사람에게 둘러싸인 후나가미 의원, 이현과 무라노가 들어가
자 일어나서 악수한다.

후나가미 이거 참, 진객(珍客)이구료, 리노우에(李上) 군!
무라노 (고쳐 주듯) 리상이요, 리상.

후나가미 (아랑곳 안 한다는 듯) 리노우에 상, 나는 당신이 리노우에 때 친구니까!

이 (쓴웃음을 지으며) 리든지 리노우에든지 뭐 탓하지 않을 테니…….

후나가미 리상은 듣자니 그쪽의 신문계에서 상당한 사람이라지요. 나는 신문기자에게는 쪽을 못 쓰지요. 그런데 당신은 왜 좀더 다른 활동무대가 있었을 텐데. 예를 들면 외무장관이 된다든가…… 정치 같은 데 말이요.

이현, 그대로 미소로서 받는다. 둘러 있던 사람들이 알아차리고 후나가미 의원에게 인사를 하며 자리를 뜬다. 후나가미, 사뭇 뻐기면서 고개만을 까딱거린다.

후나가미 (다음은 좀 은근한 태도가 되어 먼저 무라노에게) 당신의 시는 가끔 보지만 어려워서…… 전번에 태양신문에 실린 시, 나는 골백번 읽어도 모르겠더군. 좀더 쉽게 써 줄 수 없나?

무라노 (쏘아 주듯) 국회의원들이 보고 알 정도의 시를 써서야 시가 돼야지.

후나가미 하, 이거 한 대 맞았는데, (그래도 별로 무안하지 않은 듯) 시는 시인만이 아는 건가! (이번엔 이현에게) 우리들은 옛 친구요, 또 동창생이니까 솔직히 묻는데, 한국은 왜 그다지 언제까지나 강경하게만 나오는가. 나는 여당 내에서도 일한 국교를 추진시킨 사람의 하난데, 이제 와서도 한국민이 어디까지나 감정적으로 나오는 것은 곤란한데요.

무라노 (자기가 나서 반론하듯이) 그렇지 말라는 게 무리가 아닐까? 가령 일본 국민도 오키나와 문제를 생각할 때 아메리카에 대해서 이성적이 아니듯이 말이지.

후나가미 글쎄, 그런 면도 있겠지만.

이 후나가미 상이 말씀하듯, 한국민의 감정은 국교가 맺어진 오
늘에 와서도 현실을 따라 못 가는 것도 어느 정도 사실이죠.

후나가미 글쎄 말씀이오. 나는 옛날 총독부 시대에 조선에 한 번도
못 가 보았기 때문에 한국민의 감정을 잘 모르는지 모르지만
그 총독시대의 악정(惡政)이랄까, 혹독한 짓을 했을 것은 확
실하지만 그 반면, 또 교육이랄까, 근대 개발에 힘을 기울인
것도 사실이 아닌가요?

이 일본측에서 때마다 잘들 꺼내는 말인데, 즉 일본이 한국 근대
화에 공헌했다는 생각인데…… 그런데 우리 국민의 중년 이
상의 이미지 속에 있는 것은 일본의 총을 든 헌병이라든가 경
찰뿐이라고 생각하면 크게 잘못이죠. 상상도 당신들은 못 하
겠지만 당신 말한 한국의 근대화에 힘을 기울였다는 학교 교
사들, 또는 개발을 했다는 동척(東拓)의 사원들이 실제로 칼
을 옆구리에 차고 교육을 하고 토지를 측량했으니 일반 한국
민의 이미지 속에는 일본이란 총검(銃劍)밖에 남을 게 있겠어
요. 칼을 찬 국민학교 교사나 회사원을 상상할 수 있습니까!
그러나 이게 엄연한 사실이었단 말입니다.

후나가미 음…….

무라노 …….

이 그러나 이런 얘기 아무리 해 봤자 현실론은 아니고…… 생각
하기보다는 한국민들이 사물의 판단력이 있으니까 걱정하시
듯 막 덤벼들지만은 않을 겁니다.

후나가미 그렇게 말하면 오히려 내 쪽이 부끄럽습니다만, 우리 일본
도 패전 후 국민들이 이를 악물고 일어났고 또 거기다 전후 국

제여건도 좋아서 이처럼 번영을 했고 살림살이는 세계 다섯 손가락 안에 들 정도가 되었지만, 그 민주주의라는 생활이념이라든지 자유세계의 리더의 하나로서 일하기엔 국민의 의식 수준이 따라가지 않는군요. 이 점이 참 괴로운 점이죠. 맥아더 장군이 일본인의 정신 연령이 전후 열두 살이라고 말했었지만, 지금도 열여덟 살쯤이나 됐을까? 아직 미성년입니다.

무라노 그렇지, 그 말이 옳소. 선진국이라고들 떠들어대지만 국민도 국민이려니와 리더를 하는 정치가들이 세계적 안목이라든가, 현대세계의 문제의식 등에 무지하니까 말야!

이 한국은 그 점만은 지극히 불행은 했었지만 인류적인 입장이라든가 세계적 시야라든가 그런 안목이 국민 의식 속에 깊이 뿌리를 잡고 있는 게 사실이지. 한 가지 예를 들면 국토의 남북 양단 자체만 해도 우리 국민들 자신만의 잘못으로 그리 됐다든가 또는 우리 국민 단독으로 이해도 가고 해결할 수 있는 문제라고는 생각지 않거든요. 그것 하나만이라도 누구나 알고 있거든요. 즉 이것은 인류의 맹점(盲點)이나 초점(焦點)에 좋던 궂던 서게 된 그 체험을 통해서 말입니다.

무라노 여보게 이 사람들, 고만들 두게. 자네들은 마치 양국의 대표 같지 않은가!

일동 웃는다.

후나가미 응…… 그러나 리노우에 군, 아니 리상을 만나서 여러 가지 듣지 못했던 이야기를 듣게 되는군!

이 실상은 나의 오늘 용무는 우리들이 이제까지 말해 온 것보다 재일 한국인의 생활과 장래에 대한 문제를 태양신문사의 후

원을 얻어 일본 정치 지도자들과 우리 교포 지도자들, 또는
행정관들도 넣어서 좌담 취재를 하고 싶은데?

후나가미 그것은 당이나 총재와 상의해야 될 일이니 내가 당장 대답
을 드릴 순 없고…… 그것보다 그런 얘기는 쑥 빼놓고 무라
노 군, 어떤가? 우리 고등학교 기숙사 때 옛 친구들을 이군
온 김에 한번 모여서 회포를 풀면……. 그대들은 영문과, 나
와는 과는 달랐지만 같이 잘 마시지 않았나!

이 고맙네만 좌담회 이야기 꼭 좀 되도록 부탁함세.

무라노 역시 이군도 장사! 장삿속인가!

일동 폭소한다.

44. 의원회관 앞

이현과 무라노가 나온다.

무라노 역시 신문쟁이하고 정치꾼들의 수작은 기분이 나뻐! 본시가
나는 그 후나가미의 체하는 꼬락서니가 보기도 싫어! 나는
그가 여는 기숙사 모임에는 안 가네! 오늘도 자네가 하도 부
탁이니 같이 왔지만.

이 (웃으면서) 자네의 옛날부터의 반속(反俗)정신인가, 그런데 자
네네 문사들 꼬라지도 우리보다 나을 게 없을 걸세.

둘 다 함께 웃으며 택시를 잡는다.

45. 어떤 불고깃집 앞

이현과 무라노, 택시에서 내린다.
'漢陽苑'이라는 간판이 보인다.
두 사람이 들어가며,

무라노 오늘 덕택에 기진맥진일세.
이 미안하이. 오늘 저녁 우리 불고기로 한잔 취하세.

46. 불고깃집 안

이현과 무라노, 불고기를 구워 먹으며 술잔을 든다.

무라노 역시 신문쟁이하고 글쟁이는 사촌쯤 되는가 보네. 이렇게 (잔
을 짤깍하며) 통하니.

둘이 웃는다.

이 이 집은 굉장한데! 동경의 한복판에 이렇게 큰 불고깃집이 진
출했으니 말야.
무라노 일본 전국 도시마다 있을걸. 동경만 해도 5백 집이 넘는다나.
이 옛날 고대 한국은 일본에 양식(樣式) 문화를 전달했는데 현대
한국은 일본에다 바베큐 문화밖에 줄 게 없는 게지!
무라노 그야 피장파장일세. 내가 지난해 자네 덕택에 그쪽엘 가 보
니 한국에 일본이 남았다는 것은 우동, 스시밖에 없더군!

이   그렇지 않아! 예상 외의 여러 가지가 침투되어 있을 걸세.

무라노   그러나 그건 문화와는 연(緣)이 먼 걸세. 일본과 한국과는
        40년간이나 지배와 피지배 관계에 있었지만 일본의 생활전
        통이나 정서라는 것은 무엇 하나 한국에 정착된 것이 없단
        말이야. 놀라운 일일세. 시문학은 물론이려니와 의—식—주
        (衣食住)의 생활용구나 관혼상제의 예식에 이르기까지 하나
        도 일본 것이 없데그려.

이   자네 말을 들으니 그런 것 같으이. 인간이란 그리 쉽사리 동
        화(同化)되지 않는가 보지.

무라노   동화할 생각을 말고, 먼저 상대방을 선입관을 버리고 배우고
        이해해야 하느니, 또 그 고유성을 존중해야 하고……. 후나
        가미나 자네들처럼 네가 글렀느니, 네가 잘못이니 하지들 말
        고!

이   자네, 또 아까 그 말인가!

무라노   그렇지 않은가! 오늘날 일한 양쪽의 대다수란 이쪽은 불고기
        와 아리랑, 저쪽은 우동, 스시, 미조라(美空) 히바리의 노래
        밖에 모르는 게 현상 아닌가! 그러면서 서로 됐네 안 됐네만
        하지 않는가!

이   너무 신랄(辛辣)한데.

        둘이 함께 큰 소리로 웃는다.

47. 노부코 댁 안방

밤, 도꼬노마(床の間 – 일본식 방에 족자를 드리우고 꽃 같은 것을 놓아
두는 장소)에 유골함이 놓여 있고 사진, 꽃, 촛불 등이 차려져 있다.

노부코 부인, 내일 절에 가져갈 공양(供養) 음식을 채비하고 있다.
적막한 이 방의 고요를 깨뜨리면서 겐스케가 우당탕 들어서며,

겐스케 엄마! 불렀어?
부　인 응, 차를 끓였으니 마시자고! 그리고 내일 아버지 얘기도 좀
　　　　　있고, 누나는?
겐스케 응, 내려온댔어.

겐스케, 차탁(茶卓) 앞에 앉는다. 유리코, 역시 침울한 표정으로 들
어선다.

부　인 유리짱, 요새 무슨 속상한 일 있니? 아주 풀이 죽어 뵈니.
유리코 아니, 아무 일도 없어요!
부　인 그렇다면 다행이지만…….

홍차를 따뤄 돌리는 부인, 자신도 그 동안 괴로웠던지 얼굴에 그 흔
적이 역연하다. 다시 유골 앞에 가서 꿇어서 합장 묵념을 하고 나서
는 긴장한 표정으로 애들과 마주 앉는다. 유리코와 겐스케, 무언지
모르게 불안해서 어머니의 입 떼는 것을 기다린다. 촛불 그림자가
흐느적거린다.

부　인 ……내일은 아버지의 유골을 절에다 모셔야 하는데…….
겐스케 응, 우리는 그저 따라만 가면 되지 응? 엄마.
부　인 응, 그런데…….
유리코 (웬일인지 두려워지면서) 어머니 그런데, 뭐유?
부　인 그런데…… 엄마가 어떤 말을 해도 너희들은 놀라지 말아라.

(이하는 단숨에) 너희들 아버지는 조선 분이었단다. 조센 징…… 지난번 한국에서 오신 이 선생의 친구이셨다.

유리코와 겐스케, 어머니의 입 모습에 그 시선이 얼어붙은 듯

부 인 ……용서해라. 이제까지 너희들에게 숨겨 온 것을! 언젠가는 다 토정을 하려고 했다만 이렇게 빨리 닥치리라고는 미처 생각지 못했다. 이렇게 아버지 유골을 앞에 놓고서야 이 이상 숨길 수도 없고, 또 저승에 가 계신 아버지에게 죄를 짓는 것 같아서……. 그야 너희 아버지가 어떤 나라 사람이건 그야말로 훌륭한 분이었다. 너희들에게 눈꼽만치래도 나는 부끄럽지가 않다. 아버지는 이 세상에서 희귀하리만치 훌륭한 예술가였고, 또 순수한 인간이었다.

겐스케는 머리를 드리우고 유리코는 그 채로 얼굴만 창백하다.

부 인 아버지와 만난 것은 우리들이 문화학원(文化學園 – 종전[終戰] 일본의 자유주의적인 학교) 시대였다. 엄마는 아버지를 처음 만나자마자 아버지가 위대한 화가라고 믿고 말았다. 그리고 그 신념은 지금도 변치 않는다. 이것이 너희들을 길러 온 나의 힘이 되었다.

유리코와 겐스케의 표정이 차츰 흩어진다.

부 인 (담담해져서) 아버지는 그 짧은 생애 속에서, 저 한국이라는 어둡고 괴로운 시대와 장소 속에서 그래도 세계적인 작품을

남겼다. 뉴욕 미술관에는 마티스와 피카소 같은 거장(巨匠)들
과 함께 나란히 작품이 걸려 있다. 그것도 물감이 없고, 종이
가 없고, 붓이 없어서 담배 은지에다 못으로 선을 그어 그린
그림! 나는 그 그림을 생각만 해도 한없이 슬퍼져서…… 아버
지가 애처롭고 불쌍해서…….

노부코 부인, 흐느껴 운다. 겐스케, 울음을 터뜨리면서 일어나며

겐스케   엄마, 나뻐! 엄마가 께끈해. 더러워!

하며, 탕탕 뛰쳐나간다. 무심할 정도로 눈 하나 깜짝 않고 있던 유
리코가 본능적으로 놀라서 일어선다. 노부코 부인, 겐스케 행동에
충격되어 더욱 격하게 울면서

부 인   무어라고 어미를 욕해도 좋다. 그러나 너희 아버지는 이 세상
에서 제일 훌륭한 사람이었다.

겐스케, 현관을 뛰쳐나가는 소리. 유리코가 그때사 허둥지둥 따라
나가며

유리코   겐짱, 겐짱, 어디로 나가니, 갈 테면 같이 나가야지!

48. 현관 앞

길 옆 으슥한 모퉁이 돌담에 기대어 울고 있는 겐스케.
유리코가 울면서 맨발로 쫓아와 끌어안는다.

유리코 겐짱, 갈려면 누나와 함께 가. 혼자서 가면 나는 어떻게 하니?

이때 부인도 쫓아온다.

부 인 내가 몹쓸 것이다. 용서해라, 응?

울면서 남매를 붙잡는다.

유리코 어머니, 우리들을 좀 가만히 놔두세요.

그리고 겐스케를 현관으로 이끌어들여 2층으로 올라가 버린다. 부인, 허탈한 듯 뒤따라와서 안으로 향한다.

49. 다시 안방

부인, 유골함 앞에 와 펄썩 주저앉았다가 이번엔 고꾸라지듯 엎드러지며,

부 인 여보, 당신! 어떻게 하면 좋아요!

흐트러져 운다. 촛불과 그림자, 수상스럽게 흔들린다.

50. 절〔寺院〕 문 앞

유골함을 든 노부코 부인이 스케치북을 손에 든 겐스케와 걸어오

고 있다.

조금 처진 듯이 유리코가 오고, 그 뒤에 이현과 무라노.

일동이 절 문을 들어선다.

51. 본당(本堂) 내

불상과 불단 아래 승려가 경을 읽는다.

일동, 승려의 인도로 합장, 배례와 분향을 한다.

52. 묘석(墓石) 앞

새로운 묘비에 '白俊德之墓'라고 적혀 있다.

차례대로 합장하다가 이현과 무라노, 비명(碑銘)을 쳐다보고 움찔

한다.

일동, 예배를 끝낸다.

부　인　저, 오늘은 도시락을 싸 왔으니 찬은 없지만 피크닉 삼아 잡

　　　숫고 가시죠.

무라노　그러면 그냥 갈 줄 아십니까?

일동, 비로소 웃는다.

53. 수풀 그늘 밑

일동, 도시락을 펼쳐 놓고들 있다.

무라노　겐짱은 이제부터 스케친가?

겐스케　(의외로 명랑하다.) 네.

이　　(유리코를 쳐다보며) 아까도 말했지만 참 다 컸군요…….

유리코는 그저 다소곳이 듣고만 있다.

부 인　네에. 덕택에……. 그러니까 참말 제가 떠나올 때 배까지 주
인이랑 나와 주셨지요. 그때 이 애가 아직 젖먹이였는데……
겐스케는 이 세상에 나오지도 않았구…….

이　　그랬지요. (감회가 깊은 듯) 아주 조용하고 아름다운 아가씨가
되었군요. 그렇지 그래, 유리코를 보니까 부인을 처음 뵈올
때와 꼭 같군요.

부 인　그럴까요, 그래도 성격은 꼭 제 아버지예요.

무라노　이군, 이 유리짱이 이렇게 겉보기엔 클래식하게 뵈지만, 속
은 딴판으로 아주 모던하고 깔끔한 현대 여성일세.

일동, 크게 웃는다. 유리코도 따라서 웃는다. 그러나 맥이 없다.

부 인　그래요, 보통 때는 좀더 명랑한데, 요새는 웬일인지 좀 풀이
없어요.

무라노　차차 어른이 되는 증거죠. 유리짱, 보이 프렌드에게 채인 것
은 아닌가!

유리코　아이 선생님도!

무라노　그것 봐! 대번에 반응이 있는 걸 보지! 틀림없지 않은가!

일동, 폭소한다. 유리코 달아나듯 자리를 뜬다. 겐스케도 따르듯

뒤쫓아간다.

무라노 (궁금증을 풀 듯) 아까 비명(碑銘)을 읽었는데, 백 화백 본명이
　　　　 쓰여져 있더군요.
부 인 네, 아무래도 더 이상은, 주인에게 죄를 짓는 것 같아 모든 것
　　　　 을 다 까놓고 말았어요. 애들도 예상보다는 금새들 이해해 주
　　　　 고요……. 아주 속이 다 후련해졌어요. 무엇에게 밤낮 쫓기는
　　　　 느낌이더니…….
무라노 그래요…… 참 잘 하셨습니다. 그것 보세요! 역시 자라는 사
　　　　 람들이 어른보다 한걸음 앞서는 겁니다.

이현은 잠잠히 듣고만 있다.

54. 다시 묘석 앞

유리코가 들꽃을 손에 들고, 묘석 앞에 서 있다.
꽃을 차려 놓으려고 허리를 굽히는데, 노부코 부인이 뒤에 와 지킨
다.
인기척에 뒤를 돌아본 유리코, 어머니를 보자 꽃을 쥔 채로 가 버린
다.

55. 다시 수풀 그늘 밑

이현과 무라노 둘이만 있다.
두 홉들이 술병을 번갈아 기울인다.

이 　　 ……역시 내가 생각이 모자랐어! 유골을 벌써 가지고 오는 게
　　　　아니었어. 평화스런 가정에다 태풍을 안아다 준 셈이란 말이
　　　　야.

무라노　 음, 그러나 자네의 선의(善意)는 언젠가 그 자녀들에게도 통
　　　　할 것이네. 그리고 지금은 좀들 괴롭겠지만 필경은 그들이
　　　　직면해야 할 사실이 아닌가. 또, 그들은 이제 벌써 어느 정도
　　　　극복한 셈이 아닌가!

이 　　 그래 줬으면 고맙겠네만…… 인간의 선의란 생각지도 않은
　　　　결과를 낼 때가 있으니까 말야. 악의는 그 목적이나 결과가
　　　　말하는 사람도 명확히 알 수 있지만 선의는 그것을 모른단 말
　　　　일세.

무라노　 이군, 자네는 신문쟁이치곤 꽤 분별 있는 소리를 하네그려.

이 　　 에끼 이 사람, (웃으며) 농담은 거둠세.

무라노　 그래도 이제야 백군도 지하에서 기뻐할 걸세. 아버지 모르는
　　　　아이들을 찾았으니 말야.

이 　　 성을 낼는지도 모르네.

무라노　 성을 내! 왜?

이 　　 자네에게만 말하지만, 실은 그가 자살한 뒤 일기 조각을 뒤져
　　　　보니, 백군은 가족의 장래에 대하여 절망적인 한탄을 했던 걸
　　　　세. 노부코 부인 말인데, 처자가 일본으로 가 버리고 자기 혼
　　　　자 이 처참한 생을 이어갈 수 있겠는가고 절망하고 있었네.

무라노　 음, 참…….

이 　　 이것은 그가 부인에게 향한 애정이 희박해졌거나 한 것이 아
　　　　니고 종전 후 한국의 연달은 어두운 현실 속에서 그의 자연스
　　　　러운 공포심일세. 자네에게 이해가 잘 안 가겠지만 종전으로
　　　　말미암아, 그 전에 한일 간에 맺어진 부부 관계의 90퍼센트

는 모두 파산을 하였다네.

무라노 90퍼센트나…….

이 응, 백군은 말하자면 장래 한국의 현실이 자기를 노부코 부인
이나 그 자녀를 데려다가 같이 살 수 있겠느냐 하는 데 회의
를 가졌던 거지! 아니 그것에 대하여 부정적이었던 거지. 즉
그의 자살의 동기의 반 이상이 그것이라고 나만은 아네. 그의
순수성이 각박한 현실 속에서 예술을 지탱 못함에서 오는 양
심의 가책도 생명을 끊은 이유의 하나지만, 가장 내면적인 이
유는 역시 가족의 상실이 그런 비극을 낳은 걸세.

무라노 응, 알 수 있네.

이 그는 말이지, 최후에는 노부코 부인과의 국제결혼을 저주까
지 하고 있었다네.

무라노 ……그는 자기에 대해서 그렇게까지 엄격했던가!

56. 불각(佛閣)의 뜰

나무 그늘 아래 겐스케가 스케치를 하고 있다.
유리코가 들꽃을 손에 든 채 가까이 와, 가만히 들여다본다.
그림은 거의 완성되어 있다.

겐스케 벌써들 가나, 누나.

유리코 으응, 아직 그 선생들 술을 마시고 계시는 모양이야.

겐스케 엄마는?

유리코 묘석 있는데.

겐스케 ……난 웬일인지 엄마가 불쌍해졌어. 괴로운 모양이지 않아?
지독히 말야. 결국 우리만 괜찮으면 괜찮은 거지, 모두가 말야.

유리코 겐짱 너 참 용타. 엄마를 용서할 마음이 다 생기구…….

겐스케 용서하고 뭐고 뭐…….

유리코 아까 저기서 하쿠(白)인가 뭔가 하는 묘석 앞에서 이것이 우
리 아버지 무덤이라고 생각이 돼? 우리가 조센징이라고 말
야…….

겐스케 ……생각이 되고 말고가 아니라 할 수 없지 않아! 그리구 난,
결국 화가가 될 건데 뭐! 상관없어. 화가에는 아프리카 흑인
도 유명한 사람이 있는데 뭐! 그렇지? 누나.

유리코 (동생의 마음을 더 건드리지 않으려는 듯) 그래, 맞았어! 나도 이
젠 무용도 걷어치워야지! 일본 고전무는 더구나 말이야!

이때 노부코 부인이 나타난다.

부　인 자아! 이제 둘 다 가자. 선생님들도 말씀이 다 파하신 모양이
야!

둘이 함께 금시 일어난다.

57. 사원(寺院) 앞

일동이 걸어온다.
이현과 무라노는 노부코 가족과 인사를 나누고 먼저 택시를 탄다.

58. 전철역 구내

노부코 일행이 다다른다.

유리코 어머니! 난 학교에 댕겨 갈께.

부 인 그래! 피곤하지 않니? 연습?

유리코 괜찮아요.

부 인 용돈 좀 줘?

유리코 아니!

그러면서도 무심히 받는다.

59. 거리를 가는 유리코

유리코, 푹 생각에 젖어 걷고 있다. 그 모습에 석양이 비껴 더욱 애
련하다.
학교가 보이는 언덕에 이른다.

60. 교문 앞

유리코, 멈춰 서서 교문을 바라보고 주저하다가 이번엔 무슨 마음
먹은 것이 있는 듯 안으로 들어간다.

61. 교정(校庭)

텅텅 빈 운동장(교정)을 유리코가 타박타박 간다.

62. 체육관

유리코, 무용 연습장에 다다른다.

그러나 들어가지는 않고 창문 뒤에 숨어 안을 엿본다.

연습하는 부원들, 지도하는 여선생을 뚫어지게 바라본다.

그때 쉬고 있던 A코가 유리코를 흘깃 보고 쫓아 나온다.

유리코, 몸을 감추고 뒤로 물러난다. 그러나 A코 벌써 나와 다가선다.

A코 유리코 상, 거기까지 와서 왜 들어오지 않고 있지? 원 별일이야! 그 일이 있은 다음 학교도 클럽도 안 나오니 어찌 된 셈이지? 모두가 너 때문에 근심들 하고 있어. 선생님은 찾아가겠다고 그러시구 말이야.

유리코 응, 참말 미안해. 몸이 좀 불편해서. 모두들 잘 있어? 보쿠(朴)상도.

A코 응, 잘 있어. 오늘은 보쿠상이 일요일마다 안 나오니까 안 왔지만 매일 와. 일본 무용은 안 한다지만…… 유리짱, 너는 아직도 요전번 그 일을 가지고 속을 끓이고 있니…… 그까짓 것 잊어버려 애.

유리코 …….

A코 보쿠상 만나면 한마디 "미안해" 하면 되잖아! 자, 들어가 어서! 우리 일본 사람 학교인데 뭐! 그까짓 거쯤 보통이지.

그러면서 유리코의 손을 끈다.

유리코 일본 사람 학교! A코 상, 오늘만은 용서해 줘. 내일부터는 꼭 나올께, 응. 부탁이야.

하고는, 뒷걸음질을 치면서 힘없이 웃는 얼굴을 짓는다.

A코　　(의아해하는 표정)

유리코　모두 동무들에게 잘 말해 줘. 선생님에게도 말야. 그러면 잘
　　　　있어.

A코　　……안녕.

63. 다시 교문을 나오는 유리코

얼굴에 눈물이 가득 고여 있다. 한번 뒤돌아보고,

유리코　(중얼거리듯이) 일본인의 학교…….

64. 다시 박생녀의 집

유리코가 와서 두리번거리며 문패를 본다.
조금 망설이다가 결심하듯 판자문을 연다.
박생녀의 모친이 나온다.

유리코　보쿠세이죠(일본 발음의 朴生女) 상 집에 있습니까?

어머니　아이고, 생녀야 오늘 공일날이라 아르바이트 집에 갔고마!
　　　　뉘 댁 딸이라?

유리코　네, 한반 친구예요, 유리코라고. 이 근처에 왔던 길이라……
　　　　그러면 또 오겠어요.

어머니　앙이, 이제 금시 올낀데. 더러분 집이지만 좀 올라와서 쉬문
　　　　좋겠구만…….

유리코　네, 괜찮습니다. 가 봐야죠. 안녕히 계십시오.

어머니　우짜다가 왔는데, 안됐고마.

들여다뵈는 방에 한국 옷이 눈에 따갑다. 유리코, 도망치듯 뒤도
안 돌아보고 나온다.

65. 밤거리를 가는 유리코

허탈해서 번화가를 간다.
손에는 들꽃이 시들어 있다.
약방 간판이 몇 번이나 'V' 된다.

66. 노부코 여사 댁

현관에 선 유리코.
부인과 겐스케가 마주 나왔으나 "다녀왔어요" 한마디만 하고는 눈
도 주지 않고 2층으로 올라간다.

부 인 유리짱, 저녁은?
유리코 안 먹을 테에요.
부 인 ······.

부인, 자못 근심스러운 얼굴이다.

67. 유리코의 방

전기 스탠드의 스위치를 켠다.
시든 꽃을 책상 위에 놓는다.
벽에 걸린 일본 옷(나들이옷)을 벽장에 다 쓸어넣는다.

책상 앞에 앉는다.

유리코 (독백) 일본인의 학교…… 조센징, 닛뽕진- 조센징 아버지!
　　　　바보, 엄마 바보.

얼굴을 책상에 파묻고 격하게 등을 들썩인다. 그러다간 고개를 쳐
들고 허공을 뚫어질 듯 쳐다본다. 등불에 젖어서 빛나는 눈

68. 프레스 클럽

넓은 낭하(廊下)를 오늘의 주인공이 내외 기자들에게 둘러싸여서
나오고 있다.
아랍 사람이다.
카메라의 플래시가 사방에서 터진다.
그중에 김진남과 로즈 요시다도 있다.
두 사람이 서로 가까이 가서 함께 출입문을 나온다.

69. 프레스 클럽 문 앞

김　　꽤 걸물(傑物)인데! 얘기도 줄거리가 있고.
로 즈　그래도 정치 냄새가 너무 나서 난 보기 싫여! 신문사 명패를
　　　　달고 다니는 자가 마치 혁명가의 포즈를 하고…….
김　　그거야 아랍 연합의 공식 대변인 셈이니까…… 대개 신흥국
　　　　의 과도기적 인물이란 저런 게 아니겠소.
로 즈　미스터 김도 본국에 가면 저런 식이 되나요?
김　　원 별소리두 다 하는군!

로 즈 나는 지식인의 현대적 포즈인 힘상궂은 거 질색이에요. 그 위악
   적(僞惡的) 가장(假裝)은 위선의 탈과 마찬가지로 보기 흉해요.

70. 큰 공원의 벤치

짙은 봄의 햇빛이 그물처럼 아물거린다.
아직 대낮 전이어서 공원은 한산하다.
로즈와 김진남이 와서 조용한 벤치에 걸터앉는다.

김   ……실은 좀 의논할 게 있어서…….
로 즈 뭐예요?
김   ……. (주저주저한다.)
로 즈 어서 말해 보세요, 당신 같지 않게스리…….

김진남, 로즈에게 한 팔을 돌려 어깨를 껴안듯 하며

김   아직 확실히 결정된 건 아니지만, 아무래도 머지않아 본사에
   소환될 것 같소.
로 즈 소환? ……그러면 동경에 안 돌아오나요?

사뭇 놀란다.

김   (똑바로 얼굴을 쳐다보며 정색을 하고) 그래서 여러 가지로 혼자
   궁리를 해 보았는데, 유만 좋다면 이 동경에서 결혼식을 올렸
   으면 하는 것이오!
로 즈 ……. (이 돌연한 얘기에 미처 답을 못 한다.)

김　　둘이 다아 이국(異國)의 거리에서 가족도 없이 좀 호젓한 느
　　　낌도 있으나 그거야 또 생각하기에 달린 것이고…….

로 즈　그건 그래요…… 또 그래도 난 괜찮아요. 그런데 이제까지 당
　　　신은 일단 귀국해서 홀어머니나 친척들에게 허락을 얻지 않
　　　으면 한국 사람은 결혼식을 올릴 수 없다고 하지 않았어요.

김　　음, 그래 왔소. 또 지금까지는 그렇게 생각하고 있었소. 그런
　　　데 막상 이제 돌아가려고 하니 만일 이대로 귀국하여 당신과
　　　의 결혼 말을 꺼내 놓았을 때 찬성해 줄 사람은 누구 한 사람
　　　도 없을 것이오. 내가 존경하는 이 부장까지도 그럴 것이오.
　　　동경에 다시 올 기회도 얻지 못할는지 모르고 그렇게 해서 당
　　　신을 영원히 상실할지도…….

로 즈　(그 말의 핍진[逼眞]성에 놀라며) 나를 아주 잃어버릴지 모른다
　　　니요? 그래, 우리가 이제 서로 떨어져서 살 수 있어요? 그런
　　　일은 상상도 못 해요. 한국에도 얼마든지 외국인과 결혼한 사
　　　람이 있겠죠.

김　　그야 많지만 우리 나라 사람 눈에는 로즈, 당신은 단순한 외
　　　국인으로 안 보인다오.

로 즈　그러면 내가 일본인이란 말이에요! 그리고 한국인들에게도
　　　일본인은 제3국인(일본 사람들이 한국인을 이렇게 부름)이군요.

김　　그런 토론 같은 얘기보다 우리 일을 의논합시다. 어차피 일을
　　　벌이는 것이니 결혼식은 이 달 말 일본 신문의 날 하면 어떨
　　　까? 프레스 클럽에서 이 부장님에게 주례를 부탁드리고…….

로 즈　(순순히) 네, 좋아요. 나는 오늘 저녁이래도 하와이에 전화를
　　　걸어서 파파나 마마에게 설득도 하고, 또 오십사고도 하지요.

김　　그런데 로즈, 결혼하고선 한국 가서 사는 약속은 잊지 말아
　　　줘. 이건 나의 유일의 조건이니까.

로 즈 네, 그것은 벌써 각오가 돼 있어요. 하와이 가족을 부르는 것은
      당신에겐 혼자 안됐지만 나 혼자 신부 치장을 할 줄 알아야죠.

그녀도 이 대목에선 부끄러운 모양이다.

김   신부만 너무 치장을 하고 나서면 이 신랑이 짝이 기울어서 어
      쩌지?

둘이 서로 웃으며 껴안을 듯, 눈부신 태양 아래 로즈의 행복한 얼굴
이 한층 빛난다. 둘이는 팔을 끼고 일어선다. 걸음새에 자신이 충
만하다.

71. 지국 사무실

김진남이 이현과 윤고수 앞에 꼿꼿이 서서 마치 선언이나 하듯,

김   (그러나 말씨는 온건하다.) 이제 와서 돌연히 이런 말씀을 드려
      두 분께는 죄송한 것 같습니다만, 저는 미스 요시다와 여기서
      결혼을 하려고 합니다. 이런 말씀을 사전에 안 드린 것은 너
      무나 그 하실 말씀을 제가 알고 있기 때문이요, 또 문제를 개
      인적인 데서 이탈시킬 우려가 있다고 생각되었기 때문입니
      다. 결혼식은 이 달 말 일본 신문의 날 프레스 클럽에서 거행
      할 예정입니다. 너무나 뻔뻔스런 청이 됩니다만 주례는 부장
      님께 부탁드립니다.

이현, 잠자코 있다.

윤　(트집을 잡듯이) 결혼은 자유일지 모르지만 주례야 우리 신문
　　사에서 나설 게 없지…….

김　아니, 영감님. 나는 독립신문사에다 주례를 부탁하는 게 아니
　　고 이 부장님 개인에게…….

윤　이 일본 땅에서 이 부장의 행동이 개인 행동이 될 것인가!

김　그렇다면 한꺼번에 말씀드립니다만 제가 미스 요시다하고 결
　　혼함으로 인해서 회사에서 퇴직을 당해도 달게 받겠습니다.

이　여보게 김군! 그렇듯 엇나가지 말게. 본시 자네의 본사 근무
　　도 확정된 것도 아니요, 나는 오히려 자네가 자네의 애정문제
　　를 좀 거리를 두고 냉정히 검토해 주기를 바랐을 뿐이었네.
　　그래서 한번 자네를 돌려보낼까 생각하고 본사에다 건의한
　　것만은 사실일세. 그러나 그것은 내가 자네들의 애정을 덮어
　　놓고 훼방하려는 그런 뜻은 아니었네. 자네의 가족 환경이나
　　한국의 사회 현실을 고려에 넣어서 한 단순한 조치였을 뿐이
　　지…….

김　저도 부장님의 저를 생각해 주시는 그 뜻을 모르는 바가 아닙
　　니다. 또한 아버지도 안 계신 홀어머니나 동생들 바라지를 해
　　야 될 처지도 결코 등한히 생각하고 있는 것도 아닙니다. 그
　　런 면에 미스 요시다가 우리 나라 여자보다 못하다는 것도 알
　　고 있습니다. 그러나 애정은 본질적으로 그런 2차적인 것보
　　다는 이상의 것입니다. 그런 것은 우리들이 그 다음의 노력
　　여하로써 해결될 수 있는 것이니까요.

윤　(김진남이 어버이를 돌보겠다는 말에는 감동해서 은근한 말로) 김
　　군, 그래도 외국 여자(여기서 처음 외국이라고 말한다.)로는 우
　　리 온돌 생활을 할 수 있나, 솥아궁지 밥을 지을 수 있나. 나
　　도, 김군, 자네를 미워서 그러는 게 아니라 오직 자네같이 전

도가 양양한 젊은이가 한때 까딱 잘못 생각해 가지고 전 생애를 망치는 것이 안타까워서 하는 말일세.

김   ……. (윤고수의 진정을 다한 말에 대꾸할 말이 없다.)

윤   그리고 또 생각해 보게, 내 면목은 무슨 꼴이 되나. 일본 동경에 윤고수를 보냈더니 같이 갔던 특파기자가 일본 여자를 얻어 가지고 왔대서야 외문이 흉하지 않은가……. 결국 나도 책임을 져야지. 그래 김군! 다시 한번 생각해 봐 줄 수 없겠나. 애정이란 것부터 본시가 절대적인 것이 아니니…….

김   영감님 친절도 잘 알 수 있습니다. 실상 그래서 저는 그대로 본사에 돌아가지 못하는 것입니다. 만일 이대로 갔다가는 모든 선의의 사람들의 방해로서 저의 결혼은 성취되지 못할 것입니다. 그것을 너무나 제가 잘 알기 때문에 여기서 단행하려고 하는 것입니다.

이   이제는 그런 논의할 단계는 지난 것 같으이. 물론 자네도 어지간히 생각한 끝이겠지만 좀더 빨리 의논해 주었으면 좋았을 것이었네. 사람은 좋은 일이나 궂은일이나 의논할 사람과는 의논을 해야 쓰느니!

이때 전화의 벨이 요란스럽게 울린다.

여사환 부장님께 전화입니다!

이   (수화기를 잡고) 네, 이(李)올시다…… 네? 넷! 유리코 상이요, 자살? 성마리아 병원…… 네…… 금시 가죠…….

윤과 김도 놀라서 일어난다. 이현, 수화기를 힘없이 떨군다.

윤   누가! 자살이래요?

이   화가 백준덕의 딸이.

윤·김   ·······.

72. 병실

흰 벽, 마리아의 흰 석고상, 흰 침대, 흰 시트를 목까지 덮고 자는
듯이 평화한 흰 유리코의 얼굴.

머리맡에는 흰 백합꽃.

흰 수도복을 입은 간호사 수녀들이 검은 묵주를 손에 들고 묵념을
하고 있다.

머리 쪽에 허탈한 듯 서 있는 노부코 부인.

그 옆에 풀이 죽어 서 있는 겐스케.

무라노가 먼저 들어오고, 조금 있다가 이현, 김진남이 달려들어오
나 방에 들어서자 그 정숙한 공기에 동화되어 합장 묵념할 뿐, 그러
다가 김진남이 이 광경을 카메라에 넣으려고 움직인다.

이것을 본 겐스케, 후다닥 다가와서 김진남의 카메라를 빼앗아 마
루 위에 던진다.

겐스케 누나를 좀 고요히 놔둬! 누나를 놔둬, 당신은 누구야!

김   (좀 당황해서) 나, 이분, 이 선생님 같이 왔어!

겐스케 (퍼붓듯이) 나뻐! 나뻐! 당신 같은 사람이 나타나서, 공연한 짓
          을 해서 우리 누나를 죽였어! 나가! 나가!

부 인 (처음엔 멍하다가 놀라며) 겐짱! 겐짱! 이게 무슨 짓이야, 응. 이
          게 무슨 짓······. (하고 붙든다.)

겐스케 (뿌리치며) 나가, 다, 나가! 누나를 죽인 사람들 어서 나가!

눈물 섞인 소리 지르며 제 스스로가 문을 차고 나간다. 이현을 비롯
해 장승처럼 그 자리에서 일동의 표정이 비통하다. 이런 소란도 모
르는 듯 평화로운 유리코의 얼굴과 머리맡의 백합꽃.

73. 절〔寺院〕의 마당

백 화백의 유골을 모신 바로 그 절이다.
줄지어 늘어선 동급생들, 교직원 유족, 이현, 무라노 등 간소한 추
도식이 거행되고 있다.
사진과 유골을 모신 단에는 흰 백합꽃이 겹겹이 쌓여 있다.
겐스케의 옆에는 김진남이 로즈와 함께 나란히 서 있는데, 여교사
의 사회로 박생녀가 나와서 추도사를 읽는다.

박생녀 유리코 상, 그대의 죽음은 너무나 슬프고 너무나 불쌍해서 그
소식을 들은 우리는 오직 울음밖에 나오는 것이 없어요. 이제
그대의 영구 앞에 나서서도 끓어오르는 이 슬픔 때문에 무슨
말을 할 수가 없답니다. 그날, 그대가 나의 집을 찾아 주었다
는 소식을 나의 어머니에게서 들었을 때 나는 얼마나 기쁘고
감사했었는지요. 그때 못 만난 것이 이처럼 한이 될 줄이야!
만일 그때 그대를 만났더라면 이제 여기서 이런 가슴이 찢어
지는 슬픔도 안 당했을 게 아닙니까? 오직, 지금 내 마음속
저 깊은 속에서 가느다란 빛처럼 또는 그대의 순결한 속삭임
처럼 나에게 들려오는 것이 있다면 그것은 다름이 아니라 박
생녀, 내가 한국 사람으로서 오늘날까지 살아온 것이 다행이
었다는 것입니다. 이것은 내가 이제까지 일본에서 사는 가장
큰 쓰라림이었습니다. 부끄러운 얘기지만 나는 한국인으로

태어난 것은 할 수 없는 일이라지만 나의 양친이 성과 이름만
이라도 일본 것으로 갈아주었다면 이렇듯 부끄럼은 안 당할
걸 하는 생각을 때마다 해 온 것입니다. 그런데 이제야 그대
의 죽음으로 말미암아 나는, 고집같이 한국 옷을 걸치는 어머
니에게도 감사할 마음이 이는 것입니다. 그러나 유리코 상 죄
송해요. 이런 자리에서 내 얘기만을 해서요……. 그러나 그대
가 살아 있다면 얼마나 더 많은 이야기를 터놓고 서로 할 수
있었을 텐데, 그것을 못 하게 된 것이니, 아니 진작 못 한 것
이 뼈에 사무칩니다. 유리코 상, 유리코 상, 그러면 저승에서
나의 모든 불민했던 우정을 용서해 주세요. 그리고 평안히 쉬
세요.

박생녀, 흐느끼며 읽는다. 노부코 부인도 손수건으로 얼굴을 가린
다. 겐스케가 훌쩍거리고 김진남도 울상이다. 동급생들 옆에는 슬
픔의 파도. 이번엔 무라노의 추도시, 나와서 두루마리에다 적은 시
를 펼친다. 로즈는 가만히 사뿐사뿐 돌면서 카메라를 찍고 있다.

갈매기의 묘지〔未定稿〕

푸른 바다 푸른 하늘에
갈매기 한 마리 끼끼낔.

일렁이는 파도에 깃을 적시며
가없는 하늘에 활을 그으며
나뭇가지 하나도 보이지 않는데
이름도 모르는 아들딸 찾아

끼끼낄 죄 없이 난다.
푸른 바다 푸른 하늘에
갈매기 한 마리 끼끼낄.

하이얀 나래를 팔딱이면서
가녀린 심장을 할딱이면서
거북섬 하나도 보이지 않는데
어버이도 안 계신 고향을 찾아
끼끼낄 죄 없이 울면서 난다.

푸른 바다 푸른 하늘에
갈매기 한 마리 끼끼낄.

희멀건 허공은 영원한 침묵
짙푸른 바다는 입 벌린 무덤
가도가도 아득한 하늘과 바다
어버이와 딸의 넋 서로 부르며
끼끼낄 죄 없이 울면서 난다.

로즈가 눈물을 뚝뚝 떨구면서 카메라 취재를 하고 있다. 조시가 끝
나고 그 조시가 합창으로 흐르는 속에 유족으로부터 분향이 시작된
다. 끝에는 로즈가 분향을 하고는 합장한 채 오래 서서 묵념을 한다.

74. 사원 문

허탈한 모습으로 나오는 이현, 그 뒤를 잇는 각자의 표정.

김진남과 로즈가 팔짱을 끼고 힘차게 걷는다.

75. 신문 좌담회

일본 요정이다.

한국 교민 회장, 한국 공사, 후나가미 의원, 일본 내무성 정무차관
들이 그 직함이 쓰인 자리에 둘러앉아 있고, 이현, 사회를 보고 김
진남은 취재를 하고 있다.

이외에도 속기사, 사진반 등이 적당히 배치되어 있다.

좌담회 종결 단계인 듯,

회 장 결론적으로 말씀드린다면 일본의 정치가들이 일본에 살고 있
　　　　는 우리 60만 교포들의 생활에 대하여 좀더 정책적으로 관심
　　　　을 가져 달라는 것입니다. 이것을 등한히 한다면 한일 국교는
　　　　모래 위에 지은 누각(樓閣)밖에 아니지요.

차 관 그 얘기도 옳은 말씀이긴 한데 역시 당신 쪽 정부에서 힘을
　　　　기울이셔야지…….

회 장 물론 우리 정부가 교포 생활에 전력을 다해야 할 것은 물론입
　　　　니다. 국가 경제가 상승(上昇)되는 데 따라 좀더 적극성을 띠
　　　　울 것입니다. 그러나 내 생각으론 한국 교민의 문제를 일본
　　　　국내 문제의 하나로 생각해 주는 것이 선결문제라고 생각되
　　　　는군요. 그들은 투표권이 없으니까 일본 정치권 외에 내던져
　　　　져 있는 느낌이군요. 좀더 솔직히 말하면 지금 차관 말씀대로
　　　　국교가 정상화되었으니 한국 정부가 와서 어떻게 해 주겠지
　　　　하는 생각…… 그런 벌집 같은 것을 공연히 건드리면 정치 생
　　　　명에 손해를 본다는 그런 생각이 아닙니까? 후나가미 의원!

후나가미　신랄한 말씀인데! 그러면 내가 묻겠는데, 회장인 당신이 말하는 우리 정책이 취할 당면 초점은?

회　장　그야 교포들 생활의 정상화지요. 합법화구요. 단적으로 말해 노동력이 부족해서 쩔쩔매는 일본에서 그들의 노동력은 도외시당하고 있으니깐요.

후나가미　그런 소리를 한국측에선 잘합디다만, 그 점은 한국 교민 자체들의 자각이 없구서는…… 솔직히 말씀드리지만 그들이 어느 정도 선량하고 교육만 있다면야 일본의 기업자측도 자진해서 그들에게 훌륭한 일자리를 제공하지요. 그런데 그들은 20년간 내부 분열이지요, 거기다가 민족 교육이라는 것은 공산당 당원 만들기지, 한술 더 떠서 이쪽 좌익 계열의 전위 행동을 사서 하고 있지요. 그리고 여기 회장님께는 실례지만 우파 쪽은 역시 통어력(統禦力)이 미약하지요. 내가 내무자치 위원회에 있을 때 보고를 들으면 지금의 상태에선 손을 댈래야 댈 수가 없는 형편이래요. 좀더 시간이 가서 더러는 귀화도 하고 더러는 좀더 정착의 형태가 잡히기 전에는 말입니다.

회　장　그렇듯 후나가미 의원께서 솔직히 일본 정치가들의 심정을 말씀해 주시니 오히려 고맙습니다. 문제의 초점은 바로 그러한 방관적인 태도입니다. 그러나 일본 정치가들이 그렇듯 소극적인 상태에 있을진대 그저 아무 탈 없이 낙착되지는 않을 것입니다. 좀더 어떤 종류의 파란을 품고 한일 국교를 위협할 것입니다. 아까도 언급한 법적 지위 문제 같은 것이 그 불집이 될 것입니다. 독도(獨島) 문제보다도 훨씬 더 큰 파란을 내포하고 있지요!

이　이제 여기서 쌍방이 구체적 합의나 결론을 낼 수는 없을 것이

고요, (일동 웃는다.) 또 그런 성질의 모임도 아니니까요. 오늘 문제의식만은 충분히 제출된 것 같습니다. 또 여러분이 돌아가셔서 여러분의 정치행동 속에서 충분히 반영시키실 줄 믿습니다. 특히 한국 교포들의 취업문제 같은 것은 모델 케이스 바이 케이스로서 집단적인 구제도 협력만 한다면 가능하지 않을까 합니다. 한국 정부나 교민회가 그 교육과 단합을 책임지고요! 여하간 오늘 좌담회는 여간 유익하지 않았습니다. 고견을 기탄없이 피력해 주셔서 감사합니다.

후나가미 그런데 잠깐만! 오늘 독립신문사 이 부장은 아까 소개된 바로 나의 대학 동창생입니다. 비록 전공은 다르지만 고등학교 시대 한 기숙사의 한 가마솥의 밥을 먹었습니다. 그래서 그때 친구들이 오늘 옆방에서 기다립니다. 여기 오셨던 여러분들도 같이 참석해 주시면 감사하겠습니다.

이때, 다음 방으로 통한 미닫이가 스르르 열리며 (일본 접대부들이 연다.) 그대로 길게 터놓은 방에 초로·중년의 신사들 한 20명이 손뼉을 치고 이쪽 빈객들을 맞는다.

76. 연회장

술자리가 어지간히 익었다.
일본 기생들이 노래하며 군무(群舞)를 춘다.
거기 맞추어 일동 손뼉을 친다.
이현, 끌려나가 아리랑을 부른다.
꽤 많은 사람이 혀가 돌지 않고 또 혀 꼬부라진 소리로 같이 부른다.

이번에 몇몇은 수건을 동이고 팔다리를 걷고 나서고 일동도 일어
서 어울려 돌아가며 옛 요가(寮歌 - 기숙사의 노래)를 합창한다.

77. 노부코 양장점

긴자(銀座 - 동경의 번화가) 상점 거리의 아담한 점포다.

로즈가 거리에서 안을 들여다보고 확인한 다음 문을 열고 들어선다.

노부코가 민첩하게 어떤 손님의 옷을 재고 있다가 미소로써 맞는다.

응접실에는 한두 손님이 디자인 북을 들여다보고 있다.

일이 끝나고 손들도 자연스럽게 사라진 뒤,

로 즈 뭐라고 드릴 위로 말씀이 없습니다.

노부코 감사합니다. 지난번엔 장지까지 와 주셔서…….

로 즈 제가 그 기사를 썼답니다. 유리코 상의 죽음이 너무나 애통해
서요……. 이 다음에는 그런 비극이 없어야 되겠거든요. 다음
세대에는 (힘을 주어) 말입니다.

노부코 네…… 그래요. (대답도 찬성도 아닌 대답을 하고 어두운 표정이
된다.)

로 즈 (노부코 부인의 슬픔을 덜게 하려는 듯 화제를 돌려서) 저 오늘 온
것은 기사 취재나 그런 게 아녜요. 저도 옷을 좀 해 주십사고
요. 저 쉬 결혼을 하거든요.

노부코 (상대의 결혼 말에 밝아지며) 네 그래요. 축하합니다. 그러면 언
제 본국으로 가세요?

로 즈 동경에서 예식을 올리게 됐답니다.

노부코 그러면 우리 고향 사람하고요?

로 즈 (조금 농을 치며) 그게 아니라 저의 신랑될 사람은 노부코 아주

머니도 잘 아시는 이!

노부코 네? 내가 아는 사람요?

로 즈 그럼요! 바로 한국 독립신문사 특파원 미스터 김진남이에요.

노부코 (놀라며) 아, 바로 미세스 김이 되셔요.

로 즈 그렇답니다. 왜 아주머니 반대세요? 한국 남자와 결혼하는 것?

노부코 천만에요! 반대는요. 어디 한국 남자란 추상적인 인물과 결혼을 하나요. 김진남이란 구체적 인물과 같이 되는 거지요!

로 즈 (그 말에 감탄을 하며) 아주머니 참 그 말씀 멋지네요! 명언이세요. 참말 그래요.

노부코 그리고 한국인이란 일반적 평가도 현재 그 나라가 역경과 가난 속에서 있어서 그렇지, 이제 조금만 빈곤의 탈을 벗고 나면 타고르 얘기가 아니라 아세아의 등불이 될 민족이지요. 모두가 함께 협력하며 살 아세아에서 말입니다.

로 즈 (깊은 감동을 받는 듯, 그러나 한걸음 더 얘기를 듣고 싶어서) 아주머니, 유리코 상의 참변을 당하시고도 미스터 백하고 결혼하셨던 것을 후회 안 하세요?

노부코 (신념에 찬 어조로) 후회라니요? 전, 이 세상에 태어났다가 그이하고 만나서 맛본 애정의 그 기쁨과 그 깊이를 무엇과도 바꿀 수 없어요. 아니, 저는 내세에 저승에서도, 또 후생에 다시 태어나도 그이와 같이 살 텐데요. 유리코와 겐스케를 다른 애들과 바꾸지 못하듯이 저는 그이하고 영원히 생멸(生滅)을 같이할 텐데요.

노부코 부인의 나지막한 어조가 절규로 들린다. 둘은 한참 감동에 잠겨 있다가 거의 함께 일어나며

로 즈 아주머님, 제 옷 말입니다. 멋있게 해 주세요. 허니문에 입을
것도요.

노부코 (따라 미소하며) 내 정성껏은 해 볼게요.

78. 프레스 클럽

메인 홀에 각국 기자들이 제각각 상을 둘러 있는 가운데 김진남과
로즈 요시다의 간소하지만 그런대로는 화려한 결혼식이 진행되고
있다.

무라노, 노부코 부인, 또 윤고수의 찡그린 얼굴도 보인다.

주례 이현이 신랑 신부의 예물교환이 끝난 후 간단한 주례사를 영
어로 하고 있다.

서두의 인사가 끝난 후,

자막(字幕)

"오늘 여기서 맺어진 두 사람의 결심을 더욱 굳게 한 사건으로는
여러분도 이미 다 아시는 바 아메리칸 헤럴드 트리뷴계 신문이 스
쿠프로서 일제히 실은 로즈 요시다, 아니 오늘부터 미세스 김의
'유리코의 죽음'이 뒷받쳐져 있다는 것을 나는 관심을 가지고 지적
하는 사람입니다. 물론 오늘 같은 경사스러운 날 그러한 애절한 애
기를 입에 담는 것은 피할 일인지 모릅니다마는 이것을 말씀드리
는 것은 신랑 신부가 그 비극을 스스로가 목격하고 스스로 자기 손
으로 써서 보도하면서도, 말하자면 이 두 사람은 그 엄숙하고도 비
참한 사실을 딛고 서서 애정의 위대함과 강력함을 보여 준 데에 두
사람만의 향상만이 아니라 시대의 전진을 의미하기 때문입니다.
(박수) 나는 이 자랑스러운 후배와 함께 이 벗이 맞은 파트너가 우
리 나라 언론계에 새로운 입김을 불러일으킬 것을 바라며 또한 여

러분에게는 제일 좋은 한국 친구의 부부가 될 줄 확신하는 바입니
다.”
신랑 신부에게 라이트의 스포트가 대어질 때 축악이 흐른다.

79. 비행장(스테이션)

김진남과 로즈, 무라노, 노부코 부인, 겐스케, 그리고 여전히 손깃
발을 든 윤고수가 이현을 둘러 있다.
노부코 부인, 책보에 싼 유골함을 이현에게 내주며,

부 인 이 선생님, 오실 적 가실 적 죄송합니다만 이 딸의 뼈의 일부
를 저 애 아버지와 함께 묻어 주시면 하고요…….
이 (받으면서) 네, 돌아가는 즉시로 함께 합장(合葬)하겠습니다.
다만…… 저는 이번 일을 뭐라고 말씀드려야 할지…….
무라노 이군! 또 그 말인가! 어디 자네의 죄인가! 이 세상에 이렇듯
아름다운 일이 문학에도 없네……. 우리가 이것을 참고 견디
어 가면 모든 흐린 역사도 밝아질 걸세.
이 그렇습니다. 참말 그렇습니다.

이현, 각각에게 악수를 나눈다. 겐스케에게 손을 내밀며

이 겐짱! 내후년 고등학교 들어간 방학에는 꼭 한국에 오너라,
응? 아버지 유작을 많이 보여 주마.
겐스케 응, 아저씨, 안녕히 가세요.

이현, 로즈에게도 악수하며

이   그러면 한국에서 이번엔 만나죠. 우리 풍속으로는 시집에 가
        서 잔치를 끝내지 않으면 아직 새색시가 못 되니까요.
로 즈   (명랑하게 웃으며) 그래도 저는 여기를 아주 뜨려면 신문사 후
        임 문제도 있고 해서 조금 늦겠어요.
이   미세스 김은 신문사 일을 고만두실 작정이군요.
로 즈   그럼, 어떻게 해요. 저이가 본사에 가면 따라서 가야죠.
이   (미소하며) 아, 서방님 따라서요! 그런데 김군 같은 동경 특파
        원은 그렇게 금시 구하긴 어려울걸요! 거기다 이제는 무보수
        보조원도 하나 딸려 있으니까요.

        김진남, 머리를 긁는다. 이때 윤고수 큰 소리로

윤   이 부장 어서 입장해요. (이현 옆으로 가서 귀에다 대고) 가셔서
        는 금방 단호한 인사조치를 상신해 주십쇼. 아셨죠! 그리고
        나의 지국장 발령도 속히!

        이현, 한 귀로 흘리며 얼른 입장한다.

80. 비행기 이륙장

        이현, 맥이 풀린 듯 허청허청 걸어 나간다.
        한 손에 유골함, 입에는 파이프. 내릴 때나 꼭 같은 모습이다.

81. 송영대

        손깃발 흔들며 "이 부장! 이 부장!" 소리를 지르는 윤고수.

손수건으로 자주 눈언저리를 씻는 노부코 부인.
그 옆에 석별(惜別)의 눈으로 겐스케와 무라노 시인.
행복에 맑게 빛나는 김진남과 그의 처.
로즈가 손을 흔든다.

82. 트랩에서 이현(李賢)

잠깐 돌아서서 손을 흔들고 비행기 안으로 사라진다.

83. 비행기의 객석

무릎 위에 책보 상자를 얹은 이현, 파이프를 피우고 있다.

스 양　그거 선반에 얹어드릴까요?
이　　아니, 좀, 뭣한 것이어서.

스튜어디스, 더 캐묻지 않고 단추를 눌러 식탁을 내어 커피 등을 차
려 놓는다.

84. 비행기와 환영(幻影)

하늘도 바다도 보이지 않는 희멀건 허공 속을 멀리 비행기가 꼬리
를 감춘다.
(주제가의 합창 음악과 더불어) 갈매기의 환영이 비명을 지르며 너울
너울 떨어진다.
이번엔 갈매기가 한 떼 어디서 몰려와 하늘에 활을 그으며 날다가

제가끔 울며 흩어진다.

공중으로 치솟았던 한 마리가 파닥파닥 떨어진다.

바다, 파도만이 넘실거린다.

■〈월간 세대〉(1967. 4)

바다, 파도만이 넘실거린다.

단군 檀君

주요 등장인물

환인, 환웅, 환검, 왕후(환인),
태자, 곰네, 범네, 하백녀, 팽우, 신지,
고시, 숙신, 악차, 해월, 운목, 팽우(소),
신석복, 음률, 오두, 사목, 요, 순,
사신(요), 요장 A · B, 요병 A · B · C,
부족장 A · B · C · D(3묘왕 포함),
여추장, 그 남편, 하백, 백두 노인,
그 외 노인 · 젊은이 · 여인네 · 시녀 ·
군사 · 백성 · 남녀 수천 명

우리 민족의 창업(創業)과 그 조국(肇國)의 경위와 정신을 밝히는 일은 우리 국민의 제1의적(第一義的)인 작업의 하나다.

우리는 세계 유수의 고문화족(古文化族)이면서도 그 상고사(上古史)의 소멸, 유실, 매몰로 말미암아 일반 국민이 이웃이나 다른 나라의 건국 경위나 창건의 역사는 알면서도 제 나라 제 겨레의 것은 잘 모르는 백성이 되고 말았다. 흔히 단군(檀君)과 그 설화라면 미개 시대의 전설로 인식하고 돌아보지 않을 뿐 아니라, 거기에 관심을 쏟는 것조차 부끄러이(?) 여기는 경향마저 없지 않다.

우리 겨레가 동방(東方)에 있어 한(漢)민족보다도 선주민이요, 동방 문화의 원류임이 사료(史料)나 고고학적(考古學的)으로 점차 드러나고 있고, 그 후손인 우리도 점차 그 면목을 되찾아 세계의 각광을 받기 시작한 오늘날, 또한 민족의 자립과 자주성이 고창(高唱)되는 오늘날, 우리 시조들의 위업과 그 정신을 일반 국민에게 널리 알려 자멸(自蔑)과 자비(自卑)를 버리고 자존(自尊)과 자긍(自矜)을 되찾게 하는 데는 영상(映像)을 통한 길이 가장 첩경이다.

그러나 이 작품이 저러한 당위성 때문에만 쓰여진 것은 물론 아니다. 나는 오랫동안 문학적 충동에서 우리의 건국설화들을 제재(題

材)로 삼은 시나리오를 구상해 오던 중 지난 1968년 5월 문화공보부로부터 작가 기금을 받음에 있어 숙제인 〈단군〉에 착수하게 되었다.

이 원고 〈단군〉은 일연(一然) 《삼국유사(三國遺事)》의 〈고조선기(古朝鮮記)〉를 골자로 하여 비신화화(非神話化)한 순전한 창작이다. 그러나 여러 저작(著作)들과 사적(史籍)들이 직접, 간접으로 참조되었다.

강무학 《단군(檀君)》, 그 각색본인 나대로 《단군(檀君)》, 최동 《조선상고민족사(朝鮮上古民族史)》, 최남선 《아시조선(兒時朝鮮)》, 윤세복 《단군고(檀君考)》, 김교헌 《신단민사(神檀民史)》, 문정창 《단군조선사기연구(檀君朝鮮史記研究)》, 김재원 《단군신화(檀君神話)의 신연구(新研究)》, 그 외의 《대종경(大倧俓)》, 《규운사화(揆耘史話)》, 《신단실기(神壇實記)》 등이며, 특히 이인재 · 강무학 두 선생에게는 여러 번 직접 가르침을 받았다.

그러나 이 원고는 어디까지나 문예창작으로서 어떤 종교나 학문의 그 인식이나 논증을 가지고 재단(裁斷)될 수는 없는 자유로운 상상의 세계다. 이러한 이회(理會) 위에서 이 작품을 읽어 주기 바란다.

1. 고조선 지도(자막)

(내레이션)

"지금으로부터 약 5천 년 전, 옛 우리 한민족들은 북쪽으로는 만주 땅 흑룡강 일대에서 남쪽으로는 오늘의 한반도에 이르기까지, 또 서쪽으로는 중국 본토 흥안령과 요하 일대에서 동쪽으로는 지금의 소련령(蘇聯領) 연해주에 이르기까지 넓은 땅에 흩어져 살며 수많은 부락 집단을 이루고 작고 큰 부족왕국을 세웠다. 그중에도 만주 송화강 유역에 자리잡은 환(桓)이라는 씨족 국가는 오랜 동안 가장 강대했을 뿐 아니라 신앙이 두텁고 문화적으로도 크게 앞질러 있어 이웃 동족 부족에게는 물론 이민족(異民族)에게까지도 종주국(宗主國)으로 행세하고 있었다."

2. 신단(神壇) 있는 부락

황무지의 광야로부터 멀리 산이 보이고 그 아래 2, 3백 호 가량의 마을이 보인다.

가까이〔近景〕 보면 산마루에는 신단이 쌓여 있고 숲 아래 마을에는 고대 왕전을 중심하여 산재한 초막들과 토굴들이 보인다.

　"그 나라 사람들은 나라 안에서 제일 지세(地勢)와 경치가 좋은 산마루에다 신단을 쌓고 하느님을 섬기는 장소로 삼았으며, 자신들은 그 하느님의 자손이라 믿었고 또는 간택된 백성들로 자처하였다."

3. 신단

　신단에 향불〔香木 - 檀木〕이 훨훨 타고 있다.

　환인(桓因) 천왕이 무릎을 꿇고 축언(祝言)을 외우며 (표정) 활개를 벌려 배례를 한다.

　그 뒤 제일 앞줄에 늘어선 왕후, 태자, 웅(雄) 왕자를 비롯한 주요 등장인물과 그 뒤에는 좀 무질서한 수백 명의 남녀 군중이 천왕을 따라서 절을 한다.

　제례를 마친 환인 천왕이 군중을 향해 돌아서서 엄숙한 표정으로 신탁사(神託事 - 啓示 같은 것)를 고한다. (표정)

　군중들, 일제히 머리를 조아려 이에 응한다. (표정)

　"그래서 이 나라에서는 봄, 가을의 명절과 국가의 길흉대사가 있을 때마다 거족적인 제사를 지냈다. 이들은 이 제사를 집전하는 이를 하느님의 대리자로 우러렀으니 그에게 정사와 공사생활 일체를 주관케 하고 그를 천왕(天王)님이라고 불렀다."

4. 왕전(王殿) 앞뜰

(내레이션)

"제사가 끝나면 무점(巫占)과 무술경기와 오락행사가 마을과 들과 강가에서 벌어졌으며, 밤이면 왕전 앞 광장에서 노래와 춤을 즐겼다."

뜰이 언덕진 곳에 천왕이 앉고 좌우에 태자를 비롯한(웅 왕자는 안 보인다) 가신(家臣)들과 부족장들이 바위와 돌, 통나무 등에 앉아서 구경하고 있다.

광장을 무질서하게 꽉 둘러싼 군중 중에는 나무 위에 오른 자들이 많다.

지금 뜰 복판에는 창 쓰기가 한창이다.

한 선수가 옆구리를 찔리고 쓰러진다.

다시 한 쌍의 창 싸움, 이번엔 한 선수의 목이 찔린다. 즉사다. 그래도 관중들은 열광적으로 환호한다.

5. 평야

한쪽에선 활쏘기.

한쪽에선 말달리기.

이번엔 편을 가른 기수(騎手)들이 말을 달리며 활 쏘기(騎射)다.

활에 맞아 죽는 사람, 말에서 떨어져 죽는 사람, 그러나 모두 다 태연하다.

6. 강변

한쪽에는 사내들의 씨름판.
한쪽에는 여자들의 그네와 널뛰기.

7. 왕전

중앙 벽에 팔괘(八卦)가 부각되어 있다.
바닥에는 거북점 틀이 놓여 있다. 천왕이 왕후가 지켜보는 옆에서
절대를 들어 흔들며 눈을 감고 축문을 외우며 무점(巫占)을 하고 있
다. 점치는 백성들의 기쁜 얼굴, 당황한 얼굴, 공포에 질린 표정들
이 교차된다.
태자도 서툴게 설치고 있다.

8. 왕전 앞뜰

밤, 장작불이 타고 있다.
군중들이 미친 듯이 소리(노래)지르며 춤을 추고 돌아간다.
한편에선 불에 짐승을 통째로 굽기도 하고 이를 안주삼아 뜯어먹
으며 술을 마신다.
군중의 흥이 고조될수록 짐승의 울부짖음 같은 소란-.

9. 메인 타이틀

타이틀 배경으론 첫 '신'부터 8'신'까지가 '내레이터' 없이 '테

마’ 음악을 넣어서 반복한다.

10. 왕전 앞뜰

화창한 봄날의 한낮 풍경이다.
왕전 앞뜰은 마치 장이 선 것 같다.
천왕에게 갖가지 청원을 드리려 오는 사람과 가는 사람, 또 이를 구경하려고 모인 사람들로 붐비고 있다.
양이나 돼지를 끌고 닭 등을 메고 오는 사내, 머루나 다래 같은 과실을 이고 오는 아낙네, 곡물이나 짐승의 가죽을 둘러메고 오는 모습 등, 그들은 현장에서 더러 물물교환도 한다. 왕전 문 앞에 집창을 한 사내들의 호위를 받으며 신석복(申錫福)이 앉아 이들의 청원을 하나하나 접수하고 있다.
그는 흰 수염의 보기에도 충성스러운 작은 키의 늙은이다.
이때 한 늙은 여인이 닭을 내놓으며 (집창을 한 사내가 받는다.)

노 파 아이고 내사 죽겠다.
신석복 왜?
노 파 골이 빠개지는구만.
신석복 음.

노파를 데리고 왕전으로 들어간다.

11. 왕전

천왕이 태자에게 팔괘와 거북점 49절대를 가르치고 있다.

한옆에는 왕후가 베실을 실꾸리에 감고 있다.

천왕은 70세, 왕후는 60세, 태자는 35세 가량, 태자는 등에 활촉을
메고 옆구리엔 칼을 차고 있다.

환 인　(☰☱ 그림을 가리키며) 이 괘는 태상이하(兌上離下)라 마치
　　　순한 황소가 풀밭에 매여 있어 풀을 마음대로 뜯어먹고 있는
　　　형상이니 한 곳에만 살면 아주 길할 운수다.

태 자　이 괘는 (더듬는다.) 음, 마치 순한 황소가, 아니, 태상이하로
　　　서 음, (또 더듬는다.) 황소가, 마음대로 먹는 괘다.

태자, 익숙지 않은데다 천성으로 말을 더듬어 더욱 답답하다. 역정
이 나지만 참으면서

환 인　(☲☳) 이 괘는 이상진하(離上震下)라 아주 흉한 괘니 마치
　　　부모를 한꺼번에 다 잃고 홀로 되는 운수다.

태 자　이 괘는 이상진하, 애비, 에미도 다 죽는 운수다.

이때 신석복, 노파를 끌고 들어와 읍하며

신석복　천왕님, 아랫마을 닭집 노파가 골이 쑤신다고 왔습니다.

하고, 다시 나간다.

환 인　이리로 오라.

노파 천왕 앞에 와 머리를 숙인다.

환　인　고개를 제끼고 눈을 감으라.

하고, 옆의 물병에서 물을 한 모금 마시더니 노파의 얼굴에다 푸 하
고 뿜는다. 소위 손수(噀水)다.

환　인　이제 다 나았다.

노파, 몇 번 물 묻은 얼굴을 도리질하더니 희색을 띠고 합장 배례하
며

노　파　천왕님, 살려 줘 고마워요.

되돌아서 나가고, 이번엔 신석복이 큰 싸리 바구니를 든 아낙네를
데려다 놓고 나간다.

아낙네　천왕님, 이것 봐요, 우리 아가.

덮은 풀을 헤치고 빳빳해진 어린아이 시체를 꺼내 내민다.

환　인　아가, 이미 죽었다.
아낙네　천왕님, 만져요, (훌쩍거리며) 살아나게.
환　인　안 된다.
아낙네　천왕님 살려요. 우리 아가 살려 줘요.
환　인　또 낳아라. 내가 빌어서 점지해 주마.

하늘을 향해서 눈을 감고 손을 싹싹 빌면서

환　인　(주문) 늘려 줍시사, 불려 주십사, 풀어 줍시사, 거두어 주십
　　　　사, 궂은 것은 물려 주시고 반가운 일은 점지하여 줍시사.

　　　아낙네도 따라 빌었으나 여전히 죽어 있는 아기를 들여다보고는

아낙네　안 살아났어. 우리 아가 살려요, 천왕님.

　　　울음을 터뜨리고 주저앉아서 발버둥친다. 태자가 빽 소리를 지르
　　　며 반짝 안아 들어내다시피 몰아낸다. 이번엔 신석복이 웃통을 벗
　　　고 아래만 가린 사내를 데리고 들어온다.

사　내　천왕님, 우리 큰 벌 양 떼를 강 건너 말갈족들이 끌어갔습니
　　　　다. 군사를 풀어 주십시오.
환　인　음, 30명만 풀라.

　　　이때 태자, 앞장을 나서며

태　자　내가, 다앙장 그놈들을 다 때려 음, 잡아 가지고 온다.

　　　천왕의 어조를 흉내냄이다.

환　인　그래라. 행패는 부리지 말고 양만 끌어오라.
태　자　예.

　　　돌연 활기를 띠고 나가는 태자를 보내고 한숨을 쉬며

환 인 저것은 싸움만 즐겨 하지, 신사(神事)는 깜깜이니.

신석복 신사는 영특한 웅 왕자가 계시지 않습니까?

환 인 웅! 영특하지, 그러나…….

　　말을 할 듯하다 말고, 무슨 생각이 난 듯 왕후를 보며

환 인 정말 그 애는 엊그제 명절 놀이에도 보이지 않던데?

왕 후 (무표정으로) 그 애야 서계고(書契庫)에 들어백혔지요. 이즈막
　　엔 밥도 먹으러 안 와요.

신석복 웅 왕자는 이즈막에 서계고를 가끔 나와 사람들을 가르친답
　　니다.

환 인 사람들을 가르쳐? 무엇을?

신석복 저도 자세히는 모르오나 그 말씀이 얼마나 신기하고 재미있
　　는지 서계고 앞마당에는 나날이 사람들이 몰려든답니다.

환 인 사람들이 몰려들어?

　　놀라고, 의아한 표정이다.

12. 어느 석굴(石窟 – 書契庫)

　　마치 서가(書架)에 책이 꽂히듯 청석(靑石)은 안쪽으로, 죽부(竹符)
는 우편 벽으로 쌓여 있다. 또 채광이 들어오는 한쪽 벽엔 괘도(掛
圖) 모양 성좌(星座)의 배열도(配列圖)가 파져 있다.

　　그 아래 목상을 놓고 환웅(桓雄) 왕자가 청석을 맞추고 있으며, 죽
부틀 아래 큰 대(臺)에 놓고 신지(神誌)가 대〔竹〕 조각에 글자를 새
기고 있다.

왕자는 서른쯤, 늠름하면서도 이지적(理智的)이고, 신지는 50쯤의
학자의 중후한 모습이다. 왕자, 돌아앉으며 청석을 대 위에 놓으면
서,

환 웅 신지님! 이제 이것으로 내가 만든 서계는 다 죽부로 옮겨 놓
은 셈이오.

신 지 그렇습니다. 왕자님, 꼭 3년이 걸렸습니다.

환 웅 이제 나대론 사람의 도리(道理)와 만물의 이치를 정돈해 놓았
지만 이것을 백성들 실제 생활에 어떻게 펴 나가고 또 그들이
어떻게 이용하느냐가 문제요.

신 지 팽우(彭虞)와 고시(高矢)가 모아 오는 백성들에게 차츰 가르쳐
나가면 머지않아 왕자님의 뜻이 펴지지 않겠습니까?

환 웅 글쎄, 나도 그렇게 하고는 있소마는 앞으로 순탄할는지? (독
백처럼 하다가 말을 돌리며) 신지님! 그런데 내가 간밤에 (일어나
성좌판을 가리키며) 등사성(騰蛇星)의 23성과 천해성을 보니
올해는 아주 긴 가뭄이 오겠구료. 강과 논밭에 물이 마르고
마을엔 식수에까지 곤란을 받을 테니 큰일이오.

신 지 (일손을 떼며) 왕자님 저도 간밤에 보고 짐작이 가서 근심하고
있습니다만…….

이때, 팽우와 고시가 들어와 대화가 중단된다. 팽우(40세)는 한 손
에 철퇴를 든 사천왕모양 괴상하고 무섭게 생긴 장사요, 고시(35세)
는 순박한 농민이다.

팽 우 왕자님, 사람들이 어서 나오시래요.

환 웅 많이들 모였는가?

고 시 네, 이제는 마을에 가서 불러오지 않아도 꾸역꾸역 모입니다.

환 웅 그래? 그러면 나가들 보세.

일동, 굴을 나선다.

13. 서계고(書契庫) 앞뜰

산꽃들이 만발한 뜰에 20-30명의 사람들이 띄엄띄엄 앉아 있다.
특히 젊은 여인들이 많이 눈에 띈다. 이들은 말하자면 고대 최초의
학생들이랄까.
환웅, 조금 높은 바위 위에 올라서서 교훈을 시작한다.

환 웅 오늘은 우리 인간이 짐승과 달리 사람값을 하자면 지켜야 할
다섯 가지 도리를 말해 보겠습니다. 첫째, 우리는 몸을 단정
히 가져야 합니다. 둘째, 우리는 말을 바르게 해야 할 것입니
다. 셋째, 우리는 사물을 바로 볼 줄 알아야 합니다. 넷째, 좋
고 나쁜 것을 분간해 들을 줄 알아야 합니다. 다섯째, 생각을
옳고 깊게 해야 합니다. 이상의 도리를 잘 지키는 사람은 훌
륭한 인간이 되고 이것을 잘 못 지키는 사람은 몹쓸 인간이
되는 것입니다. 그리고 오늘 여러분에게 내가 알릴 것이 하나
있습니다. 그것은 다름이 아니라 내가 하늘의 천문을 살펴본
즉 올해는 이제부터 길고 심한 가뭄이 올 것입니다. 그런즉
여러분들은 마을 곳곳에다 우물을 깊이 파서 먹는 물이 모자
라지 않도록 해야 할 것이요, 저 산골 물과 내를 막아 연못을
만들어 물을 모아 두었다가 논밭에 물이 마를 때 대도록 하여
야겠습니다. 이 일을 역사하는 데는 우리 고시님과 팽우님이

직접 나가서 돌보아 줄 것입니다.

이때 숲길로 군사들을 이끈 태자 일행이 돌아온다. 창에 적의 목을
꽂고 몇 명은 결박지어서 몰고 살기등등하고 의기양양이다. 태자
앞서 오다가 뜰에 모인 사람들을 보고 공연히 꽥 소리를 지른다. 군
중들이 모두 질겁을 하고 흩어진다. 태자, 하하하, 하고 크게 웃고
인사하는 환웅 앞에 와서 예의 더듬는 소리로

태 자 이 서계에 미친 귀신아, 사람들을 모아 놓고 무슨 헛소리를
        떠벌리느냐.
환 웅 ······.
태 자 너 이것 가지랴, 하하하.

창에 꽂힌 적의 머리를 환웅에게 휙 내민다. 환웅, 몸을 돌이킨다.
태자, 잔인한 웃음을 웃으며 옆에서 못마땅한 시선을 보내는 팽우
를 보고 또 꽥 소리친다. 팽우·고시·신지 등 도로 읍하여 고개를
숙인다. 태자, 그제야 기분이 좋은지 히히히 웃으며 왕전을 향한
다.

14. 왕전

천왕과 왕후가 앉아서 보고 있고 신석복이 데리고 온 어떤 소년에
게 태자가 서투른 솜씨로 거북점을 치고 있다.

태 자 이 괘는 너의 애비도 에미도 귀신들려 다 죽는 괘다. 할 수 없
        다. 알았나?

소년, 이 말을 듣더니 천왕 앞으로 가 꿇으며

소 년 천왕님, 천왕님이 제발 한번 다시 봐 줘요.

이것을 본 태자, 소년의 뒷덜미를 집어 끌어내며

태 자 요, 무엄하고 당돌한 놈아, 점괘가 다 죽게 나와 있어! 어서,
  썩 못 나갈까.

천왕, 못마땅한 눈치나 그대로 가만히 보고만 있다. 왕후, 재롱을
보듯 호호호 웃는다. 신석복, 소년을 몰고 나가고 환웅 왕자가 들
어온다.

환 웅 아버님, 어머님, 문안드립니다. 형님, 안녕하십니까?

왕후, 아주 무시하는 태도다.

태 자 나는 형님이 아니라, 음 태자님이다.

환웅, 할 수 없다는 듯이

환 웅 태자님 안녕하십니까?
태 자 오냐, 그래.
환 웅 아버님 저를 부르셨습니까?
환 인 응, 불렀다. 하도 너를 본 지 오래고 또 내가 너에게 물어 볼
  것이 있다.

환 웅 죄송합니다.

환 인 듣자하니 너를 시중드는 팽우와 고시가 산에서 흘러내리는 물을 막고 마을로 돌아다니면서는 흉한 소문을 퍼뜨려 인심을 소동케 하고 있다니 너도 아는 일이냐?

환 웅 황송합니다. 그것은 다름이 아니오라 제가 천문을 보온즉 올해는 가뭄이 폭심하겠기에 팽우, 고시를 시켜 계곡에 저수지를 만들고 마을에 예비 우물을 파게 한 것이올시다.

환 인 음, 듣는 바와 같고나. 하늘의 비와 볕이 고르고 고르지 아니함은 하느님이 하시는 일, 어찌 신탁이 없이 네가 미리 알며 또 설혹 알았다손 사람의 힘으로 이를 어찌 막을 수 있으랴. 이런 것은 다아 하느님을 거스르는 짓이니 하느님의 노여움을 스스로 사서 큰 재앙을 불러들이게 된다. 그러니 이런 짓을 곧 못 하게 하고 다시는 그런 일이 없도록 하라.

환 웅 아버님, 저의 소견을 말씀드리자면 하느님은 모든 천체와 만물을 낳으시고 이를 일정한 이치로 다스리십니다. 우리 인간은 그 이치를 헤아려서 이에 순응해 나가야 될 줄 아옵니다. 제가 그 동안 10년 연구로 천문과 지리를 좀 익혔사오니 오는 가뭄의 재난을 미리 방비해 주시기 바랍니다.

환 인 (좀 노기를 띠고) 하느님을 설독하는 소리를 작작하여라! 더욱이나 내가 정초에 연사를 점친즉 올해는 크게 길하다. 그런 한발이 올 리 없다.

환 웅 …….

환 인 그리고 이 나라를 누가 다스리느냐. 네가 다스리느냐? 내가 다스리느냐?

환 웅 …….

태 자 이놈, 이 나라를 네가 다스리느냐? 천왕님과 태자가 다스리지…….

환 웅 …….

고개를 푹 떨굴 뿐이다.

15. 어느 계곡

팽우가 일꾼들과 돌을 날라다 둑을 쌓고 있다.
어느 정도 저수지의 윤곽이 잡혀 있다.
이때 태자가 5, 6명의 군사를 거느리고 와서 이를 모두 허물어뜨린
다.

태 자 고얀 놈들, 누가 함부루 산천을 막으랬어, 하늘이 두렵지 않
아?

팽우와 일꾼들, 태자 일행의 행패를 넋없이 바라본다.

태 자 저놈들 썩 묶어라. 왕명이다. 팽우 네 이놈.

팽우와 일꾼들, 군사들에게 묶인다.

16. 마을 한 곳

마을 사람들이 고시의 지휘를 받으며 쭉 둘러서서 흙가래를 퍼올
린다.
우물이 거의 되어간다. 이때, 태자 일행이 들이닥친다.

태　자　이놈들! 왕명이다. 왕명!

　　　군사들, 파 논 우물에 도로 흙을 퍼붓는다.
　　　고시, 뮤인다.
　　　한편에서 이를 바라보는 마을 아낙네들이 쑤군거린다.

17. 또 다른 우물가

　　　우물을 파던 마을 사람들과 이를 덮친 태자 일행-.

18. 왕전 앞뜰

　　　왕전 앞뜰이 소란하고도 살벌하다. 신석복을 둘러싸고 마을 대표
와 부족 왕들이 10여 명 앉아 논란(論難)을 하고 있고, 이때 말을 타
고 속속 달려오는 사람도 보인다.
　　　주위에는 백성들이 웅성거린다.

부족왕 A　이대로 가물다간 곡식커녕 백성들이 다 타 죽소. 우리 나
　　　　라는 지금 아우성이오.

부족왕 B　나도 등쌀에 견디다 못해 왔소만, 여기 환나라도 비 한 방
　　　　울 구경 못 하는 형편이니…….

마을 노인 A　거기는 다 이유가 있다오. 우리 나라 둘째 왕자가 공연
　　　　히 산천을 건드려 하느님이 진노한 것이라오.

부족왕 C　그러면 다른 나라는 어째서?

마을 노인 B　글쎄. 그런 사정이야 천왕님께서 아시겠지.

부족왕 A　그렇소. 아무튼 천왕님을 뵙게 해 주오, 석복님!

신석복　글쎄. 또 들어가 보기는 하겠지만 천왕님은 신탁을 받으시려
　　　　고 사흘째 신주 모신 별당에 드셔서 나오시지를 않소.

부족왕 B　이제 환인 천왕 신탁도 영험이 없어졌나 보오.

부족왕 C　무엇이! 우리 천왕님을 모독하는가.

　　　두 왕, 벌떡 일어나서 싸울 기세다.

신석복　아니! 여기가 어디라고들! 어서 물러들 앉으시오. 내 또 한번
　　　　천왕님께 들어가 보고 오리다.

　　　두 부족왕 씨근거리며 앉는다.

19. 어느 석굴

　　　신주를 모신 앞에 천왕이 엎드려 있다.
　　　신석복이 들어와 천왕을 조심스럽게 부른다.
　　　천왕, 놀라며 잠에서 깬 듯 얼굴에 침이 흐른다.

신석복　천왕님, 황송하오나 마을의 노인과 각 나라 왕들이 천왕님의
　　　　신탁을 고대하고 있습니다.

　　　아직도 꿈에서 덜 깬 듯, 그러나 표정이 환해지며

환　인　이상한 꿈이로다. 틀림없이 하느님의 신탁이지!

신석복　네? 신탁을 받으셨다구요.

환　인　신탁에 불을 놓고 제를 지내라⋯⋯. 음, 분명하지. 하느님, 감

축하옵니다.

하고, 다시 신주를 향해 절을 한다. 신석복도 따라 한다. 생기를 띤

환 인 뜰에 모여들 있다고, 어서 나가자.

20. 왕전 앞뜰

천왕의 행차에 떠들썩하던 마당이 숙연하다

일 동 천왕님, 문안 아룁니다.
환 인 마을의 중로(重老)들과 열국의 제왕들, 오랫동안 기다렸소.
이 몸이 덕이 없어 가뭄이 석 달에 이르렀으니 나의 마음 아
픔을 이루 형언할 바 없소. 그러나 하느님은 이 몸과 중생을
버리지 않으시고 신탁을 내리셨소. 여러분은 바삐 돌아가 신
단에 장작불을 지펴 봉화를 올리기 삼칠일이면 반드시 하늘
이 비를 주실 것이오.

여러 번 부족왕과 군중들 읍하며

일 동 감축하옵니다.

21. 산림 속

도끼로 아름드리 나무가 자빠진다.
태자, 이런 일엔 신바람이 나서 일꾼들을 지휘한다.

22. 신단

일꾼들이 신단에 봉화를 지핀다.
훨훨 타오르는 불길과 이글거리는 태양과 신단 앞에 꿇어앉은 천
왕의 땀투성이 얼굴이 클로즈업된다.

23. 들과 강

곡식이 말라 죽은 밭과 갈라진 논바닥과 말라 버린 강.

24. 어느 산정(山頂)

여기는 소규모의 신단(돌멘)에 봉화가 오르고 있다.
산양 한 마리를 산 채로 묶어서 불에 넣는다.
산양의 애처로운 울부짖음.
A왕과 군중들의 주문 소리.
태양과 불길의 클로즈업.

25. 또 다른 산정

여기는 바다와 접한 벼랑 위에 신단이 쌓여 있다.
B왕이 봉화를 붙이고 나면, 군사들이 소녀 하나를 붙잡아다 바다
로 떠민다.
낙화처럼 바다에 떨어지는 소녀.
바다 쪽을 향해 절을 거듭하는 백성들과 그 주문 소리.

태양과 불길의 클로즈업.

26. 마을 한 곳

마을 사람들이 묻었던 우물을 도로 파고 있다. 일꾼들의 얼굴에 땀
방울이 방울방울 흐르고, 개중엔 기진하여 쓰러지는 사람도 있다.
한쪽 고목나무 아래서 부녀자들이 쑥덕공론을 하고 있다.

여인 A 글쎄 말이야. 웅 왕자님 말씀을 들었더라면 이 고생은 안 하
지.

여인 B 그게 아니래. 공연히 웅 왕자가 산천을 건드리고 흐르는 물
을 막아 놓아서 하느님이 노하셨대.

여인 C 그거 영감님들이 하는 소리야. 딴 나라에도 비가 다 안 온다
는데.

여인 A 그렇고말고. 우리 왕자님은 서계 공부를 10년 해서 신통력이
생기셨다는데. 그래서 왕자님은 점도 안 치시고 앞일을 환히
다 아신대.

여인 B 아이고 저 계집애는 왕자님 말이라면, 그저 미쳤어!

여인 A 아줌마, 그래 천왕님이 삼칠일이면 비가 오신다드니 한 달이
되도 안 오니, 서계굴서 왕자님 말씀이 가만히 새어 나왔는
데 2, 3일 안에는 비가 오신다는 거야.

여인 C 너는 그런 주둥이 놀리다 큰일 낼라.

여인 B 그렇고말고. 그런데 천왕님이 신단에서 밤낮으로 비시는데
이제는 다 돌아가시게 됐대.

이때 우물에서 물이 솟는다는 고함 소리가 인다. 일동의 환호와 감

탄! 물을 퍼서 서로 다투어 마신다.

27. 신단

훨훨 타는 불길과 이글거리는 태양 아래 천왕, 여전히 꿇어 엎디어
있다. 산산이 흩어진 머리, 기다랗게 자란 삼각수염, 얼굴이 땀과
오뇌에 찌들어 있다.
한옆에 태자도 꿇어앉아 있다. 좀 멍청하게 된 얼굴이다.
그 뒤에 수십 명의 백성들도 연방 치성을 올리고 있으나 모두 제정
신이 없는 모습이고, 이미 기진하여 쓰러진 사람도 있다.
이때 환웅, 팽우와 고시에게 물통을 들려 가지고 등장하여,

환 웅 아버님, 물을 좀 마시십시오. 그리고 제발 오늘은 궁성으로
　　　드십시오.

천왕, 고개를 좌우로 흔든다. 태자와 신석복은 팽우와 고시가 퍼
주는 물을 벌떡벌떡 마신다. 환웅, 다시 천왕께 물을 권하니 고개
를 돌리고 눈을 부릅뜨고

환 인 이 고얀 놈, 날마다 너는 왜 와서 물통을 들고 다니며 요망을
　　　떠느냐, 하늘 두려운 줄도 모르는 놈 같으니라고. 어서 썩 물
　　　러나지 못할까!
환 웅 아버님, 비는 곧 옵니다. 오늘 중에 옵니다.
환 인 뭐라고, 비가 와? (자기도 모르게) 언제?

너무 큰 충격에 쓰러진다. 환웅 왕자, 천왕을 안고 자기가 물을 마

셔 입으로 천왕에게 먹이고 얼굴에 뿜는다. 천왕, 다시 정신을 가
다듬고 앉으며

환 인 이놈, 어서 썩 물러나지 못할까!

한편, 팽우와 고시 등은 쓰러진 사람들에게 물을 먹이고 있다. 이
것을 보던 태자 일어나 쫓아오며

태 자 요놈들! 썩 물러나지 못할까.

하고, 물통을 빼앗아 자기가 통째로 벌떡벌떡 마신다.

28. 산 중턱

산을 기운 없이 내려오는 환웅 일행! 이때 하늘에 갑자기 구름이 모
이고 천둥이 치며 비가 한 방울 두 방울 떨어지기 시작한다.

29. 신단

비가 제법 떨어지는 신단.
쓰러졌던 백성들이 일제히 "비, 비, 비" 하고 소리치며 일어난다.
그때야 정신이 든,

천 왕 응 비, 비, 비 좀 보자. 오오 하느님, 이 환인을 버리지 않으셨
　　　습니까!

하고, 신단에 크게 절한다. 백성들도 환희에 들떠서 절도 하고 춤
도 추고 제각기 환성을 올린다.

30. 비 오는 마을

마을 사람들의 환희.
비 맞는 우물 풍경.

31. 산과 들과 강

비 오는 자연 풍경.

32. 어느 산정

여기도 비를 맞으며 왕과 백성들이 얼싸안고 돌아간다.

33. 또 다른 산정

텅 빈 신단에 폭우가 쏟아진다.
불이 꺼진 장작더미에 물이 흘러 번득인다.
소녀가 떨어진 벼랑 멀리 바다에 파도가 넘실거린다.
그 무주공산의 적막.

34. 서계고 앞뜰

비도 말끔히 걷히고 맑게 갠 하늘-.

서계고 앞뜰에는 백성들이 꾸역꾸역 모여든다.

가뭄에 대한 환웅 왕자의 예언 사건이 널리 알려져 왕전 뜰앞보다
도 더 몰려드는 것이다.

이쪽 저쪽 몰켜 앉은 사람들이 그들 나름대로의 화제의 꽃을 피우
고 있다.

어느 노인들의 한 패,

노인 A 웅 왕자 말은 들어볼수록 오묘하단 말이야.

노인 B 우리가 옛날에 듣던 태호 복희 선인이나 신농 선생의 가르침
       같단 말이야.

노인 C 아니 내가 신지 선생한테 직접 들었는데 우리 왕자님은 그분
       들보다 더 용하시다는군. 그분들이 미처 알아내지 못한 홍범
       구주(洪範九疇)의 서계를 다 풀어내고 거기다 당신의 연구를
       덧붙였다는군.

노인들 서로 감탄한다. 어떤 젊은 한 패

청년 A 왕자님 이야기를 들으면 속이 다 환해져! 그 밤낮 빌기만 하
       고 맞는지 안 맞는지도 모르고 점만 치고 보지도 못한 하느
       님 타령, 나는 아주 질색이야.

청년 B 그래, 우리도 왕자님께 어서 서계를 배워서 새 생활을 해야
       해.

청년 C 그런데 왕전에서 태자님이랑이 펄펄 띈다는데. 왕자가 우리
       에게 못된 것을 가르친다고 말일세.

어느 구석의 처녀들

처녀 A 아유! 우리 왕자님 멋지셔, 그 흰 이마, 부드러운 음성, 훤칠
한 키, 어서 나타나시지 않나!

처녀 B 나두 하루도 안 뵈면 잠이 안 와.

서로들 떠밀며 시시덕거린다.

35. 서계고 안

환웅, 신지·팽우·고시 등과 둘러앉아 의논들을 하고 있다.
제각기 열띤 표정이다.

신 지 아무래도 날마다 때를 정하여 죽부를 가르치려면 큰 집을 하
나 세워야 하겠습니다.

고 시 그렇습니다. 비 오는 날에 저도 만들어 주신 역세(歷歲)를 가
르치자면 집 안에다 사람들을 모이게 해야 되겠구요.

팽 우 그런 집은 내가 짓지요. 마을 목수들과 일꾼들을 불러서 하면
되지. 지금 나라 안 사람들이 우리 왕자님이 하시려는 일에
나서지 않을 사람이 있답디까? 공연히 말썽을 일으키는 다
늙어빠진 고물 영감님들만 빼놓고는 말입니다.

이제까지 묵묵히 듣고만 있던 환웅, 괴로우나 무슨 결심이 있는 듯

환 웅 여러 사람이 글방을 차리자는 것은 필요하다고 느끼지만 아
무래도 이 나라 안에서 우리 뜻을 펴기는 어려울 것 같소.

일동, 의아스럽긴 하나 묵묵히 듣는다.

환 웅 솔직히 말해 내가 연구하고 발견한 인간의 도리와 만물의 이
치를 이 나라 백성들에게 가르치고 또 그들이 이 이치대로 생
활하자면 오늘날 천왕님이 다스려 나가시는 방법인 신사(神
事)와 서로 상충을 일으키게 된다는 것을 우리는 지난번 한발
을 통해서도 이미 경험한 바가 아니오.

팽 우 (성급해서) 그러면 슬슬 해 나가다가 천왕님이 돌아가시면 하
지요.

고 시 그때는 태자님이 계시지 않는가?

팽 우 태자, 태자님, 흥, 백성들이 우리 왕자님 아니면 안 섬기는 데
야.

하고, 제 철퇴를 들어 보이고 눈을 꿈적한다. 그런 얘기는 못 듣는
듯이 추연한 빛을 띠고

환 웅 내가 이전에 서계에 적혀 있는 것을 보니 저 백두산 신단 숲
속에는 천실이라는 서계굴이 있어 그것을 여러 나라 신선들
이 연구했다고 하니 나도 거기 가서 공부나 하여 일생을 마칠
까 생각도 하고 있소. 만일 그렇게 되면 여러분은 어찌하겠
소.

신 지 왕자님, 저희들이야 왕자님이 가신다면 저 서쪽 3만 리 ‘바
빌론’ 옛터에라도 따라가지만 왕자님의 그 높고 깊고 넓으신
뜻을 이 나라 이 백성들에게 펴야 되지 않겠습니까. 그저 때
를 기다려 보십시다. 하느님은 반드시 왕자님에게 큰 일을 하
시게 할 것입니다.

환 웅 그런데 그때가 가까웠나 보오.

환웅의 자탄(自嘆)을 못 알아듣고 기뻐하며

팽 우 때가 가까워요? 그렇겠지.

이때, 마을 청년 몇이 들어와 환웅이 나오기를 재촉한다.

36. 왕전 앞뜰

그야말로 한산하다.
노인 몇몇과 들것에 담아오는 병자 일행뿐.

37. 왕전

천왕과 태자, 신석복, 마을 원로(元老)와 부족왕 A · B · C, 소위 어
전회의가 열리고 있다.

신석복 웅 왕자 서계고 앞뜰은 날마다 인산인해를 이룹니다. 이제는
병들은 백성이나 양을 잃은 자들까지도 왕자를 찾는 형편이
랍니다.

원로 A 왕자의 시종 고시란 자가 마을로 돌아다니며 곡식도 왕자가
심으랄 때 심고 거둬들이는 것도 왕자가 정해 준 때 거두란
다는 말입니다.

원로 B 더욱 해괴한 것은 팽우란 놈의 말인데, 이제 머지않아 글방
을 세워서 모든 백성에게 서계를 가르친다고 떠들고 다니는
것입니다.

환 인 무엇? 신사인 서계를 백성들에게 가르쳐?

원로 B 네에, 틀림없는 애깁니다.

부족왕 A 웅 왕자의 소문은 우리 고을까지 번져서 특히 젊은 것들이 들떠 가지고 있습니다.

원로 A 천왕님! 왕자의 거동을 그대로 내버려 둔다면 신정(神政)의 밑둥이 뒤흔들리고 인심을 수습할 길이 없을 것 같습니다.

환 인 음, 알았소. 그러면 시방도 서계고 앞에 백성들이 모여 있는가?

신석복 네. 명절 때 같습니다.

환 인 내가 직접 가서 볼 것이오.

일동, 채비하고 나선다.

38. 서계고 앞뜰

정말 입추의 여지가 없이 사람들이 모여 있다.

환웅, 바위에 올라서서 열띤 어조로 교훈을 하고 있다.

환 웅 저 하늘은 우리 눈에 낮에 보이는 바처럼 푸른 것도 아니요 밤에 보이는 바처럼 검은 것도 아닙니다. 하늘은 안팎(겉과 속)이 없고 시작과 끝이 없으며 사방도 없는 텅텅 빈 공간입니다. 그러나 이 공간은 차지(滿) 않은 곳이 없고 또한 모든 것을 감싸고 있습니다. 이런 하늘에는 지존(至尊)하신 오직 한 분의 하느님이 계셔 완전한 덕과 지혜와 능력으로서 이치를 낳으사 무수한 천지만물을 창조하시고 주재(主宰)하십니다. 이 하느님의 조화에는 티끌만 한 결함이 없기 때문에 그 신명(神明)함과 신령함을 감히 무엇이라 표현할 수가 없습니다. 그런데 인간이 이런 하느님을 육신으로 그 음성이나 모상을 듣고 보려 하여서는 결코 만나뵙지 못합니다. 오직 자기 영혼[自性]에 마음을 돌려 정성을 다하면 하느님은 그 안에 이미 내려와 계십니다. 그래서 우리는 걸핏하면 천왕님을 찾아가 축원을 빌고 거북점을 쳐서 하느님의 영험을 듣고 보고저 하며, 요행 얻으면 좋아하고 못 얻으면 원망하지만 이것은 하느님을 참으로 알지 못하는 어리석은 짓입니다. 오히려 우리는 하느님께서 우리 인간에게 태워 주신 도리와 만물을 다스리시는 그 이치를 배우고 깨우쳐서 거기에 따르고 맞춰 살아 나감으로써 행복한 삶을 누릴 수가 있는 것입니다.

군중들 모두 말에 홀린 듯이 듣고 있다. 한쪽 숲 속에서 천왕 일행이 이를 엿들으며 내다보고 있다가 이 폭탄적인 선언에 아연실색하여 수군거린다. 연설 도중에 낯색을 여러 번 변한 천왕이 노기를 띠고 태자에게 무엇이라 명령하자 태자와 군사 일행이 "왕명이다!" 고함을 치며 덮쳐들어 군중을 해산시킨다.

39. 숲길

환웅과 신지·팽우·고시 등이 묶여 가고 있다.
태자 일행 살기등등하다.
하늘엔 석양이 핏빛 노을을 짓고 숲 속 길에 환웅의 가없은 그림자가 길다.

40. 왕전

천왕이 어좌에 좌정하고 좌우에 태자, 제왕, 원로들이 숙연히 늘어
서 있다.
복판에 두 손을 등에 묶인 채 환웅을 비롯한 그 시종들이 꿇어 엎디
어 있다.
말하자면 환웅의 재판으로서 언도 직전, 이를 변호하려 나서는,

신석복 천왕님, 천왕님의 진노하심을 모르는 바 아니요, 또 신사를
비방한 왕자의 죄 큰 줄을 아오나 왕자는 누구도 아닌 바로
천왕님의 아드님이시오니 짐승의 밥이 되게 하시기보다 목
숨을 거둬 저 멀리 한족들이 넘나드는 삼위(三危) 땅이나 각
색 오랑캐들이 들끓는 태백(太伯) 땅으로 쫓으시어 그들 세상
에 살게 하심이 좋을 줄로 아룁니다.
원로 A 만일 왕자를 이 당장에 처형하시면 나라 안에 충격이 커서 오
히려 민심을 크게 소요케 할 줄 아옵니다.
부족왕 A 저도 동감입니다. 천왕님의 관대하신 분부를 바랍니다.
태　자 저도 신석복 님의 의견이 좋다고 여깁니다.
환　인 듣거라. 웅 너 이놈, 네가 환나라 왕자로서 축원과 거북점을
부인하여 신사를 비방하고 하느님을 설독한 죄는 백 번 죽어
도 마땅하지만 저렇듯 여럿이 입을 모아 간청하므로 너의 목
숨을 살리고 그 대신 너를 이 나라에서 떠날 것을 명한다.

41. 서계고

환웅과 그 시종들이 죽부를 꾸리고 있다.

팽 우 왕자님, 우리는 어느 땅으로 가옵니까?

환 웅 태백 땅으로 결정했소. 거기 백두산은 영산으로서 예로부터 저 서쪽 대륙으로 가신 태호 복희 선생이랑이 공부하시던 곳으로 지금도 수많은 인재들이 도를 닦고 있을 것이오. 여기 서계에도 백두산 신단 아래 천실이 있다고 표시되어 있소.

고 시 왕자님! 그곳엔 9족이나 되는 미개한 오랑캐들이 득실득실하다고 하지 않습니까. 차라리 한족들이 사는 삼위(三危) 쪽으로 가서 요(堯) 씨처럼 뜻을 펴보는 게 어떨까요?

환 웅 이미 서쪽 대륙엔 우리의 선각자들이 가서 뜻을 펴고 있으니 우리는 오히려 남쪽으로 가서 새 세상을 이루어 봅시다. 오랑캐들이라 해서 짐승이 아니고 사람이요, 아직 인지가 깨지 못하여 인륜과 사리를 모를 뿐이니 우리가 그들을 가르쳐서 함께 복된 생활을 누리도록 하는 것이 더욱 값있는 일이 아니겠소.

42. 신단

환인과 환웅 부자만이 신단에 꿇고 있다.

합장하고 빌고 세 번 절한다.

이윽고 천왕, 돌아서 환웅의 어깨에 한 손을 얹으며,

환 인 웅아! 나는 너를 모르지 않는다. 네가 왕후 몸에서 태어나지 않았지만 어려서부터 영특하여 10여 년을 서계고에 들어앉아 3천 년 전부터 전해 내려오나 누구도 풀지 못한 서계를 알아내어 하늘과 땅과 사람의 이치에 통달했음을 이 애비는 너를 낳을 때부터의 신탁으로 알고 있다. 그렇다고 나라를 너에게 지금부터 맡길 수도 없고 또한 일후엔들 어찌 나라를 두 아들에게 갈라서 맡길 수가 있겠느냐. 네 형은 용력은 있으나 지혜가 없는 사람, 다 늙은 내가 오늘이래도 죽고 나면 어떤 흉칙한 변을 일으킬지 모른다. 실은 그래서 내가 일찍 너를 이 고장에서 떠나게 하는 것이다.

여기까지 말하고, 천왕 후우 한숨을 쉰다.

환 인 웅아, 이 애비를 원망 마라. 그리고 너의 그 밝은 지혜와 어진 덕으로써 새 세상을 이룩하라.

환웅, 어깨를 들먹거린다. 천왕, 보자기에 싼 물건을 꺼내서 하나 하나 내주며

환 인 이것은 우리 조상 대대 내려오는 신물로서 거울과 5곡의 씨 와 칼이니 거울은 하느님의 뜻을 환하게 비추어 세상에 광명 을 줌이요, 5곡의 씨는 땅에 심어서 백성들을 배부르게 함이 요, 칼은 은덕(恩德)과 위엄으로 백성을 다스림이니 한마디 로하자면 홍익인간이 우리의 치도의 목표요 사명인 것이다. 네가 보존하되 천하를 얻은 후에 이를 공표하라.

환웅, 이를 받으며 "아버지" 하고 소리내어 부르며 흐느껴 운다.

43. 서계고 앞뜰

사람들이 많이 몰려와 있다.

여기저기 몰켜서 수군거리고 있고 젊은 여인들은 눈물을 닦고 있
다.
어떤 젊은 20대 한 패, 키다리 숙신(肅愼), 혹부리 악차(渥且), 땅딸
보 해월(海月), 10대 소년 운목(雲木), 애꾸눈 소년 팽우(彭虞)가 주
고받는 말.

숙　신　이제라도 우리 왕자님을 못 떠나시게 해야 돼!
해　월　왕자님을 붙잡는 건 좋지만 천왕님 명령을 어떻게 하고.
팽 우(소)　난 왕자님을 따라갈 테야.
운　목　나두.
숙　신　야, 됐다. 그게 좋다. 왕자님을 따라가서 우리 재주를 한번 천
　　　　하에 써 보자.
악　차　그런데 애들아, 우리가 만일 왕자님을 따라가자면 이따가는
　　　　못 가게 할 테니 저 산마루 너머에 앞질러 가서 왕자님을 기
　　　　다리자.
일　동　그래, 그래, 어서 가자.

　　　　일행, 슬금슬금 군중 속을 빠져 나간다.

44. 왕전 앞뜰

　　　　천왕과 왕후에게 하직을 고하는,

환　웅　아버지, 어머니, 오래오래 사시옵소서.

　　　　천왕은 추연한 빛, 왕후는 역시 냉담한 표정이다. 환웅, 돌아서 일

행 앞으로 가 한 마리 나귀에 오른다. 신지와 팽우 · 고시, 서계 짐
짝을 등에 졌다.

환 인 웅아.
환 웅 (돌아보고) 네.

하며, 도로 내리려 하니 천왕 손으로 가라는 시늉을 하며 왕전 쪽으
로 돌아서 걷는다. 그 얼굴에 두 줄기 눈물. 환웅, 나귀 고삐를 당긴
다. 그 얼굴에도 눈물. 모였던 백성들이 "우리 왕자님"을 부르며 뒤
따른다.

45. 동구 밖

환웅 일행이 간다.
여기도 백성들이 나와서 "왕자님"을 부르며 뒤따른다.
이때 말을 탄 태자와 군사가 몰려와서 말 채찍을 휘두르며 이를 막
는다.

46. 평야를 가는 왕자 일행

작고 까맣게 보인다.

47. 고갯마루

환웅 일행, 고갯마루에서 뒤돌아서 신단 있는 마을을 바라본다.

48. 숲길

환웅 일행 앞에, 숲 속에서 젊은 일행이 뛰쳐나와 길을 막으며 절한
다.

숙 신　왕자님, 저희도 왕자님을 따라 서려 하오니 내치지 마옵소서.
제 이름은 숙신이라 하옵는데 딴 재주는 없사옵고 창칼을 좀
쓸 줄 아옵니다.

악 차　제 이름은 악차라 하옵는데 산을 잘 타고 약초를 분간합니다.

해 월　제 이름은 해월이라 하옵고 생업은 목수올시다.

운 목　제 이름은 운목이에요. 눈이 밝고 귀가 밝고 걸음이 재다고
남들이 그럽니다.

이번엔 애꾸눈 팽우(소)가 나서니 옆에 있던 팽우도 나서며

팽 우　이것은 저의 애올시다. 일찍 에미를 여의고 제 홀로 산과 들
을 쫓아다녀 짐승 새끼 한가지올시다.

팽 우(소)　왕자님, 저는 활을 잘 쏩니다. 날아가는 새도 문제 없어요.

활을 잡아 외눈으로 겨누는 시늉을 하니 일동이 웃는다.

팽 우　왕자님, 이들은 평소 제가 다 잘 아는 젊은이들입니다. 부디
이들을 거두시와 저희와 함께하시기를 바랍니다.

환 웅　나라에 못 있고 떠나는 이 몸을 그렇듯 따라와 주니 고맙기
짝이 없소. 그러면 이제부터 모두 한 몸 한 뜻이 되어 괴로움

도 즐거움도 함께 나누도록 합시다.

일 동 네, 명심하겠습니다.

일행, 서로 얼싸안고 기뻐하며 다시 길을 출발한다.

49. 산협(山峽) 마을

황혼, 환웅 일행이 산협 마을에 당도한다. 초라하고 미개한 동네
다.
동굴마다 잔치 전날같이 벅적거린다.
어느 초가집 앞에 이른다.
이 집엔 곡성이 낭자하다.
팽우가 기웃거리며 주인을 찾는다. 꽤 유족해 뵈는 노인이 나온다.

팽 우 영감님! 우리는 백두산을 찾아가는 환나라 사람들이온데 하
룻밤 댁에서 신세를 질까 하고 찾아왔습니다.

노 인 환나라 사람! 집이 누추하나 그것은 어렵지 않지만, 집안에
걱정되는 일이 있어서 좀, 무엇합니다. 그러나 우선 들어들
오십쇼.

50. 방 안

노인과 환웅이 마주 앉고, 신지 · 팽우 · 고시 등이 둘러앉아 있다.
노인 옆에 노파와 16-17세의 아리땁고 똘똘한 처녀 범네가 다소
곳이 머리를 숙이고 있다.

환 웅 노인의 그 상심사라는 것을 우리에게 들려주실 수 없습니까?

노 인 (한숨을 휘 쉬며) 우리 마을은 본시 조상 때부터 호랑이를 산신
으로 모시고 뒷산 제일 큰 굴에 1년에 한 번씩 제사를 모시는
데, 그 신령님은 해마다 제물로 처녀를 바치지 않으면 그 해
는 때마다 마을에 내려와 사람과 짐승을 닥치는 대로 해치십
니다. 그런데 올해 제사에는 우리 집 차례가 되었습니다. 우
리는 슬하에 이것 하나를 데리고 사는데 아무리 산신님께 올
리는 거지만 저 애 에미가 애처로워 우니 딸애도 울어 왼 집
안이 붙잡고 울게 되었던 것입니다.

환 웅 노인장! 세상에서 가장 귀한 것이 사람이어늘 어찌 짐승에게
사람을 제물로 바치오리까! 노인께서는 너무 상심 마시고 우
리들에게 맡겨 둬 보십시오.

범네가 또렷이 왕자를 올려 쳐다본다.

51. 산 중턱

딸기나무가 무성한 숲 속에 그로테스크한 호랑이 굴이 보인다.
그 앞에 멍석을 깔아 제단을 차려 놓고 마을 사람들이 총출동하여
제사를 지낸다.
환웅 일행이 뒤에 끼어 있다.
한참 제사가 어울린 후 눈을 감싼 범네를 제단 앞쪽 호랑이 굴 앞에
꿇린다.
"어흥" 하는 호랑이의 울음소리가 나더니 그야말로 황소만 한 호랑
이가 어슬렁어슬렁 굴문 밖으로 나오며 범네를 향해 입을 벌리고
두 발을 든다.

찰나! 화살이 날아와 호랑이의 가슴을 명중시킨다.

또한 이때 창을 든 숙신이 나서며 호랑이를 찔러 잡는다.

나무 뒤에서 활을 쏜 외눈박이 팽우 소년 쌩긋 웃는다.

마을 사람들은 놀라 황급히 도망치는 사람과 넋이 빠져 입을 벌린 사람들 각색이다.

호랑이가 죽어 넘어진 앞으로 나서며,

환 웅 여러분, 여기 보시다시피 호랑이는 짐승이지 신령도 귀신도 아닙니다. 이 천지에는 온전한 신령은 오직 하느님뿐이시고 이 땅에 신령한 것이 있다면 이는 오직 사람뿐입니다. 이런 사람도 조화를 부리지 못하거늘 하물며 짐승인 호랑이가 무슨 딴 재주가 있겠습니까. 호랑이란 짐승은 매우 사나워서 옛 적부터 여러분의 조상들이 두려워하여 이를 피해 오던 것이 이런 흉한 풍속을 만들었습니다. 그러니 앞으로는 절대 이런 폐풍을 없게 하여 서로 사람의 목숨을 소중히 하며 서로 힘을 합하여 짐승의 피해를 막도록 하십시오.

마을 사람들이 고개를 끄떡이기도 하고 더러는 아직도 불안해서 서로 수군거린다. 팽우랑 일행은 바위를 날라다 호랑이 굴을 메워 버린다.

52. 처녀 집 앞마당

사람들이 모여 있다.

제각기들 의견이 분분하다.

노 인 허, 이제 우리 마을은 망했는걸! 산신령님을 해쳤으니 앞으로
          큰 화가 들이덮칠걸!

젊은이 설마 어떨라구요. 저 환나라 신선님 말씀대로 짐승이야 짐승
          이지.

여 인 그런데 말이야, 저 신선님이 환나라 왕자시래!

일 동 왕자님?

여 인 그렇다나 봐. 그래서 저 범네네는 그 왕자님 따라간대.

노 인 그 집이야, 이 마을에 살래도 후환이 두려워 못 살지.

젊은이 범네네만 아니라 따라나서는 젊은이들이 많을 걸.

이때, 환웅 일행이 문을 나선다. 정말 범네와 그 부모가 길 채비를
하고 따라나선다.

53. 동구 밖

느티나무가 울창한 동구 밖 길을 환웅 일행이 가고 있다.
일행이 20명 가량이나 된다.
범네들이 마을을 향해 손을 흔든다.
마을에서도 손을 흔든다.

54. 어느 산마루〔山嶺〕

어떤 미개 부족의 경계를 이룬 고갯마루.
알몸에 전신 돼지기름을 두텁게 바르고 그 가죽으로 사추리만 가
린 파루족(把婁族)들이 망루(望樓)처럼 된 나무 위에서 경계하다가
갑자기 원숭이 같은 소리를 낸다. 멀리, 웅 왕자 일행이 보인다.

파루족들, 비상소집을 내린 듯 사방 여기저기서 모여들더니 나무
와 풀 속에 숨어서 눈만 반짝거린다.

55. 황무지 길

환웅 일행이 온다.
운목 소년이 휙휙 휘파람을 불며 가로 뛰어나가 왕자 앞을 막는다.

운 목 왕자님, 저 산 고갯마루 숲에 한 떼 괴상한 것들이 보여요.
팽 우 원숭이들인 게지.
운 목 아니야요, 창들을 들었는데요.
팽 우 그까짓 것 무섭지 않다. 어서 가자.

운목, 사뭇 불만이나 할 수 없이 따른다.

56. 다시 산마루

눈만 내놓고 바삭대는 파루족.
환웅 일행이 점차 접근한다.
일행 고개에 이른다.
배암이 휘감아들 듯 포위망을 죄는 풀숲의 파루족.
마침내 파루족들이 내달으며 일행을 수수 낟가리처럼 포위한다.
팽우와 숙신 등 대항하나 중과부적이다.
파루족들의 괴상한 환성이 산에 메아리친다.

57. 혈거촌(穴居村)

우물처럼 땅을 판 혈거부락에 환웅 일행이 끌려온다.

뚜껑을 열고 땅 두더지들처럼 얼굴을 내미는 마을 사람들.

58. 추장 집〔酋長家〕 앞

저녁 어스름이다.

원두막 같은 집 앞뜰 큰 나무에 환웅 일행이 사추리만 가리고 결박

되어 있다.

어떤 사람은 큰 돌에 매어 놓기도 했다.

일행의 옷과 짐이 마당 한가운데 차곡차곡 쌓였다.

전승(戰勝) 잔치가 벌어지듯 부족들이 꾸역꾸역 모여든다.

마당 한쪽에는 큰 장작더미에 불을 붙이고 있다.

이때 싸리 활을 멘 사내가 멧돼지를 잡아 부하들에게 목도를 메어

가지고 돌아온다.

부족들이 환호성을 올린다.

원두막으로부터 몸에 색칠을 한 여자가 내려온다.

일동, 차렷 자세가 된다.

사내가 앞으로 나가서 반긴다.

여추장인 모양이고, 사내는 그의 남편인 듯싶다.

이윽고 여추장과 사내가 전리품(?)들을 뒤진다.

여추장, 범네의 저고리를 걸쳐 보고 좋아한다.

이를 보던 사내, 나무에 묶인 일행 앞으로 와 유심히 바라보더니,

사 내 당신들 환나라 사람들 아니오?

팽 우 (우리말에 반가워서) 그렇소. 우리는 환나라 왕자님을 백두산
       으로 모시고 가는 사람들이오.

사 내 (놀란듯이) 왕자님?

하고, 팽우가 가리킨 환웅 앞에 오더니 바삐 칼로 밧줄을 끊고 여추
장 앞에 가 무어라고 말하고 족속들에게 지시하여 일행의 결박을
풀게 한다.

59. 추장 집 안

원두막 밑 헛간과 같은 곳이다.
짐승의 가죽들이 걸리고 깔려 있다.
사내, 환웅을 상좌에 모시고 큰절을 한다.
여추장은 마주 앉아 있다.

사 내 저는 본시 환나라 사람으로 대대 약초를 캐는 것을 생업으로
       삼아 왔사온데 10년 전에 이곳에 흘러들어 잡혔다가 이 사람
       (여추장을 가리키며) 어미 추장의 병을 고친 바 되어 그 인연으
       로 이 집 사위가 되었습니다. 이 부족은 보시다시피 성질이
       난폭하고 이족(異族)을 몹시 경계하여 잡으면 불에 사르거나
       멧돼지 우리에 처넣습니다. 오늘 본국의 왕자님 일행에게도
       무도한 행패를 하여 무엇이라 사죄드릴 바 없습니다.

환 웅 공연한 말씀이오. 만리타향 사지(死地)에서 고국 사람을 만나
       생명의 위급을 면하니 만 번 다행이며 그 은혜를 무엇이라 치
       하할 바 없소이다.

이렇게 되어 추장 집은 안팎에 잔치가 벌어진다.

60. 잔치 풍경

마당에서는 부족들이 그들 특색의 원시적인 춤을 추고 돌아간다.
키다리 숙신, 땅딸보 해월, 외눈 팽우 등도 같이 어울려 돌아간다.
안에서도 술잔이 오고 간다.
여추장의 기이한 웃음도 섞인다.

61. 추장 집 마당

그 이튿날 아침이다.

사 내 왕자님만 좋으시다면 여기 머무시어 이 부족을 다스려 주십
시오. 그렇지 않으면 저도 왕자님을 따라가겠습니다.

환 웅 그것은 잘못된 생각이오. 오랜만에 고향 사람을 만나니 그런
심정이 되는 줄 아오마는 당신은 이미 이 여추장과 이 부족들
과 한 몸이 된 사람, 이들이 비록 인지가 발달하지 못했다고
는 하나 우리와 이목구비를 같이 쓴 사람, 이들의 지각을 길
러 주면 우리와 하나도 다를 바가 없는 것이오. 당신이 여기
와서 이렇게 된 것도 하늘이 당신께 그런 사명을 준 것이라
하겠소. 또 이것이 한걸음이라도 앞서 개명한 우리 환나라 사
람들의 의무이기도 하오.

사 내 왕자님! 그렇다면 이들에게 무엇을 어떻게 가르쳐야 하겠습
니까?

환 웅 그것을 한마디로 하기는 어렵소만 어린애는 젖이 아니면 못

기르고, 어른은 밥이나 고기를 먹어야 하듯이 우선 이들에게
는 먹고 입고 사는 것을 개량해 나가고 그 다음에 예의와 법
도를 지도해 나가야 할 것이오. 그러기 위해서는 당신 홀로만
가지고는 안 될 테니 이 부족 중에서 몇 사람을 나를 따라 보
내면 내가 그들을 가르쳐 돌려보내 드리겠소.

사 내 분부대로 하겠습니다. 왕자님께서 훗날에도 이 부족을 잊지
말아 주십시오. 그리고 이것은 제가 그 동안 각가지 약초를
캐서 둔 것이니 가지고 가시기를 바랍니다.

약초를 설명하여 준다. 혹부리 악차, 좋아하며 받아 멘다. 추장과
부족들이 융숭히(?) 배웅하는 가운데 환웅 일행이 떠난다. 맨 뒤 끝
에 파루족 두 명이 덜렁덜렁 따라간다.

62. 어느 강변

그리 큰 강은 아니나 좀 큰 내다.
강 양쪽 마을 사이에 돌싸움〔石戰〕이 치열하다.
사상자도 많이 난다.
환웅 일행이 강 이쪽에 당도한다.
이를 보던 환웅이 팽우랑에게 싸움 말릴 것을 지시한다.
말들을 잘 듣지 않는 한쪽 마을 사람들을 팽우가 철봉으로 위협하
여 억지로 멀리 물러서게 하고 그 마을 대표 몇 사람을 환웅에게 데
려와 싸움의 경위를 듣는다.

대 표 저 강 건너 마을과는 조상 때는 큰집, 작은집 사이였는데 서
로 불목하기 시작하여 오늘날에는 원수같이 지냅니다. 오늘

도 애들의 싸움이 고만 어른들의 싸움이 된 것입니다.

63. 강 양쪽 기슭 - 회상

소년들이 양쪽 강둑에서 낚시를 드리우고 있다. 이쪽은 잘 잡히고 저쪽은 안 잡힌다.

저쪽 소년이 낚싯줄을 이쪽까지 멀리 던진다. 두 소년이 낚싯대를 드니 낚싯줄이 얽혀 있다. 두 소년 잡아당긴다.

이쪽 낚시가 끊어져 저쪽으로 말려가며 이쪽 소년은 물에 빠질 뻔하고 저쪽 소년은 엉덩방아를 찧는다.

두 소년 서로 욕질한다.

양쪽 마을서 한두 사람씩 몰려든다.

돌싸움이 붙는다.

64. 다시 강변

환웅 일행이 다리를 놓고 있다.

땅딸보 해월이 활기를 띠고 지휘하고 있다.

양쪽 마을 사람들이 나와 이를 구경하고 있다.

65. 다리

말하자면 다리의 낙성식이다.

환웅, 다리 한가운데 서고 그 앞에 낚시 싸움을 시작한 소년들이 문제의 낚시를 주고받으며 싱겁게 웃는다.

다리 양쪽에 밀려서 이를 구경하던 사람들도 모두 폭소를 터뜨린다.

환　웅　여러분이 보시다시피 사람이란 이런 것입니다. 아무리 이웃
　　　　이래도 서로 오고 가고, 서로 마음을 털어놓고 얘기하고, 서
　　　　로 이해하지 않으면 무너지지 않는 담과 메워지지 못할 강이
　　　　생기는 것입니다. 오늘 이 다리로 말미암아 서로 왕래할 뿐만
　　　　이 아니라 여러분 마음속의 건너지 못하는 강에 다리가 놓여
　　　　지기를 바랍니다.

　　　　양쪽 마을 사람들의 순박한 환호성이 인다.

66. 어느 바위 앞

　　　　부락이 보이는 길가에 마치 곰의 형상을 한 바위가 있다.
　　　　환웅 일행이 한옆에서 쉰다.
　　　　곰바위 아래는 마을 사람들이 오고 가며 빈다.
　　　　그중 어느 노파 하나는 끓어서 떠날 줄 모르고 빈다.
　　　　혹부리 악차가 그 옆에 가서 기웃거리다가,

악　차　할머니, 이 바윗돌에다 대고 무엇을 그렇게 비시우?
노　파　(당치도 않은 소리라는 듯이) 이 곰바위를 그렇게 함부루 말하
　　　　문 못쓰우. 우리 마을을 지켜 주는 신령이시라우.
악　차　곰의 신령? 그 신령님은 미련하겠구료. 그런데 도대체 할머
　　　　니는 무엇을 비우.
노　파　(넋두리하듯) 우리 곰네가 앓아 누웠지 뭐유. 올해 우리 마을
　　　　돌림병〔傳染病〕은 악착스러워서 벌써 초상이 아홉 집이나 난
　　　　거요. 우리 곰네가 죽으면 나는 못 살아요.
악　차　돌림병이라? 할머니 이리 와 보슈. 우리 왕자님께 한번 말씀

드려 봅시다.

노　파　뭐요? 왕자님! 아이고 고마워라. 곰바위가 하늘에 말해 보내
　　　　셨구만.

67. 곰네 집

다 찌그러져 가는 초막이다.
곰네가 포대기를 덮고 앓고 있다.
역시 16, 7세의 아주 청순하고 얌전한 미인이다.
환웅, 진맥한다. 그리고 악차를 시켜 달인 약을 먹인다.
곰네, 순하디 순하여 시키는 대로 한다.
곰네, 혼곤히 잠이 든다.
환웅, 이를 지켜본다.

68. 다시 곰바위

밤이다.
팽우, 숙신이랑이 곰바위를 낑낑거리며 들어 내린다.
그리고 목도를 하여다가 푸른 강물 속에 갖다 던진다.
그 그림자와 파문!

69. 다시 곰네 집

곰네, 말짱히 자리에서 일어나 앉아 있다.

노　파　신선님, 곰바위가 보내신 신선님! 우리 곰네를 살려 주신 이

은혜를 어떻게 갚습니까?

하고, 환웅과 곰네의 손을 번갈아 어루만진다. 환웅, 그저 미소할
뿐이다. 이때 마을 사람들이 한 사람 두 사람 찾아와서 '신선님'을
자기 집에도 와 달라고 청한다.

70. 곰바위 자리

제물을 이고 빌러 왔던 사람들과 오고 가는 마을 사람들의 눈이 휘
둥그레진다.
어느 소년 하나가 "곰바위가 하늘로 올라갔다"고 소리지르며 마을
로 달린다.

71. 어느 집 방

환웅과 악차, 어떤 집 방에 들어가 사내 환자를 보고 있다.

환 웅 이 약을 달여 먹고는 땀을 많이 내야 하오.
그 부인 네, 신선님 하라시는 대로 하겠습니다.

72. 마을

환웅, 악차를 데리고 이 집에 들어갔다 또 저 딴 집에서 나온다.
땀을 흘리는 환웅 일행과 이 신선(?)에게 고마워서 어쩔 줄을 모르
는 백성들……

73. 어느 집 마당

마을 사람들이 모여서 제각기 소문을 퍼뜨리고 있다.

여인 A 하, 신기도 한 일이지. 곰바위가 신선이 되어 와서 병을 고치
고 다니니.

여인 B 그렇구말구. 나는 아까 그 신선이 바우네 집에서 나오는 것
을 보았는데, 세상이 환하게 잘생겼드라.

노　인 그저 우리가 조상 때부터 곰바위를 잘 섬긴 덕택이지!

청　년 그런 게 아니란 말이에요. 내가 그 따라온 사람들 얘기를 들
으니, 신선은 저 환나라 왕자래요! 그리고 바위는 그네들이
강물에 갖다 던졌다는데요.

노　인 그럴 리가 있나. 아예 그런 망측한 소리 하지 말게. 신선은 본
시가 자기 신분을 속이는 법이니.

74. 다시 곰네 집 마당

숙신이랑 젊은 패 일행이 쉬고 있다.

운　목 왕자님이 곰의 화신이라고 마을은 온통 소문이야.

해　월 그러면 우리도 신선들이게.

숙　신 에헴! 곰바위 물귀신을 만든 건 내니까.

일동 폭소한다.

75. 광야(曠野)

환웅 일행이 간다.
근 백 명이나 되는 숫자다.
곰네와 범네가 두 손을 붙잡고 간다.
아득히 멀리 백두산의 흰 머리가 보인다.
운목이 또 휘파람을 휙 불며 뛰어나와서 소리친다.

운 목 왕자님 저기 흰 산머리가 보여요!

환웅, 나귀를 멈추고 감동적인 모습으로 산을 바라본다. 일행 걸음
을 멈추고 "아, 백두산" 하고 탄성을 발하며 제 나름의 포즈로 이를
바라본다.

76. 백두산록(白頭山麓)

백두산에 접근하여 그 산록 앞에 이른다.
산으로 오르는 길 옆에 몇 채 안 되는 초막과 방공호 같은 토굴들이
있다.
일행, 머물 채비를 하며 환웅·신지 등이 어느 토굴을 찾는다.
문을 열고 아주 흰 머리와 흰 수염뿐인 노인이 내다본다.

77. 토굴 안

밤이다. 기름불 아래서 환웅·신지·팽우·고시 등이 설명을 듣

는다.

노 인 백두산은 3층을 이룬 산으로서, 높이가 2백 리요 길이가 천
리인데, 그 산마루에는 둘레가 80리나 되는 큰 연못이 있소
이다. 이 못을 천지라 부르지요. 이 못은 서쪽으로 흘러서는
압록강이 되고 동쪽으로 흘러서는 두만강이 되고 북쪽으로
흘러서는 손님이 오신 환나라 송화강으로 합류합네다. 또 산
정에는 언제나 눈이 쌓여 흰 머리를 하고 있기 때문에 백두산
이라 하지요. 그 영 밑에는 잔풀로 깔린 평평한 분지가 몇 리
나 되며, 그 동쪽 봉우리 위에 예로부터 신단이 쌓여 있소이
다.

환 웅 노인장, 혹시 거기 서계가 있는 천실이 있다는 말씀을 못 들
으셨습니까?

노 인 나도 그 천실 얘기를 듣기는 들었소만 보지를 못했지요. 아
니, 나뿐 아니라 나라 안의 도처에서 신선들이 그 천실을 찾
고, 저 멀리 요나라에서도 신선들이 찾아들지만 아직도 찾아
내지를 못했지요.

신 지 이즈음에도 산에는 신선들이 많이 삽니까?

노 인 예, 신선들은 모두 꼭꼭 숨어서 살며 도를 닦으니 잘 만나기는
힘듭지요. 그런데 그중에는 도를 닦다 삐뚤어져 못된 가짜 신
선도 있어 서계공부를 오는 사람들을 괴롭히기도 한답니다.

78. 산길〔山路〕

그 이튿날 새벽이다.

환웅 일행이 산길을 오르기 시작한다.

79. 숲과 가파른 언덕길과 고산(高山) 풍경

환웅 일행이 숲을 헤치고 언덕을 기어오른다.

날짐승과 산짐승들이 나타난다.

탐험가와 개척가들의 고난이 역력하다.

80. 분지(盆地)

큰 마을이 들어설 평지다.

환웅 일행이 당도하여 짐을 내린다.

숨을 돌린 일행들을 한데 모아 놓고,

환 웅 우리는 이제 목적지인 백두산에 도착했습니다. 여기는 우리
겨레들이 사는 동방 땅의 머리가 되는 곳입니다. 여러분이 나
를 따라 이곳까지 온 것은 한번 새 세상을 우리 손으로 이룩
해 보자는 큰 뜻과 용기인 줄 압니다. 그러나 우리는 맨손입
니다. 오늘부터 우리는 여기다 장막을 치고 우리의 먹고 입고
사는 것부터 해결해 나가지 않으면 안 됩니다. 이러기 위해서
는 모두가 함께 힘을 합하여 부지런히 일해야 합니다. 우리
목숨이란 이 땅에서 제일 강한 힘이요, 우리의 삶이란 노력,
그것입니다.

81. 다시 분지

장막이 다 쳐지고 일행들이 제각기 일하는데 환웅이 팽우(소) · 운

목 등을 거느리고 길도 없는 산을 오르고 있다.

칡넝쿨과 바위가 앞을 가로막는다.

짐승들의 울음소리가 들린다.

그들은 천실을 찾아나선 것이다.

82. 산 벼랑

환웅 일행이 기어오른다.

운목, 다람쥐처럼 앞서 가서는 일행을 부른다.

팽우(소), 땀을 씻으며 기를 쓰고 따른다.

83. 산마루〔山峰〕 정상

여기도 꽤 넓은 평원이 펼쳐 있고 둘레 박달나무 숲 속으로 천지의
한쪽 기슭이 보인다.

고산 화초들이 수놓인 곳에 큰 돌 셋을 고여 논 조그만 신단(돌멘)
이 있다.

환웅, 감격에 넘쳐 배례를 하고 오래 묵도한다.

운목 · 팽우(소)도 따라 한다.

이윽고—,

환 웅 여기다 천하에서 제일 높은 신단을 쌓자. 그리고 새 마을을
신시(神市)라 부르자.

독백도 아니고, 그렇다고 대화도 아닌 큰 소리로 외친다.

84. 신단 앞

달밤이다.

환웅 일행, 신단 앞에 쓰러져 잔다.

이때 봉두난발을 하여 그야말로 도깨비처럼 무서워 보이는 오두(烏頭)와 사목(蛇目)이 나타난다.

운목, 발딱 눈을 뜨나 무서워 자는 체한다.

오두는 바지랑대만한 창을 들고 신단에 올라서고 칼을 찬 사목이 일행을 발로 차서 깨운다.

오 두 이놈들, 백두산을 다스리는 이 신령 알아 해. 너희 사람 어떤 사람, 신단 앞에서 코를 골아 해. 어서, 가진 거 싹 다 내놓고 물러가 해.

환 웅 만물을 주재하시는 하느님은 오직 한 분이거늘 산에 신령이 따로 어디 있는가. 사람이거든 자기 정체를 드러내고 짐승이거든 물러가라.

오 두 요놈들이 무슨 말이 해.

하며, 창으로 환웅을 내립다 친다. 이때 환웅 조금 비켜나며 천지가 진동할 듯 "네 이놈 꼼짝 마라!" 하고 기합을 넣는다. 최면술이다. 오두, 창을 앞으로 내민 채로 석고상 모양 움찍 못 한다. 이때 사목이 칼을 휘두르며 대든다. 다시 환웅의 기합으로 칼을 뒤로 넘긴 채 요지부동이다. 중도에서 깬 팽우(소), 한참은 어리둥절하더니 그제야 화살을 겨눈다. 이를 말리며

환 웅 그래도 정체를 못 대겠는가?

오 두 (굳은 채로) 신선님! 목숨만 살려 줘. 우리 사람 요나라 땅 사람, 백두산 천실에 서계가 있다는 소문을 듣고 찾아왔어. 이미 3년이 됐어. 천실 못 찾아 산중에서 짐승 생활을 해. 심심해서 여기 찾아오는 사람들 골려 줘 해. 더러 가진 물건 빼앗기도 했어. 재미 봤어. 오늘 밤 진짜 신선님을 만나서 죽을 죄를 지었어. 한번만 용서해 줘. 제발, 이렇게 싹싹 빌어.

기합을 넣어 두 사람의 최면을 풀면서 친절히

환 웅 그렇소. 딴 나라서 공부하러 온 분들이구료. 우리도 그 서계를 찾는 사람들이니 이렇게 된 것을 서로 허물하지 말고 함께 천실을 찾아냅시다.

오두·사목 하, 좋아. 그것 참 좋아. 우리 함께 찾아내.

중국인 특유의 몸짓을 한다.

85. 단목(檀木)의 숲

환웅 일행이 박달나무 숲을 뒤진다.
오두와 사목도 물론 끼어 있다. 독백하듯,

환 웅 분명 신단 아래 숲이라고 적혀 있었는데…….

한쪽에서 뒤지고 있던 운목, 귀를 쫑긋하더니

운 목 왕자님, 무슨 고운 소리가 들려요!

일행 모인다. 그리고 운목을 따라간다.

86. 어느 석굴 앞

고산식물이 잘 핀 어느 석굴 앞에 앉아 청수한 중년의 음률 선인이
퉁소를 불고 있다.
일행도 조용히 가서 앉아 듣는다.
새들도 날아와 앉는다.
한 곡조가 끝난 후 그는 조용한 목소리로,

음 률 어디서 오신 신선들이신지요?
환 웅 네, 우리는 환나라에서 왔습니다.
음 률 아 그러십니까, 큰댁 나라에서 오셨군요. 저는 저 남쪽 대동
　　　 강변에서 와서 이 산 속에서 새들과 벗하며 살고 있습니다.
환 웅 나도 서계에서 5성 8음이란 글만 보았더니 아까 신선님이 직
　　　 접 부시는 곡조를 들으니 실로 오묘하기 짝이 없습니다그려.
음 률 대수롭지 않은 소리올시다. 아직도 이 천지간의 그 조화된 소
　　　 리를 익히려면 멀었습니다.
환 웅 그런데 신선님, 우리는 서계가 들어 있는 천실을 찾는데 혹시
　　　 모르십니까?
음 률 천실? 글쎄, 청석들이 많이 재여 있는 이상한 굴이 신단 저쪽
　　　 숲에 하나 있기는 있습니다만 우리는 까막눈이 돼서…….

환웅 일행, 반색을 하며

338

일 동 어디요?

87. 다시 단목 숲

조그만 석굴이 나무 풀숲에 가려 있다.
음륭의 안내와 환웅의 지시로 돌문을 젖힌다.

88. 천실(天室) 안

석굴 속은 들어갈수록 넓고 어디선지 채광이 스며든다.
박쥐 같은 것이 날아다닌다.
한참 더 들어가니 열 칸은 될 큰 면적에 청석들이 쌓여져 있다.
환웅의 그 기쁨에 빛나는 얼굴, 오두 · 사목도 다른 뜻에서 긴장한
다.
환웅, 그 청석들을 어루만지며 독백한다.

환 웅 우리 조상은 과연 훌륭하셨구나!

89. 분지

분지에 집이 지어지고 있다.
해월이 땀을 비맞듯 흘리며 맹활약이다.
어느 완성된 초가 속에 곰네와 범네가 살림을 차리고 있다.

범 네 왕자님이 왜 안 오실까, 벌써 열흘이나 지났는데 말이야.
곰 네 아직도 그 천실을 못 찾으신 게지.

범 네 산 속엔 사나운 짐승들이 득실득실하다는데, 왕자님께 무슨
변이나 없을까?

곰 네 얘는? 우리 왕자님은 하늘이 내신 어른이신데 무슨 일이 날
라구!

범 네 그렇긴 해도 말이야! 난 왕자님 안 계시니까 사는 것 같지 않
다! 얘, 너는 안 그러니?

곰 네 응, 나도 그래.

둘은 말해 놓고 깔깔댄다.

90. 분지 비탈

마을이 꽤 자리잡혀 있다.
환웅, 분지에 가까이 내려온 비탈에서 아침 햇볕을 받으며 연기가
피어나는 마을을 감개무량한 듯 바라본다.

91. 공청(公廳) 앞

마을 중심, 새로 지은 공청 앞마당에 전원이 모여서 환호성을 올린
다.
환웅, 조금 언덕진 곳에서 환호에 답하며 입을 연다.

환 웅 여러분, 그동안 안녕하십니까? 그 동안 이렇듯 우리 새 마을
의 터전을 잡기에 수고들 하셨습니다. 나도 신단의 옛 터전도
찾고 천실도 찾았습니다. 이제부터 우리는 이곳에서 인간의
도리에 맞고 만물의 이치에 맞는 새로운 생활을 해 나가야 하

겠습니다. 그러기 위해서는 우리는 글자를 배우고, 절기 따라
농사 짓는 법을 배우고, 짐승을 길들여 집에 기르는 법을 배
우고, 옷과 기구들을 만드는 법을 배워야 합니다. 그래서 내
일부터는 아침에는 일정한 시간에 이 공청에 모여 제가끔의
구실을 배우기로 합시다.

일동, 환호성이 인다.

92. 공청 안

중앙에는 큰 사판(砂版)을 만들어 놓고 젊은이들이 쭉 둘러앉았다.
환웅, 신지와 함께 사판에 고대 상형문자(漢字)를 써 놓고 이를 가
르친다.
〈INS〉　山 月 川
"산, 달, 물" 하고 크게 따라 읽게도 한다.

93. 수전(水田)

계곡의 물을 대어 봇도랑을 만들고 논을 지었다.
환웅과 고시가 마을 사람들 앞에서 볍씨를 뿌리는 시범을 한다.

94. 공작실

해월이 손쉬운 가구들을 짠다.
환웅이 땅에 그 디자인을 해 보인다.

95. 가축장

큰 벼랑을 뒤로 하고 통나무 울타리를 막았다.

멧돼지를 잡아다 넣는다.

한편엔 싸리 울타리를 하고 산닭을 기른다.

환웅 · 고시가 이를 지휘하고 있다.

96. 어느 석굴(石窟 - 병실)

석굴 입구 아궁이, 장작불을 왕왕 지피고 있다.

환웅이 악차와 함께 굴 문을 들어서면 땀을 흘리는 반라(半裸)의 환
자들이 어느 사람은 나무토막을 놓고 앉아 있고 어느 사람은 그 채
로 바닥에 배를 깔고 누워 있다.

말하자면 한증막(汗蒸幕)이다.

앉아 있는 사람에게,

환 웅 이제 머리 덜 아픈가?

환자 A 네, 개운해졌습니다.

환 웅 그러면 고만 나가게.

환자 A, 좋아라고 굴을 나간다. 이번엔 배를 깔고 누웠는 환자에게

환 웅 배는 좀 어떤가?

환자 B 뒤틀리는 것은 덜해도 아직도 살살 아픕니다.

환 웅 (악차에게) 이 사람에겐 그 아편꽃을 좀 달여 먹이세.

악 차 네.

97. 웅호녀(熊虎女)의 집

환웅, 마을을 돌아보다 곰네 · 범네 집을 방문한다.
곰네는 베틀에서 베를 짜고 범네는 허벅지까지 무릎을 내놓고 베
를 삼고 있다가 반가워 어쩔 줄을 모른다.

환 웅 별일들 없소? 정든 고향을 떠나 생소한 고장에 사니 쓸쓸들
　　　이나 하지 않소?

범 네 왕자님! 눈곱만치도요 그런 맘 없어요. 저희들은 새 마을이
　　　하루하루 돼가는 것만 보아도 가슴이 부풀어요.

환 웅 그렇다면 다행이오. 그러지 않아도 이제 우리 부녀자들에겐
　　　뽕을 따 누에를 치고 그 고치로 실을 뽑아 고운 비단을 짜는
　　　법을 가르칠 것이오.

범 네 아이 좋아라, 어서 배워 주세요.

이때, 옆에서 다소곳이 듣고만 있던

곰 네 왕자님! 왕자님! 또 천실에 올라가시나요?

환 웅 천실에? 이제 마을이 자리잡혔으니 곧 올라가 신단을 짓고
　　　하여야겠소.

곰 네 그러면 왕자님 한 가지 청이 있어요, 네!

곰네의 주저하는 말을 옆에서 가로채 나서며

범 네 우리두 왕자님을 따라 거기 가 있게 해 주세요, 네. 왕자님 음
식 시중이랑 옷 시중이랑 저희가 할게요.

곰 네 저희는 왕자님을 가까이 모시고 있으면 한이 없겠어요.

환 웅 (좀 당황하면서) 천실에? 그 산 속에 젊은 여인들이 어떻게?

범 네 무섭지 않아요. 왕자님이 계신데 뭐.

환 웅 두 사람의 뜻은 고마우나 이 마을에 일이 많으니 그것을 돕도
록 하오.

98. 공청 안

환웅과 팽우 · 신지 · 고시를 비롯한 여러 부하들이 둘러앉아 있다.

환 웅 우리는 이제 마을의 살림도 틀이 잡혀 가니 우리의 이 새 생
활을 우리만이 누릴 것이 아니라 이웃 고을과 이웃 나라와 모
든 부족에게도 가르쳐 나가야 할 것이오. 그러기 위하여서는
숙신이 곧 이 마을을 떠나 천하를 두루 다니면서 인재를 뽑아
우리 마을로 보내오. 우리는 그들을 가르쳐서 그들이 마을에
다시 돌아가 기둥이 될 일꾼을 만들어 봅시다.

팽우 · 숙신, 순종을 표시하고 일동 경청한다.

환 웅 나는 내일부터 천실로 올라가 있어 세계를 더 연구하며 새 세
상의 치도와 그 방책을 연구하여 때마다 여러분에게 이를 가
르치겠소.

팽 우 왕자님! 이제 공부는 그만하시고, 직접 나서셔서 천하를 잡아
보심이 어떻겠습니까?

환 웅 천하를 잡는 것은 땅을 잡는 것도 아니요, 사람을 얽어매는
것도 아니요, 바로 사람의 마음을 잡는 것이니 그것을 잡자면
그들의 물질생활이나 정신생활에 크게 유익을 주어야 하는
것이오. 그러니 우리는 온 힘을 다해 세상을 위해 노력하면
그 다음의 것은 하느님과 때가 허락하고 안 하고 하는 것이
오.

99. 공청 앞뜰

숙신 일행(4, 5명의 파루족도 끼었다)을 보내고, 환웅은 신지 · 해월
과 함께 산으로 향한다.

100. 산비탈

환웅 · 신지 · 해월이 산비탈을 오르고 있다.
등성이에 올라서 한숨 돌리고 막 다시 떠나려는데 아래서 여인의
비명이 들려온다.
돌아서들 비탈을 내려다보니 곰네와 범네, 짐꾸러미를 이고 들고
오르다간 미끄러지고 자빠지고 한다.

해 월 하, 저것들, 늬들 여기가 어딘데 따라오니?
범 네 우리는 왕자님을 모시게 된 걸, 팽우님이 명령하셨단 말이오.
아이구머니, (또 자빠지며) 해월님 좀 잡아서 올려 줘요.
환 웅 음, 그것 참, 돌아들 가시오. 팽우님에게랑은 내가 돌려보내
더라고 그러구…….
곰 네 싫어요. 우린 왕자님을 모실 테에요.

둘은 그 채로 주저앉아서 훌쩍훌쩍 운다. 여성들의 본능적 고집이
역연하다.

신 지 왕자님! 팽우랑이 천실 수발을 염려해서 보낸 것이니 그대로
　　　데리고 가시지요.
해 월 그러문요. 저들을 그대로 놓아두고 가면 짐승의 밥이 될 것이
　　　라요.
환 웅 음…….

쩝쩝 입맛만 다시며 수긍하는 태도다. 해월, 껑충 뛰어내려가서 짐
을 올려 보내고 하나씩 밀어올린다. 범네, 금방 킬킬대며 좋아한
다. 곰네, 수줍은 태도다. 산길을 계속하는 일행의 뒷모습!

101. 천실 앞

환웅 일행을 운목 · 팽우(소), 두 소년과 음률, 오두 · 사목 등이 반
갑게 맞는다.

102. 천실 안

환웅, 신지에게 청석을 하나 둘 쥐어 보이며 설명한다.

환 웅 여기 세계도 환나라 세계와 별루 다를 바 없소. 오직 우리 세
　　　계는 만물의 이치와 우리의 생활방법을 더 밝혀 놓은 데 비해
　　　여기 세계는 지난번 잠시 보아도 신비사와 셈수에 대해서 적
　　　혀져 있소. 저 8괘를 지었다는 태호 복희 선생도 아마 이 세

계를 배워 풀어나간 듯하오.

103. 천지(天池)

새벽, 동이 튼다.
자연의 신비에 싸인 환웅.

104. 바위

저녁, 바위에 앉아 하늘의 별을 보며 명상하는 환웅.

105. 폭포

밤, 알몸으로 목욕재계하는 환웅.

106. 신단

신단 앞에 꿇어 합장하고 지성스레 기도하는 환웅.

107. 역시 신단

낮, 해월을 비롯한 천실 인원 전원이 모여 있다.
환웅, 해월을 데리고 사방 돌아다니며 금을 긋고 표시를 한다.

108. 백두산록

남부여대한 사람, 젊은 패들이 멀리 가깝게 몰려와서는 나와 앉은
토굴 노인에게 길을 묻는다.

젊은이 할아버지, 새 마을이 어딥니까?

노 인 저 제일 높은 봉우리 밑이지.

아낙네 거기 하늘에서 왕자님이 내려와 계신 마을이에요?

노 인 글쎄, 하늘에서 내려왔는지 몰라도 3년 전에 이곳을 지나가
　　　　시는 왕자님을 뵈었는데, 이 세상에서는 그렇게 훌륭한 분을
　　　　나도 못 봤지.

젊은이 거기서는 부족도 가리지 않고 글을 가르쳐 준다면서요.

노 인 그렇다나 봐.

일 동 고맙습니다.

하고, 길을 재촉한다.

109. 광야

피곤에 지친 남녀 대부대(50－60명) 일행이 온다.

젊은 여인들이 더 많다.

일행 중 노인을 살펴보니 신석복이다.

“산이 보인다!” 여인 하나가 외친다.

일동, 감동에 휩싸여 멈춰 서서 혹은 어떤 부인네는 끓어서 백두산
을 바라본다.

"왕자님! 환나라 사람들 여기 왔습니다." 이렇게 대화하듯 부르짖는 사람도 있다.

그 뒤에는 멀리 이주민들의 그림자가 이어 있다.

110. 신단

일꾼들이 환웅과 해월의 지휘로 큰 돌을 날라다 신단을 쌓고 있다 (강화도 마니산정의 실물을 완성으로 한다. 고高 17척尺, 상방사면上方四面 각各 6척 6촌寸, 하원下圓 각 15척).

곰네와 범네는 물동이를 이고 다니며 서비스를 한다.

이런 일엔 범네가 특히 애교 만점이다.

111. 천실 안

환웅, 서계를 펴 놓고 연구에 골몰한다.

이때 범네가 먹음직스러운 산딸기를 싸리 쟁반에 담아 가지고 들어와서 앞에 내놓으며,

범 네　왕자님, 이것 좀 잡숫고 하셔요, 네?

그저 잠시 거들떠볼 뿐 건성으로

환 웅　응, 고맙소.

그리고 다시 연구다.

범 네 네, 왕자님!
환 웅 응, 놓고 가오.

범네, 안타까워 머뭇머뭇하다가 입을 삐죽삐죽하면서 나간다. 조
금 있다 이번엔 곰네가 새 옷을 가지고 들어와

곰 네 왕자님, 이 옷 갈아입으세요.

환웅, 역시 잠시 거들떠보며

환 웅 응, 고맙소.

하고, 모르는 체다. 곰네, 옷을 사뿐히 놓고 한숨을 푹 쉬며 나간다.

112. 웅호녀(熊虎女) 굴 앞

범네가 돌아오다 굴 앞에서 꽃을 딴다.
이때 어디서 꿩 한 마리를 산 채로 잡아들고 와서 헤헤 웃으며,

사 목 범네 아가씨, 이 꿩 저녁에 잡아먹어 해.
범 네 아이 고마워, 고마워요. 사목님, 오늘 저녁 맛있게 구워서 왕
　　　　자님 드려야지.
사 목 왕자님 드릴라면 도루 이리 내!
범 네 원 별일도 다 많아. 그럼 왕자님 드리지 않고 누가 먹는담. 도
　　　　루 주나 봐라.

혀를 삐죽 하고 내민다. 그것을 제 나름으로 재미있어 하며

사 목　범네야, 늬들 아무리 왕자님을 좋아해야 쓸데없어. 새 마을에
　　　　환나라 서울서 고운 아가씨들 무데기로 왔어? 몰라 해?

그 소리에 사뭇 놀란 듯

범 네　뭐? 환나라 아가씨.
사 목　그래! 여기 일꾼들도 모두 야단들이야.
범 네　……. (사뭇 충격을 받은 듯)

회심의 미소를 지으며

사 목　늬들 우리 나라, 요나라로 가! 늬들 범족, 곰족의 딸 여기 있
　　　　어야 왕자 본체만체해.
범 네　요나라로 가?
사 목　응, 이것 비밀이야. 우리 왕자님 없을 때 서계만 가지고 가면
　　　　나라에서 크게 상급 받고 우리는 잘살아 해.
범 네　서계를, 왕자님 서계를 가지고 가? 미쳤나 봐.
사 목　(다가서며) 나, 범네한테 반했어! 응, 내 청 좀 들어줘.

사목, 씩씩거리며 범네의 어깨를 붙잡고 달려든다. 범네, 꿩을 놓으
며 이를 뿌리친다. 이때 나는 꿩에 어디선가 화살이 날아와 꽂히며
떨어진다. 이 통에 놀라 사목, 범네를 놓고 달아난다. 팽우와 운목이
곰네와 뛰어온다. 그제야 매무새를 고치는 범네를 보고 제각기

곰　**네**　어디 안 다쳤니, 응. 저런 미친놈 같으니라구.

운　목　그놈 우리 왕자님이 살려 두니까.

　　　떨어진 꿩의 활촉을 빼며

팽우(소)　오늘 마을로, 우리 왕자님 찬거리로 보내야지.

범　네　우리 굴에 좀 들러 놀다들 가.

운　목　안 돼, 시간 없어. 왕자님이 곧 마을로 내려가신다나 봐.

범　네　왜?

운　목　환나라서 신석복 님이 오셨대. 또 내일은 글방 사람들이 고향
　　　으로 돌아간대.

범　네　환나라 손님, 아가씨들도 왔나?

팽우(소)　응, 신석복 님 따님이랑 모두 꽃 같은 아가씨들이 왔대.

범　네　…….

운목 · 팽우(소)　신난다, 신나.

　　　범네, 그제야 무슨 생각이 난 듯

범　네　그러면 오늘 서계는 누가 지키지?

팽우(소)　우리가 지키지.

범　네　그런데 아까 그 요나라 녀석이 말야, 이상한 소리를 해. 왕자
　　　님 안 계시면 천실 서계를 가지고 저희 나라로 도망한다고 말
　　　야.

운　목　뭐? 저놈들이? 가만 있자.

　　　눈을 반짝거리며 생각하는 표정!

113. 공청 안

주요 인물들이 둘러 있는 가운데 환웅이 신석복 일행과 반갑게 만난다.
여인들은 왕자님을 부르며 환웅 옷에 매달리기도 하고 기쁨에 넘쳐 울기도 한다.
자리가 좀 진정된 뒤 앞으로 나서 읍하며,

신석복 하늘이 도와 이렇게 왕자님을 뵙게 되니 그 감격을 형언할 수 없습니다. 그러나 먼저 사뢸 것은 애통하옵게도 천왕님께서 지난 봄에 세상을 버리셨습니다…….

신석복, 말을 잇지 못하고 눈물을 닦는다.

환　웅 무엇? 아버님께서?

그러나 아직 조용히 참고 말을 듣는다.

신석복 태자께서 뒤를 이어 나라를 다스리시나 백성들이 잘 따르지 않으옵고, 더욱 지난 겨울 저에게 숙신이 가만히 다녀간 뒤로는 여기 왕자님이 나라를 세우셨다는 소문이 나서 모두 수런거리고 들떠 있습니다. 그러다가 이 소문이 새 천왕 귀에 들어가서 저희들은 그 화를 면치 못하게 되어 밤에 도망하듯 뛰쳐서 이렇게 오게 되었습니다.

환웅, 잠자코 돌아서 북향하여 재배하고 곡한다. 일동도 이를 따라
행한다. 울음바다ㅡ.

114. 공청 앞

주로 젊은이들이 1백여 명 제법 정열해 서 있다.
파루족을 비롯해 여러 부족의 특색 있는 복장과 그 특성 있는 표정
들이 '클로즈업' 된다.
말하자면 교육 훈련 수료식 광경이다.
둔덕에 올라선,

환 웅 여러분은 우리 마을에서 반 년 동안이나 함께 살며 글도 배우
고 새 살림법도 익혔습니다. 이제 여러분은 자기 고장과 마을
에 돌아가서 그 배운 바 지식과 기술로 실제 생활해 나가며
또 백성들을 가르쳐 그들의 생활을 개척해 나가야 하겠습니
다. 그러나 여러분이 이 일을 해 나가자면 오랫동안 전해 내
려오는 미신이나 케케묵은 인습이 앞을 가로막고 나설 것입
니다. 이것을 쳐 이겨 나가자면 용기와 인내와 또 큰 포용력
과 꾸준한 노력이 필요합니다. 그렇게 함으로써 여러분은 새
세상에 일꾼이 되며 기둥이 될 것입니다. 오늘 내가 이 자리
에서 공표할 것은 저 산봉우리 위에 우리가 마련하는 천하에
서 제일 큰 신단이 머지않아 완성됩니다. 그래서 또한 하늘
아래 제일 높은 이 새 마을 옆에 우리가 살게 된 그 은혜를 하
느님께 감사하고 또 앞으로 새 마을을 이룩하기를 비는 제사
를 오는 10월 3일로 날짜를 잡았습니다. 여러분은 물론 모든
고장의 마을 사람이 모여서 새 세상을 이룩하기 위하여 함께

치성을 드려 주기를 바랍니다.

일동, 질서 있는 박수갈채와 환호! 이때, 운목과 팽우(소)가 결박한
오두·사목을 앞세우고 신지와 함께 나타난다.

신 지 왕자님이 산을 내려가신 뒤 간밤 이 두 놈은 아니나 다를까,
천실에 들어와 서계를 싸서 지고 도망하는 것을 저 운목의 꾀
대로 일꾼들이 나무 위에서 망을 보다가 밧줄을 던져 얽었습
니다.

일동, 웃는다. 역시 껄껄 웃으며

환 웅 오두와 사목 듣거라. 너희들은 처음에도 산적이 되어 있는 것
을 딴 나라에서 공부 온 사람이라기에 허물하지 않았더니 어
찌 천실의 서계를 훔쳐 이 평화스런 백두산을 어지럽게 하며,
우리 정직한 새 마을 사람들 마음에 흉측한 그늘을 주느냐.

오 두 우리 사람 바른말이 하면 우리 나라 임금, 서계 가지고 오면
상급 준다고 해서 우리 가지고 갈라고 했어.

"그놈들 목을 베오" 소리가 군중 속에서 인다.

환 웅 실로 어리석은 사람들이다. 너희 나라는 예부터 우리 나라에
서 모든 슬기를 본받아 가고 또 깨우쳐 줬거늘 어찌 이제 와
서 배워 갈 생각은 안 하고 남이 만들어 놓은 그 틀과 본마저
도적해 갈 생각을 한단 말이냐. 이제라도 마음을 돌린다면 여
기 모든 사람과 함께 서계를 배우도록 하마.

"그놈들 살려 두지 마오" 소리가 크게 인다.

환 웅 여러분, 이들의 소행은 밉지만 그 목숨은 소중한 것이니 그들
이 뉘우칠 때까지 가둬 두어 그들의 행실을 고치도록 합시다.

115. 어느 석굴

오늘의 철창(鐵窓)을 연상할 목책(木柵) 속에 오두·사목이 갇혀 있
다.
말하자면 형법제도의 첫 모습이다.
간수격의 사내가 먹을 것을 들이밀어 준다.

116. 폭포 앞 개울

곰네와 범네가 빨래를 하고 있다.
일꾼들의 빨래가 많이 쌓여 있고, 바위에 더러 널려도 있다.
대견스런 풍경이다.

범 네 곰네야, 애.
곰 네 응. (열심히 빨래를 두드린다.)
범 네 애는 곰네야, 내 말 좀 들으란 말이야.

곰네, 그제야 방망이를 놓고 범네를 마주 본다.

범 네 왕자님이 말이야, 우리를 범족이나 곰족의 딸이라고 싫어하
실까?

곰 네 아무렴 그러실라구.

범 네 그래두, 얘, 왕자님은 우리들 하구는 얘기두 잘 안 하시는걸.

곰 네 세계 공부하시랴, 신단 지으시랴, 마을에 가르치러 내려가시
랴, 바쁘시니까 그렇겠지.

범 네 그렇지 않단 말이야. 어제 환나라 여자들이 왔다지 않아! 그
여자들한텐 왕자님두 우리와 다를 게란 말이야!

이 말에 충격을 받은 듯 크게 악을 쓰듯

곰 네 왕자님은 안 그러신단 말야.

하고는, 방망이를 두드린다. 역시 독백하듯 큰 소리로

범 네 그러면 난 죽을래, 왕자님 없이 어찌 사니?

이때, 돌연 하늘이 검어지며 비가 떨어진다. 곰네와 범네, 빨래를
서둔다.

117. 숲길

곰네 · 범네, 비를 함빡 맞으며 큰 빨래 함지를 이고 온다.

118. 웅호녀 굴 앞

아주 온몸이 물에 젖고 녹초가 된 곰네와 범네가 비틀거리며 굴로
들어간다.

119. 신단

신단의 역사가 거의 완성되어 가고 있다.
이를 바라보고 있는 환웅.
어디서 달려오는,

운 목 왕자님, 곰네 · 범네가 아파요.

120. 웅호녀 굴 안

곰네와 범네가 앓고 있다.
곰네의 이마를 짚어 보고,

환 웅 어허, 이것 참, 머리가 이렇게 뜨거운 걸 보니 열이 대단한
걸.

하고 맥을 짚는다. 곰네, 눈을 감고 가만히 참고 있다. 이번엔 환웅,
범네의 이마와 맥을 짚어 본다. 범네, 왕자의 손을 잡고 "아파 죽는
다"고 수선을 떤다.

환 웅 (쩝쩝) 그 동안 너무 무리들을 했어. 이 병은 바깥 바람을 쐬서
는 큰일나지. 여기 약을 가지고 왔으니 이것들을 먹고 땀들을
내라고.

운목, 쑥과 마늘을 들고 온 자루에서 꺼내 놓는다.

범 네 자꾸 춥고 몸이 떨려요.

환웅에게 매달리려 든다. 측은한 듯이 손을 고요히 떼놓으며

환 웅 꼭 당부하오. 절대 내가 괜찮다 할 때까지 굴 밖으로 나와서
는 못쓰오.

121. 광야 · 산록 · 산길 · 새 마을

원경(遠景)에서부터 근경(近景)으로 바라뵈는 백두산과 그 벌판, 산
록 · 산길 · 새 마을에서 꾸역꾸역 모여들어 신단으로 오르는 흰 옷
차림의 민중들.
구름 한 점 없이 아득히 높은 하늘 아래 그 광경은 그야말로 지상의
것이 아닌 것 같다.

122. 신단

완성된 신단(강화도 마니산 축단 실경)은 꽃무덤을 이루고 그 앞에 큰
향로가 놓였다.
또 제주가 설 자리에는 큰 멍석이 깔려 있다.

123. 천실 앞

주요 등장인물들이 읍하고 있다.
숙신도 돌아와 있고, 아사달 처녀들이 꽃바구니를 들고 서 있다.
이윽고 굴 안에서 신석복과 신지의 안내를 받으며 흰 명주옷의 옛

제복을 입은 환웅이 나온다.

일행이 꽃을 밟으며 신단으로 오른다.

124. 웅호녀의 굴

곰네와 범네가 더욱 초췌한 얼굴로 누워 있다가 범네만 벌떡 일어

나 앉으며,

범 네 곰네야! 저 밖에 소리 안 들리니?

곰 네 응, 나도 들려.

하며, 일어난다.

범 네 그래, 넌 아무치도 않니? 나는 가슴에서 불이 나는데.

곰 네 그렇지만 어떻게 하니!

이때, 악차가 들어온다. 반색을 하며

범 네 혹부리 아저씨, 왕자님 오신대요?

악 차 왕자님은 오늘부터 천왕님이시다. 그래서 나를 가 보라고 그

러셨는데.

범네, 실쭉해서 아무렇게나 드러누우며 신음이다.

곰 네 천왕님? 왕자님이 천왕님이 되셔요?

악 차 그렇단다. 오늘부터 우리가 천왕님으로 모시기로 한단다. 그

360

런데 그 약들은 잘 먹고들 있나?

곰 네 네.

범 네 (짜증 섞인 소리로) 에, 퇴퇴, 그 마늘을 먹으면 콧구멍에서 뱀
이 나오는 것 같고 쑥을 씹으면 똥물 먹는 것처럼 구역질이
나서 못 먹겠어! 다 가지고 가요.

악 차 아하, 범네 그러면 못쓴대두. 그리구 오늘도 절대 밖에 나오
면 안 된다고 그러셨네. 알았나!

범네, 무슨 생각이 난 듯이 일어나 앉으며

범 네 혹부리 아저씨, 오늘 그 환나라 여자들두 오우?

악 차 응. 아주 꽃바구니들을 들고, 선녀 같드라.

악차가 나간다.

범 네 (무슨 결심을 한 듯) 곰네야, 우리 신단에 나가 보자.

곰 네 (누우며) 왕자님이 나오지 말라신 것을 어떻게?

범 네 흥, 왕자님, 오늘 천왕이 되시고 그 환나라 계집들만 데리고
노실라구 우리는 못 나오게 하는 게지.

곰 네 아무렴, 그럴까 봐.

범 네 애는 밤낮 속상하게 그럴까 봐는 무엇이니? 꼭 그래, 우리가
죽는 것도 아닌데, 온 세상이 신단에 다 모인 날 우리만 굴에
있으라는 게 뭐이람.

곰 네 (또 일어나며) 허긴, 왕자님이 천왕님 되신다는데 그 경사를 우
리만 못 보니…….

곰네 얼굴에 눈물이 방울방울 흐른다.

범 네 (열에 뜬 듯 이불을 차 던지며) 나가 보아야 해. 내 눈으로 왕자
님과 고 환나라 계집애들이 무엇을 어떻게 하나 하고.

125. 신단

환웅, 민중돌의 환호 속에 신단 앞에 이른다.
북소리가 나며 조용해지자 음률을 비롯한 악사들의 단소와 퉁소의
합주 속에 환웅이 신단을 향해 3배하며 향불을 피운다.
군중들도 서서 따라 절한다.
환웅, 하늘을 우러러 축원〔告天文〕을 발한다.

환 웅 (내레이션) "오늘 갑자년 10월 3일 우리는 이 백두영산 상봉에 신
단을 모시고, 열두 나라와 아홉 부족과 3천 고을의 대표들이
모여서 새 세상을 여는 바입니다. 우리는 하느님 섬김을 인간
의 가장 큰 도리로 아오며, 하느님이 만드시고 배포하시는 만
물의 이치를 깨우쳐서 우리의 생활을 향상해 나가며, 천하에
모든 나라와 백성이 다 같이 잘 살 수 있는 그런 세상을 천하
에 이룩하는 것을 우리의 소망과 사명으로 삼습니다. 하느님
께서는 굽어보사 늘 우리가 발원하는 바 이 뜻과 치성이 영원
히 소멸함이 없고 마침내 그 광명의 날을 이 땅에서 이루고
누리게 하소서."

이윽고 돌아선 환웅에게 환나라 여인들이 꽃관을 씌운다. 이때, 범
네가 사람들 틈에 섞여 이 광경을 바라본다. 눈물 범벅이 된 범네의

얼굴과 황홀하게 빛나는 환웅의 얼굴. 범네, 줄에서 빠져 나와 비
틀거리며 산으로 달린다.

126. 숲 속

숲 속을 흐트러진 모습으로 달려 올라가는 범네.

127. 신단

계속되는 식전.
팽우가 힘차게 연설하고 있다.

팽　우　우리가 왕자님을 따라와 새 마을을 이루고 오늘 신단을 모셔
새 세상을 연 것을 하느님께 고했습니다. 이는 오로지 환웅
왕자님의 그 큰 덕과 슬기와 힘에 의지하고 있는 것은 두말할
것도 없습니다. 우리는 이 왕자님을 새 마을뿐 아니라 여기
모인 열두 나라 아홉 부족 3천 고을이 하나같이 하늘이 내리
신 우리의 스승이요, 으뜸으로 모십니다. 이러한 우리들은 이
분을 이제도 한낱 환나라의 왕자로 모실 게 아니라 우리의 천
왕님으로 모시는 것이 합당한 일이라고 어제 각 대표들의 모
임에서 결정했습니다. 또한 이것은 환나라의 천왕님이 돌아
가시고 그 천부 3인을 받으신 우리 왕자님이 그 뒤를 이으시
는 것도 됩니다. 그리고 또 한 가지 덧붙여 말씀드릴 것은 하
느님이 우리에게 특별히 점지하신 우리 새 마을을 천왕님의
뜻으로 신시(神市)라고 부르게 되었습니다.

"옳소", "좋소" 하는 환호성. 천왕님 만세, 우리 천왕님 만세, 환웅
천왕 만만세 소리 천지를 진동한다.

128. 천지

범네가 천지가에 넋이 빠져 앉아 있다.
천짓물에 비친 범네 얼굴이 점점 커지며 확대된다.

129. 공청 앞마당

밤, 축제로 변한 신시.

130. 천지

어스름 달빛 아래 신비스럽게 번득이는 물빛, 범네의 시체가 떠오
른다.
그 처절한 얼굴.

131. 공청 안

중앙에 용상이 놓이고 왕전으로 꾸며진 공청, 환웅이 주요 인물들
과 이야기를 하고 있다.
환나라 여인들이 차를 날라 온다.

환 웅 이제 우리 신시와 각 나라 부족과 3천 고을을 보살펴 나가자
면 중요한 소임을 갈라 맡아야 하겠소. 그래서 우리도 하늘의

조화를 본따 팽우님을 풍백(風伯)이라고 부르되 나라의 살림을 맡으시고, 신지님은 운사(雲師)라 하여 모든 학문과 기술의 교육을 맡으시고, 고시님은 우사(雨師)가 되시어 모든 산업을 주관해 주시기 바라오. 그래서 백성들의 나날의 생활을 낱낱이 보살펴 나가야 하겠소.

팽우·신지·고시, 각각 순명을 표시한다.

환 웅 그런데 신시에서 급한 일은 가정이 없는 사람은 우선 서로 짝을 찾아 가정을 이루도록 해야 하겠소.

팽 우 지당하신 말씀이오나 천왕님께서 먼저 왕비님을 선택하셔야지 않겠습니까. 젊은 사람들은 진작부터 천왕님의 혼례만 고대하고 있는 형편입니다. 그런데 하나 딱한 것은 사내보다 환나라에서 온 여인의 수효가 적은 것입니다.

일동, 웃음이 터진다.

환 웅 지금 우리가 모든 부족과 마을을 합쳐서 새 세상을 이룩해 보려는데 반드시 환나라의 딸만 찾을 게 무엇이겠소. 이웃 부족과 마을에도 적당한 자리를 골라 통혼하시오.

일동 경청한다.

환 웅 그리고 내 걱정은 말고 일을 서두르시오. 그러나 남녀의 결합은 인륜대사이니 법도와 절차가 있어야 하오. 그것을 연구해 정해들 보오.

132. 웅녀의 굴

환웅, 악차와 운목 · 팽우(소) 등 외에 환나라 여인들과 함께 곰네
굴로 들어간다.
곰네, 그야말로 고독의 성을 지키고 있다가,

환 웅 곰네, 그 동안 얼마나 답답하고 쓸쓸했소. 이제 함께 살 친구
들도 왔소.

하며, 어깨에 손을 얹으니 퍽퍽 울기만 한다. 환나라 여인들을 소
개하고

환 웅 자, 우리 범네의 무덤을 함께 가 봅시다.

133. 천지

환웅, 일행과 함께 천지에 당도한다.
양지바른 기슭에 돌무덤이 지어 있다.
환웅, 합장하고 여인 일행 배례한다.

134. 웅녀의 굴

그날 밤, 굴.
환나라 여인들과 함께 자다가 곰네 살짝 일어나 굴을 나선다.

135. 굴 앞

곰네, 하늘을 쳐다본다.
서쪽에 만월이 기울었고 샛별이 솟아오른다.
(여기서부터 카메라, 곰네의 행동을 숨어 따른다.)

136. 폭포

바위 위에서 알몸이 된 곰네.
폭포를 맞는다.
이때 환웅이 무심히 숲길을 걸어오다가 나무 뒤에 멈춰 선다.
곰네, 목욕을 다 하고 바위에서 옷을 차근차근 입고 다른(신단 쪽)
길을 오른다.
이것을 지켜보던 환웅, 정신을 가다듬고 자기도 옷을 벗고 폭포를
맞는다.

137. 신단

곰네, 합장을 하고 꿇어서 애타게 빌고 있다.

곰 네 하느님, 천왕님이 저를 버리지 말게 하옵소서. 제발 하느님,
천왕님이 저를 버리지 말게 하옵소서.

박달나무 뒤에서 이를 바라보는 환웅의 감동적인 얼굴. 곰네 가고
난 뒤 환웅, 신단에 기도를 올린다.

138. 천실

그 이튿날 밤이다.
환웅이 벌떡 일어난다.

139. 천실 앞

환웅, 하늘을 쳐다본다.
서쪽으로 기운 만월과 샛별이 반짝인다.
(카메라, 환웅을 숨어서 따른다.)

140. 폭포

역시 곰네가 알몸으로 폭포를 맞고 있다.
육신만의 광채로도 너무나 황홀하다.
환웅 또한 숲길을 오다가 나무 뒤에 멈춰 선다.
곰네, 아무것도 모르고 바위에 와 옷을 입고 신단으로 향한다.
환웅, 놀라 깨듯 옷을 훌훌 벗고 폭포로 뛰어든다.

141. 신단

곰네, 합장을 하고 꿇어서 애타게 빌고 있다.
환웅, 박달나무 뒤에서 이를 보고 있다.

곰 네 (내레이션) "하느님, 제발 부탁입니다. 천왕님이 이 몸을 버리지

말도록 하옵소서. 하느님, 네, 천왕님이 저를 버리실 바에야
그러시기 전에 이 목숨을 거두어 주옵소서. 하느님 간청입니
다, 천왕님이 저를 버리지 마시게 하옵소서.”

이때 감동에 못 이기듯, 그러나 조심스럽게 걸어 나가 곰네의 어깨
를 잡으며

환 웅 곰네!

곰네, 벌떡 놀라 뒤를 돌아보고 환웅임을 확인하고서 그 무릎에 얼
굴을 파묻으며

곰 네 천왕님!

환웅도 숙여 곰네의 어깨를 힘껏 안으면서

환 웅 곰네, 자, 일어나서 다시 나하고 함께 빌자고. 나도 하느님께
　　　곰네가 나를 버리지 않게 해 주십사고 빌어야지.

곰네, 눈물을 씹으며 환웅과 나란히 선다. 멀리서 새벽 동이 터 온
다.

142. 신단

신전, 합동결혼식이다.
주례는 신석복이다.

신지·펭우 등을 빼놓은 주요 인물들과 그 외 마을 사람들이 10여 쌍이다. 물론 환웅과 곰네가 맨 앞이고 또 이족 결합도 한두 쌍 뵌다.

모인 사람들은 가족 위주, 9족들의 특색 있는 차림들이 보인다.

음률이 흐르는 가운데 신단 배례, 상견례, 고천문 낭독 등이 진행된다.

환웅 부부 의젓스럽고, 싱글벙글하는 신랑 신부들, 펭우(소)도 끼여 있다.

143. 옥(獄)

오두와 사목이 특사를 입고 출옥한다.

옥 리 오늘 우리 신시엔 천왕님을 비롯한 열 쌍의 큰 잔치가 있다. 그래서 천왕님이 그대들을 풀어 주고, 이제부터 우리랑 함께 살라고 그러셨다.

오두·사목 고맙습니다, 고맙습니다.

144. 공청 앞

밤의 축제다.

9족들이 자기들의 특색 있는 여흥을 보이고 있다.

환웅과 곰네가 나란히 흥겹게 구경하고 있다.

145. 신단

환웅이 마을 사람들을 모아 놓고 교훈하고 있다.

환 웅 사람과 만물은 하느님께 세 가지 특성을 받았으니, 즉 성품과 목숨과 정기로서 사람의 특성은 갖추어 있고 만물은 온전하지가 못합니다. 참된 성품은 착함과 악함이 없으니 하느님의 거룩함에 통하고, 참된 목숨은 맑음과 흐림이 없으니 하느님의 조화를 알아듣고, 참된 정기는 두터움과 엷음이 없으니 하느님과 함께 영원히 스러지지 않습니다. 그러나 이 세 가지가 다 하느님께로 돌아가는 것입니다.

146. 왕전(공청) 앞뜰

별이 찬란한 저녁이다.
여기서도 교훈이다.

환 웅 여러분은 저 하늘에 총총히 박혀 있는 별을 보십시오. 그 수도 헤아릴 수 없는 별들의 크고 작음과 밝고 어둠이 다 똑같지 않듯이 이 세상 우리 인간의 괴롬과 즐거움도 다 다릅니다. 오직 하나이신 하느님이 이 온 누리를 만드셨는데, 태양을 중심하여서 만든 7백이나 되는 성좌가 운행되고 있으니 우리는 지구를 크다고 생각하지만 그중 한 덩어리에 불과한 것입니다. 그리고 우리 땅 속에는 불이 끓어서 바다로 변하고 육지로도 변하여 오늘의 현상을 이루었습니다. 이렇듯 하느

님은 모든 이 지구의 공간을 공기로 싸시고 햇빛과 열로써 이
를 더웁게 하시어 걸어다니는 짐승이나 나는 새나 허물을 벗
는 버러지나 물 속을 헤엄치는 물고기나 우리가 심어 가꾸는
초목들을 번성케 하십니다.

147. 왕전 내실

곰네 왕후가 누워 있다.
그 옆에 갓난아기-.
문이 열리며 환웅 들어선다.
시중하던 여인들이 나간다.

환 웅 산후 몸이 어떻소.

곰네, 몸을 일으킨다.

환 웅 가만히 누워 있구료.

하고, 강보에 쌓인 아기의 사추리를 들쳐 본다. 그리고 고추를 만
져보며 싱글벙글 웃는다.

환 웅 그래, 이 태자 이름을 무어라고 한다?
곰 네 제가 이 애 밸 때 하느님에게 큰 칼을 받는 꿈을 꾸었어요.
환 웅 음 그랬다지. 그러면 검이라고 부릅시다. 환검이라고.
곰 네 검아, 환검아.

하고, 아기를 들어 얼싸안는다. 이번엔 환웅이 아기를 받아 안고
어르며

환 웅 검아! 환검아! 천하의 겨레를 이끌고 새 나라를 세울 환검아.

그 얼굴이 크게 '클로즈업'된다.

148. 백두산의 사계(四季)

세월의 흐르는 모습으로, 백두산을 환각적(幻覺的)으로 혹은 서경
시적(敍景詩的)으로 영상화한다.

149. 왕전 내실

곰네, 벌써 중년의 여인이다.
손수 만든 옷을 들어 보이며,

곰 네 이 옷 태자에게 너무 크지 않을까?
시 녀 크다니요, 태자 마마께서 천왕 마마와 나란히 계실 때면 태자
         마마가 체격이 더 크신 걸요.
곰 네 하긴 벌써 스물한 살이니……. 그렇지만 나에게는 아직도 선
         머슴 같은 걸!
시 녀 마마께서도, 참, (좀 수선을 떨며) 이 나라에서 제일 글 잘 하고
         활 잘 쏘고 창칼 잘 쓰고 말 잘 타시는 훨훨 장부 그 태자님을
         선머슴 같으시다니.

호호호, 호들갑을 떨며 웃는다. 곰네도 시녀를 마주 보고 미소한다.

150. 바위

바위 위에 칼을 찬 환검이 생각에 잠겨 있다.

이때 풀벌레 소리가 뚝 그친다. 일순, 환검의 신경이 곤두서며 그 몸이 두 길 높이의 허공으로 뜬다. 동시에 날아든 창이 허공을 찌른다.

창을 바로 쥐고 노리는 장년의 숙신, 칼로 이와 맞서는 환검, 두 사람의 기백과 서슬이 산천을 부르르 떨게 한다.

이윽고 한두 합, 일진일퇴하다가 결정적인 찰나, 대결을 멈추고 서로 마주 보며 통쾌히 웃는다.

숙 신 태자님, 훌륭하오.

태자, 빙그레 웃는다.

숙 신 이 몸은 이제 태자님께 가르쳐 드릴 무예가 없소.

또다시 빙그레 웃으며

환 검 모두 태사님 덕분이오.

151. 산협(山峽)

눈에 덮여 있다.

준마 2기(騎)가 쏜살같이 달린다.

두 사람, 한 곳을 보더니 거의 동시에 활을 겨냥한다.

화살이 간 숲 속을 향하여 환검과 중년이 된 팽우(소)가 말을 또 달린다.

152. 숲 속

숲 속 한 곳에 이르러 팽우(소)가 말을 뛰어내린다. 두 화살을 각각 맞은 솔개 한 마리와 꿩 한 마리를 주워서 솔개 쪽을 환검에게 올린다.

팽우(소) 태자님, 궁술을 따를 사람은 천하에 없을 줄 아오.

빙그레 웃으며

환 검 태사님 덕분이오.

휙 말들을 돌린다.

153. 들

환검이 젊은이들을 집단적으로 훈련하고 있다. 즉 군사 훈련이다.

구령(口令)을 발하여 진을 여러 갈래로 쳐 보인다.

농악에서 흔히 보는 포진법이다.

이를 노년이 된 환웅과 주요 신하가 둔덕에서 관람하고 있다.

사뭇 대견한 기색이다.

154. 역시 들

이번엔 환검이 말을 달리며 기수들과 일제히 활을 쏜다.

실전(實戰)을 방불케 하는 장관이다.

환웅 또한 여러 신하들과 이를 관람하며 감탄하는 표정이다.

155. 왕전 앞뜰

환웅, 환검이 지휘하는 젊은이들에게 교훈한다.

총검으로 경례한다.

환 웅 천하를 편히 하는 길은 두 가지니 하나는 은혜를 베풂이오, 하나는 위엄으로 임함이니 이 둘을 잘 조화시켜 나가는 데 있습니다. 오직 문(文)과 은혜로만 다스려서는 그 사회가 썩은 고기에 파리가 달려듦과 같아서 마침내 정사가 뒤죽박죽이 되고, 무(武)로서 위엄만 행세하면 찬서리가 땅을 덮음과 같아 그 사회가 활기가 없이 메말라 버립니다. 그런데 특히 병마는 그 사회를 지키고 백성을 두호함에 있지 영토나 전답을 얻으려고 하여서는 못씁니다. 오직 천하를 얻는 가장 훌륭한 방법은 그 나라와 백성들의 특색을 다치거나 상함이 없이 순화(醇化)시켜 나가는 길이 있을 따름입니다.

일동, 창칼을 치켜들며 순종을 표시한다.

156. 왕전 안

주요 인물이 도열한 가운데 갑옷 차림의 삼묘왕이 긴장한 기색으로 끼여 있다.
환웅, 들어와 어좌에 앉는다.

삼묘왕 천왕 마마, 신 삼묘왕 문안드리오.

환 웅 참 오래간만이구료. 삼묘 땅의 올해 연사는 어떠하오?

삼묘왕 천왕 마마 높으신 은덕으로 올해도 풍년이 들어 추수도 거반 끝났습니다만, 난데없는 걱정거리가 생겨 이렇게 찾아뵙습니다.

환 웅 난데없는 걱정거리?

삼묘왕 네, 아뢰옵기 황송하오나 수일 전에 요나라에서 돌연 사신이 와서 하는 말이, 저희 나라와 인접한 요나라 땅에 해충이 떼를 지어 날아와 금년 농사를 아주 망쳤다는 것입니다. 그런데 이것이 우리 나라의 소행이니 그 이유를 해명하고 거기에 상당한 보상을 하라고 떼를 써 온 것입니다.

환 웅 우리 나라에서 해충을 방출했다고?

삼묘왕 네, 해충이란 이 메뚜기올시다.

하며, 전대를 끄르니 메뚜기가 몇 마리 일시에 뛴다. 이어서

삼묘왕 그자들이 하는 말이, 이 요구에 순응하지 않으면 자기 나라는 군사를 일으키겠다고 위협 공갈이올시다.

환 웅 고약한지고. 벌써부터 한족들이 자기네 선주민인 삼묘 부족

들과 그 사는 땅을 넘보드니 마침내 싸움을 걸어오는군. 그
래, 그 사신이란 자들이 와 있소?

삼묘왕 네, 저와 함께 왔습니다.

157. 다시 왕전

중국 사신 일행 4, 5명이 전상 아래 읍하고 있다.

그들 특유의 배포와 또 불안한 눈치다.

오두와 사목이 통역을 한다.

환웅, 메뚜기를 전대에서 내어 던지면서 껄껄 웃으며,

환 웅 그래, 이 메뚜기가 하늘 새까맣게 날아왔단 말이지?

사 신 네, 바로 그렇습니다.

환 웅 그래, 이 메뚜기는 몸뚱이에 삼묘 나라 것이라는 표적이라도
달고 다니던가?

사 신 …….

환 웅 어리석은 사람들. 당신네 나라 요 임금은 현명하다고 꽤 널리
알려진 인물인데 이런 당치도 않은 잔꾀로 남의 나라에 시비
를 해 오다니 이는 필시 딴 연유가 있으리라.

사 신 …….

환 웅 그대들 돌아가 요 임금에게 이렇게 이르라. 우리 나라는 일찍
이 모든 들판에 잡초를 베어 전답을 갈아 오곡을 심고 잡충들
을 잡아 없앴기 때문에 해충이 이 땅에 붙어살지 못하고 다른
땅으로 옮아감은 자연의 이치어늘 요 왕은 제 나라 황무지를
들과 벌을 갈아 식산(殖産)할 생각은 않고 메뚜기를 구실삼아
남의 나라 기름진 옥토를 탐내니 한심하다고 말하고, 만일 그

래도 곤충 따위를 처리 못해 나에게 책임 지우려면 요나라 정
사도 내게 맡기라고 그러더라고!

하며, 또 껄껄 웃는다. 도열한 신하들의 통쾌해하는 모습과 중국
사신들의 풀죽고 쓰디쓴 표정

158. 또다시 왕전

환웅, 신하들과 회의를 하고 있다.
말하자면 긴급 국가안보 회의다.
사판에 지도가 '클로즈업' 된다.

환 웅 필시 요나라는 군사를 일으킬 것이요, 여러 가지 정세를 종합
해 보면 이것은 아마 우리 나라에서 가서 요왕의 부하까지 되
었다는 순(舜)이 그 충성을 표시하고 민심을 한몸에 모으기
위한 책략에서 나온 듯 싶소.

숙 신 천왕 마마, 아주 이 기회에 우리도 온 나라 안의 군사를 모아
선수를 써서 요나라를 쳐들어감이 어떨까 하옵니다.

팽 우 그렇게 너무 요나라를 얕보아서는 안 될 줄 아오. 전해 오는
말을 듣자면 요나라는 3만의 군사가 있다고 하오.

환 웅 그렇소. 그뿐 아니라 내가 평소에 여러분에게 누누이 일렀듯
이, 우리는 우리 나라와 우리 겨레를 지킬 뿐 남의 영토를 한
치라도 탐내 병사를 일으켜서는 안 되오.

환 검 부왕 마마! 소자에게 군사 3천만 주시면 소자가 곧 떠나 삼묘
땅엘 가서 진을 치고 신명을 바쳐 요나라의 침입을 막겠습니
다.

놀라며 웅성거리는 제신들

사 신 그것은 불가한 줄 아룁니다. 태자께서는 천왕님의 대통을 이
으실 분, 홀홀히 멀고 먼 삼묘 땅까지 출전하심은 부당합니
다.

이미 여러 가지로 생각해 본 듯

환 웅 나는 여러모로 태자의 출병이 옳다고 보오. 태자는 군사 군략
에도 능할 뿐 아니라, 앞날에 이 나라를 직접 맡아 다스릴 자
니 스스로 앞장 서서 이 나라를 지킴이 마땅한 것이오.

일동, 숙연하다.

159. 요국(堯國) 왕궁

우리와 판이한 문물제도와 인물 배치 등이 엿보인다.

요 왕 뭣이? 곤충을 처치 못 하겠거든 정사까지 맡기라고.
사신 대표 그렇게 말하고 껄껄 웃었습니다.
요 왕 음, 괘씸하다마는 말은 훌륭하구나. 내가 짐작한 대로 녹록지
않은 인물이로구나.
순 천자 폐하, 이제 쳐들어갈 충분한 명분이 섰습니다. 폐하를
설독한 그 죄만으로도 말입니다. 그리고 이대로 삼묘 땅을 동
이(東夷)에게 붙여 두면 그들이 언제 군사를 써서 선수를 쳐
올지 모릅니다. 듣자 하옵건대 지금 환웅 천왕의 태자 환검은

군사에 밝아 그 힘을 기르고 있다고 듣고 있습니다. 일시도
유예할 때가 아닙니다.

160. 왕전 앞 광야

밤, 갑옷을 입고 말을 탄 환검의 지휘로 무장을 한 장수와 군졸들이
창칼을 번득이며 출동한다.
북과 소고에 맞춰 고대 출진가(出陣歌)를 목이 터지도록 부르며 나
간다.
"어아, 어아, 우리는 천왕님의
높으신 은덕 백천만 년 잊지 마세.
어아 어아 착한 마음은 활이요,
악한 마음은 과녁이라,
우리 백천만 인은 활줄처럼
모두가 바른 한 뜻이요.
화살처럼 한 마음일세.
어아, 어아, 우리 백천만 인
한번 활을 잡아당기면
무수한 무리를 꿰뚫으니
우리의 착한 마음은 끓는 물이요,
흉측한 마음은 눈덩어리라.
어아, 어아, 우리 백천만 인의
활처럼 굳세고 곧은 마음
우리 나라의 영광일세.
천왕님의 그 높으신 은덕
백천만 년 잊지 마세, 잊지 마세."

(※ 위의 가사는 단기고사〔檀奇古史〕에 원본 국가라고 기록되고, 단군시대에는
경축날에 부르다가, 고구려에 와서는 출진 시에 군가로 불리었다고 전해지고
있다.)

이를 전송하는 환웅과 곰네, 신하들과 군중들의 아우성!

161. 강

요하를 건너는 요나라 군사, 우리 3배(倍)의 병력이다.
순(舜)이 지휘하고 있다.
그 소란스러움.

162. 마을

환검 군이 마을의 백성들을 철수시키고 있다.
우물도 메우고 과실도 딴다.

163. 들

환검 군이 논밭의 곡식을 많은 수레로 철거시키고 있다.
아주 빈 들판.

164. 마을

요나라 군이 마을에 당도한다.
뒤져 보나 빈 집과 빈 굴뿐이다.

165. 펑야 진지

요나라 군이 야영(野營) 장막을 순의 지휘로 치고 있다.

요장 A　이눔의 땅엔 사람이 안 사는 모양이군. 마을에 개미새끼 한
　　　　마리 없고, 들에는 콩깍지 하나 안 떨어졌으니.
순　　　흠, 모두 겁이 나서 삼묘 땅을 내놓고 달아난 겐가!
요장 B　그런데 순 총관(總管)님, 이대로 가서는 병량이 야단인데요.
　　　　삼묘 땅에서는 현지 조달을 목표로 했었는데.

한쪽 장막 안에 피로한 군졸들이 여기저기 기대고 누워 있다.

요장 A　제기랄, 삼묘 땅에 가면 예쁜 계집들이 많다더니 사람의 씨
　　　　알머리도 없지 않나?
요장 B　계집커녕 먹을 게 있어야지.
요장 C　우물도 없어. 냇물만 내리 퍼먹으니 배탈이 나서 견딜 수 있
　　　　어야지.
요장 A　그래, 이제 그만 돌아가지. 이 무인지경엔 있어서 무얼 해.

166. 어느 분지

캄캄한 밤이다. 요나라 군막이 쳐 있다.
이때 동서남북 산에서 횃불이 오르고 환성이 인다.
요나라 군막이 술렁인다.
사방 횃불이 일제히 꺼지며 잠잠하다.

요나라 군사들이 흩어져 나와서 사방 암흑의 하늘에다 대고 활을
쏜다.
역시 반응이 없다.

167. 산 속

그 이튿날 아침이다.
요나라 군사들이 사방 산 속을 뒤진다.
그러나 아무것도 없다.
산짐승 몇 마리만이 놀라서 뛴다.

168. 어느 산협 강

지칠 대로 지친 요 군사들이 강을 건너고 있다.
이때 앞산 등성이에서 큰 활촉들이 함성도 없이 비오듯이 날아온
다.
돌아서면 뒷산 등성이에서도 화살이 쏟아진다.
요 군사들 물 속에서 갈팡질팡, 비명을 지르며 무수히 쓰러진다.
그러나 화살만 날아올 뿐 함성 하나 없다.
일부 요 군사들이 틔어진 한쪽 강 기슭을 따라 도망친다.
순 총관도 도망친다.

169. 어느 숲 속

밤이다.
요의 패잔병들이 숲 속에 이리저리 쓰러져 널려 있다.

이때 구성진 피리 소리가 난다.

심리전이다.

피리 소리가 그치고 커다란 환검의 음성으로,

환 검 (내레이션) "적장 순 총관은 듣거라. 그대는 본시가 우리 나라 사람으로 네 뼈와 살이 이 땅과 이 겨레의 은혜를 입었거늘 어찌 눈앞의 명리를 달성하기 위하여 고국을 침범하는가?"

순 (내레이션) "적장 환검 태자여, 그대의 나라에서는 해충을 방출하여 우리 나라의 농사를 망쳤을 뿐 아니라, 이에 원인을 묻는 우리 사신에게 우리 천자 폐하를 무엄하게도 설득하지 않았는가?"

환 검 (내레이션) "순 총관아, 이 지경에 와서도 아직도 너는 너의 어리석은 간계를 뉘우치지 않는가! 그대가 고국에 창칼을 돌려대어 그대의 충성을 표시하고, 딴 신하들에게 앞질러 공을 세우려고 군사를 푼 줄 우리가 환히 알고 있거늘 이제도 딴소리가 무엇이냐."

순 (내레이션) …….

환 검 (내레이션) "너와 너의 나라의 이번 소행으로 말하면 지금 당장이라도 이 포위망을 죄여서 병졸 하나 살려 두지 않을 것이나, 우리 천왕님께서 패잔한 군사를 더 손대지 말라고 하신 엄명이 있어 그대들의 생명만은 그대로 돌려보낼 것이니 내일 그 산을 넘으면 바다에 닿고, 그 바다에는 배가 수척 준비되어 있을 것이다. 너희들은 스스로 물러가 다시는 이웃 나라를 엿봄이 없으렷다. 더욱이나 순 총관 그대는 딴 나라에 가 그만큼 대성한 사람, 앞으로는 이번 일을 거울삼아 경거망동하지 말고 정도로서 나라의 대권을 잡으라."

구성진 피리 소리 이어서 들려온다. 완전히 전의를 상실한 요 군사
들의 모습

170. 바다

배에 순 총관을 비롯한 패잔병들이 타고 벌써 바다에 떠 있다.
이를 산기슭에서 지켜보는 환검 군의 늠름한 모습.

171. 비서갑(匪西岬) 마을

개선하는 환검. 귀로에 어느 마을 동구 밖에 휴식의 진을 친다.
마을 사람들이 나와서 돕기도 하고 구경하기도 한다. 과일과 음식
을 가져오는 사람도 있다.
촌장 하백(河伯) 노인이 나와서 환검에게로 와,

하 백 태자님! 태자님께서는 누추하지만 저희 집에 묵어 가시기 바
랍니다.

환 검 고맙습니다만 아직 군사를 인솔한 몸이라 나 혼자 민가에 머
물 수는 없습니다.

172. 장막 안

환검, 무료히 눈을 감고 기대 앉아 피곤을 풀고 있다.
이때 시녀를 둘 거느린 한 낭자(娘子)가 살풋이 들어선다. 색동옷을
입었다.
인기척에 환검 놀라며 눈을 뜬다.

낭 자 소녀는 이 고을 하백의 딸이온데요, 군사를 쳐 이기시고 돌아
       오시는 태자 마마의 여곤을 덜어 드리라는 아버님의 분부를
       받잡고 왔습니다.

       말을 마치고 낭자, 시녀에게 들려 온 술병과 술잔을 받아 따라서 자
       기가 먼저 조금 마시고 다시 따라 환검에게 권한다. 그제야 긴장을
       풀고 술잔을 받으며

환 검 고맙소. 그런데 낭자가 입은 그 찬란한 무늬의 옷은 무엇이라
       하며, 누가 만든 것이오?
낭 자 이것은 무지개의 채색을 본뜬 것으로 색동옷이라 하오며, 소
       녀가 손수 짠 것이올시다.
환 검 그러면 저기 들고 있는 저 줄이 달린 통은 무엇이오?
낭 자 (호호호 웃으며) 이것은 거문고라 하옵는 우리 고장의 악기올
       시다.
환 검 염치없소만, 그러면 한 곡조 들려주오.
낭 자 네, 그러하오리다만 소녀 솜씨가 별로 신통치 않사옵니다.

       낭자, 거문고를 타며 노래까지 부른다. 환검도 아는 출진가다. 황
       홀하게 듣고 난 환검, 잔을 내밀며

환 검 한 잔 더, 한 곡조 더.

       낭자, 다시 거문고 줄을 고른다. 이번엔 애간장을 녹이는 곡이다.
       환검, 눈부신 듯 바라본다.

173. 마을 앞길

환검의 군사가 길을 떠난다.

마을 사람들이 환송하고 있다.

군사 행렬에서 얼마큼 떨어져 교자 한 채가 교군들에게 들리어 간
다.

가마 속에서 방긋 내다보는 하백 낭자의 얼굴.

174. 왕전 앞뜰

환검을 맞는 환웅과 곰네 왕비.

무혈 개선을 맞는 신시 민중들의 환호.

하백 낭자도 사뿐히 내려 환검 뒤를 따른다.

175. 왕전 내실

환웅이 곰네 왕비와 더불어 환검을 앞에 앉혀 놓고 말을 계속 한다.

환검 옆에 하백 낭자도 벌써 신부 차림으로 다소곳이 앉아 있다.

환웅, 이제 늙음이 완연하다.

환 검　부왕 마마! 어이하여 벌써 천왕위를 계승하라 하십니까! 소자
　　　를 불효불충한 자식을 만드십니까?

환 웅　원 별소리를, 태자가 불효불충하다니. 태자는 외침을 막아 나
　　　라에 이미 큰 충성을 하였고, 벌써 늙은 이 몸을 도와 나라에
　　　정사를 반 이상이나 도맡아 왔소! 오히려 이제 늙은 이 몸으

로 하여금 이 자리를 지키게 하는 것이 수고로운 일이오.

176. 왕전 안과 앞뜰

소위 즉위식이다. 식은 왕전 안 용상에서 거행되고, 왕전의 문이
활짝 열렸으며 백성들이 모여 섰다.
신단 개천식보다 판이하게 화려하고 장엄하다.

환 웅 이 몸이 이 신시를 이룩한 지 이미 스물두 해(建國後 移都年
度), 여러 중신들과 만민이 한 맘 한 뜻으로 고락을 함께 하여
이제 이 새 나라의 기틀을 닦아 놓았음을 감개무량하게 생각
하는 바이오. 그러나 뜻과 꿈은 연륜이 없으나 사람의 육신은
자연 만물의 이치에 따라서 늙고 허약해지오. 이 또한 하느님
의 섭리이므로 거기 순응해야 하오. 그러나 다행히도 나의 태
자, 충분히 나의 창업을 이어 새 나라를 다스려 나감직하고
중신들의 뜻도 나와 같으므로 오늘 여러 제신과 제후와 백성
들 앞에서 이 몸은 기꺼이 나의 천왕위를 그에게 선양하는 바
이며, 그 증표로서 우리 조상들에게 전해 온 천부 삼인을 전
하는 바이오.

백성들 중에는 눈물을 닦는 사람이 많다. 천부 삼인을 전하며 환검
에게

환 웅 이 거울은 하느님의 뜻을 환하게 비치어 세상에 광명을 줌이
요, 이 5곡의 씨는 땅에 심어서 백성들을 배부르게 함이요,
이 칼은 은덕과 위엄으로 백성을 다스림이나 오직 홍익인간

이 우리의 치도의 목표요 사명이니라.

환 검 부왕 마마의 높으신 뜻을 받들어 천부 삼인이 가르치시는 바 왕도를 지성껏 행할 것을 맹세하옵니다.

음률 속에서 시녀들의 시중으로 신왕 왕관과 곤룡포와 용검 등 치장을 하고 나서 환웅이 비켜 준 용상에 앉는다. 이윽고 음률이 멈춘 다음 제신, 제후, 백성들 앞에 나선다. 백성이 일제히 읍한다.

환 검 제신들과 백성들은 얼굴을 드십시오. 내가 오늘 아바마마의 명을 받들어 그 창업을 이어받음에 있어 여러 백성들에게 나의 뜻하는 바 몇 가지를 전하려 합니다. 먼저 나는 우리가 그 정사와 민생을 보살펴 오던 저 북으로는 흑수빈, 남으로는 황산벌과 서쪽으로는 요하에 흩어져 사는 열두 나라와 아홉 부족과 삼천 고을을 한 나라로 통합하여 동방에서 가장 크고 훌륭하고 가장 아름다운 나라를 만들겠습니다.

전 민중의 박수갈채와 환호성이 인다.

환 검 그래서 이 새 나라를 배달나라라 이름하고 그 백성을 배달겨레라 부르겠습니다.

박수갈채와 환호성

환 검 이 동방에 가장 크고 가장 훌륭하고 가장 아름다운 배달나라의 배달겨레가 되는 여러분들은 그 영광을 누림과 함께 명심하고 지켜야 할 의무와 사명이 있습니다.

(내레이션) "첫째 여러분은 지극히 거룩하신 하느님의 자녀임을 잊어서는 안 됩니다. 둘째, 여러분은 이 나라를 영원토록 자손에게 터럭만 한 것이라도 다침이 없고 이지러짐이 없이하여 물려주어야 하겠습니다. 셋째, 여러분은 한 겨레가 한 몸이 되어 의좋고 정답게 서로 손을 잡고 같이 살아야 합니다. 넷째, 여러분은 조심하고 조심하여야 합니다. 우리 땀방울이 적시고 우리 피가 물들인 이 강토에 혹시나 외적이 더러운 때를 묻힐까 조심하여야 합니다. 다섯째, 여러분은 자기가 할 일은 자기 힘과 손으로만 하십시오. 그래서 각자의 직분을 지키고 책임을 다해 내야 합니다. 여섯째, 여러분이 제각기 간직한 물건을 남에게 주지 말고 개인의 소유를 삼으며 또한 여러분의 제각기 맡은 일도 남에게 부탁하지 말아야 합니다. 일곱째, 여러분은 이 나라 어느 구석 한 군데도 빠짐없이 하늘의 은혜와 땅의 이익을 고루 받았음을 알고 이를 잘 활용함으로써 여러분의 생활이 항상 풍족하고 여유 있게 하십시오. 여러분! 내가 오늘 말한 이것을 본분으로 삼아서 여기 모인 이는 돌아가 온 천하 백성들에게 일일이 알려 주십시오.

백성들의 순종 표시와 환호

177. 신단

환검왕과 하백녀가 제신들을 거느리고 신단에 향을 올리고 배례한다.
음악사들과 시녀들이 따르고 의식이 갖추어 있다.

178. 왕전

좀더 호화롭게 꾸며지고 의상도 찬란하다.
제신들이 국궁하고 있다.

환 검 정사의 기구로는 삼공을 책봉하오. 팽우님, 신지님, 고시님.

부르는 대로 대답하며 한 사람씩 나선다. 소위 임명과 사령이다.

환 검 팽우 공은 토지를 맡아 산을 깎고 내를 파고 길을 만들어 백성
이 편히 살도록 하고, 신지 공은 교육을 맡아 백성들에게 올바
름과 의로움을 가르치고, 고시 공은 농업을 주관하여 땅을 고
르고 제때에 심고 거둬들이게 하며 또 부지런히 일하도록 하
오.

세 사람, 읍하고 들어간다.

환 검 그 다음에 네 관직을 두되 풍백엔 지제(持提 – 새로운 얼굴이
다)! 우사엔 악차, 뢰공엔 숙신, 운사엔 수기(守己 – 새로운 얼
굴이다).

네 사람, 대답하고 나선다.

환 검 풍백은 나라의 모든 시책을 백성들에게 잘 전달하여 그들이
기꺼이 실행케 하는 소임을 맡고, 우사는 백성들의 병을 고치

고 건강을 보살피는 소임을 맡고, 뢰공은 치안을 맡아 위엄과
공정을 다하고, 운사는 백성의 선행을 권하고 악행을 버리도
록 하는 소임을 맡되 상벌을 미덥고 공정하게 하오.

네 사람, 읍하고 들어간다. 또 왕후를 돌아보며

환 검 왕후도 맡을 일이 있소. 왕후는 나라의 모든 방직을 맡되 의
복은 춥고 더운 것만을 가릴 게 아니라 그 직위와 직분도 가
려서 쓰게 하고, 여공들로 하여금 재봉을 잘 하여 모양나게
만들어 내서 백성들에게 입기 편하고 보기 좋게 하오.

179. 신작로

팽우의 지휘로 본격적인 도로가 건설되고 있다.
산 모서리가 깎이고 다리가 놓여지고 한다.

180. 전답

고시의 지휘로 정전제(井田制)의 모양이 잡혀 간다.
정리된 수로와 논둑이 보인다.

181. 글방

사판에 상형문자가 고대 한자로 변해 있다.

신 지 나라에 충성한다. 부모에게 효도한다. 사람을 믿음으로 사귄다.

학생 일동, 하나하나 따라 한다.

신　지　남녀는 유별하다.

또 학생들, 따라 한다.

182. 어느 집 안

한 노파가 앓고 누워 있다.
악차가 진맥하여 약을 주고 있다. 즉 왕진(往診)이다.

183. 마을 골목

우람한 사내가 바지춤을 쥐고 달아난다.
옷맵시가 흩어진 여인 하나가 악을 쓴다.
숙신이 포졸 몇을 거느리고 달려와 마침내 사내를 잡아 포승하여
간다.

184. 양잠실

누에가 있는 잠상(蠶床)이 겹겹이 쌓여 있다.

185. 방직실

10여 대나 되는 베틀 위에 부녀자들이 저마다 올라앉아 있다.
비단과 포목이 많이 쌓여 있다.

186. 재봉실

왕비 하백녀를 비롯해 여공들이 여러 가지 모양과 무색의 옷을 짓
는다.
하백녀, 마르는 것을 가르치기도 한다.

187. 옹기굴

질그릇 등 옹기들이 쌓여 있다.
또 굽는 모습.

188. 음악실

음률이 퉁소와 단소 · 거문고 등을 가르치고 있다.

189. 첨성대(瞻星臺)

운목이 측후를 하고 있다.

190. 천실(天室)

환검이 군복 차림으로 숙신 · 운목 등을 거느리고 천실로 들어간
다.
참말 신선처럼 하얗게 늙은 환웅이 명상하고 있다가 맞는다.

환 검 아버님, 다녀왔습니다. 소자가 석 달이나 없는 동안에 아버님 기체 안녕하십니까?

환 웅 무사히 돌아와서 반갑고 기쁘오. 그래 어디까지 갔었소?

환 검 저 압록강 이남 반도 땅은 저의 발길이 안 닿은 데가 없습니다.

환웅, 고개를 끄떡이며 감탄한다.

191. 신단

환웅 · 환검 단둘이다.
신단에 배례하고 마주 선다.

환 검 제가 두루 돌아보니 대동강변 평양 땅은 토지가 기름진 평야를 끼었으며 바다가 가까워 저 요나라와 해로가 통하며, 또 산은 지세가 험하여 적을 방어하기 쉽고, 큰 강에 흐름은 느린 것이 천하의 도읍지로 적합하다고 보았습니다. 소자가 거기에 배달나라의 서울을 정하고자 하오니 아버님 허락해 주심을 바랍니다.

역시 고개를 끄떡이면서 독백하듯이

환 웅 평양, 너는 내 아들, 새 터전을 찾아가야지. 가야 하고말고!

192. 백두산과 앞 신작로

백두산 아래 들판 신작로에서부터 신단에 이르기까지 백의민족의
대이동이 '테마' 음악이 흐르는 가운데 장엄하게 진행된다.
들판 신작로 전열에는 말을 탄 환검의 미래를 향한 기우(氣宇)와 의
지의 감싼 모습.
신단에서 이를 멀리 바라보는 늙은 환웅 부처와 신석복 · 팽우 · 신
지 · 고시 등의 감개와 체념이 섞인 허허한 모습.

■〈자유문학〉(1969)

저작 연보

1946 북한 원산에서 시집 《응향》에 작품이 수록되어 필화를 입음.
1951 시집 《구상》 펴냄.
1953 사회평론집 《민주고발》 펴냄.
1956 시집 《초토의 시》 펴냄.
1960 수상집 《침언부어(沈言浮語)》 펴냄.
1975 《구상 문학선》 펴냄.
1976 수상집 《영원 속의 오늘》 펴냄.
1977 수필집 《우주인과 하모니카》 펴냄.
1978 신앙 에세이 《그리스도 폴의 강(江)》 펴냄.
1979 묵상집 《나자렛 예수》 펴냄.
1980 시집 《말씀의 실상》 펴냄.
1981 시집 《까마귀》, 시문집 《그분이 홀로서 가듯》 펴냄.
1982 수상집 《실존적 확신을 위하여》 펴냄.
1984 자전 시집 《모과 옹두리에도 사연이》, 시선집 《드레퓌스의 벤취에서》
      펴냄.
1985 수상집 《한 촛불이라도 켜는 것이》, 서간집 《딸 자명에게 보낸 글발》,
      《구상 연작시집》 펴냄.
1986 《구상 시전집》, 수상집 《삶의 보람과 기쁨》 펴냄. 파리에서 불역(佛
      譯) 시집 《타버린 땅》 펴냄
1987 시집 《개똥밭》 펴냄.
1988 수상집 《시와 삶의 노트》, 시집 《다시 한번 기회를 주신다면》, 시론집
      《현대시창작 입문》, 이야기 시집 《저런 죽일 놈》 펴냄.
1989 런던에서 영역(英譯) 시집 《타버린 땅》 펴냄. 시화집 《유치찬란》 펴냄.
1990 한영대역(韓英對譯) 시집 《신령한 새싹》, 영역(英譯) 시화집 《유치찬
      란》 펴냄.
1991 런던에서 영역(英譯) 연작시집 《강과 밭》 펴냄. 시선집 《조화(造化)
      속에서》 펴냄.
1993 자전 시문집 《예술가의 삶》 펴냄
1994 독일 아흔에서 독역(獨譯) 시집 《드레퓌스의 벤치에서》 펴냄. 희곡
      시나리오집 《황진이(黃眞伊)》 펴냄.
1995 수필집 《우리 삶, 마음의 눈이 떠야》 펴냄.
1996 연작시선집 《오늘 속의 영원, 영원 속의 오늘》 펴냄.
1997 프랑스 라 디페랑스 출판사로부터 세계 명시선의 하나로 선정되어,
      한불대역(韓佛對譯) 시집 《오늘 · 영원》 펴냄. 스톡홀름에서 스웨덴

어역(譯) 시집 《영원한 삶》 펴냄. 영국 옥스퍼드 대학 출판부에서 출간한 《신성한 영감 – 예수의 삶을 그린 세계의 시》에 신앙시 4편이 수록됨.

1998 도쿄에서 일역(日譯) 《한국 3인 시집 – 구상 · 김남조 · 김광림》 펴냄. 시집 《인류의 맹점에서》 펴냄.

2000 한국문학영역총서 《초토의 시》 펴냄. 이탈리아 시에나 대학교 비교문학연구소에서 《구상 시선》 펴냄.

2001 신앙시집 《두이레 강아지만큼이라도 마음의 눈을 뜨게 하소서》 펴냄.

2002 시집 《홀로와 더불어》, 시선집 《구상》 펴냄. 구상문학총서 제1권 자전시문집 《모과 옹두리에도 사연이》 펴냄. 이탈리아 시에나 대학교 비교문학연구소에서 《초토의 시》 펴냄.

2004 구상문학총서 제2권 시집 《오늘 속의 영원, 영원 속의 오늘》 펴냄. 제3권 연작시집 《개똥밭》 펴냄.

일반 경력

학력

1938 덕원 성 베네딕도 수도원 부설 신학교 중등과 수료
1941 일본대학 전문부 종교과 졸업

경력

언론계

1942-1945 북선매일신문 기자
1948-1950 연합신문 문화부장
1950-1953 국방부 기관지 승리일보 주간
1953-1957 영남일보 주필 겸 편집국장
1961-1965 경향신문 논설위원 겸 동경지국장

교육계

1949-1953 서라벌예술학원 강사(서라벌예술대학 전신)
1952-1956 효성여자대학교 문리과대학 부교수
1956-1957 서울대학교 문리과대학 강사
1960-1961 서강대학교 문리과대학 강사
1970-1974 하와이대학교 극동어문학과 조교수
1982-1983 동 대학교 부교수
1985-1986 동 대학교 부설 동서문화연구소 예우작가
1973-1975 가톨릭대학 신학부 대학원 강사
1976-2000 중앙대학교 예술대학 및 대학원 대우교수
        (전임교수가 되지 않은 것은 2차의 폐수술로 정규 강의를 못 하고
        1주 4시간만 하였기 때문임.)

공직

1986 제2차 아시아시인회의 서울대회장
1991 세계시인대회 명예대회장
1993 제5차 아시아시인회의 서울대회장

그 외

한국 최초 민권수호연맹 문화부장, 국방부 정책자문위원, 독립기념관 이사, 문예진흥원 이사, 대한민국 예술원 회원, 국제펜클럽 한국본부 고문, 한국문인협회 고문, 성천아카데미 명예원장 등 역임

상훈

1955 금성화랑 무공훈장
1957 서울시 문화상
1970 국민훈장 동백장
1980 대한민국 문학상 본상
1993 대한민국 예술원상
2004 금관 문화훈장